Ds bärndütsche Gschichtebuech

Ds bärndütsche Gschichtebuech

Useggää vo dr Barbara Traber

Wyss Verlag Bärn

Umschlagfotos: Markus Traber, Bern

© 1981 Wyss Druck + Verlag AG Bern
Satz und Druck: Wyss Druck + Verlag AG, Bern
Buchbindearbeiten: Buchbinderei Schluep, Bern
ISBN 3-7285-0041-0

Inhalt

Vorwort	7
Vorbemerkung	8
Balmer Emil: Myni erschte Ferie	9
Grunder Karl: Köbu u Kobi	17
Gfeller Simon: Mi erschte Wienachtsbaum	31
Zulliger Hans: Ds Öpfelbrötli	36
Balmer Hans Rudolf: Nume so Chnächt	46
Loosli Carl Albert: My Flöri	63
Bula Werner: Es Zibelemäritgschichtli	75
König Wilhelm (Dr. Bäri): Jugenderinnerungen eines Stadtberners	87
Hutmacher Hermann: D'Grabe-Lütli	97
Eggenberg Paul: Ds Gruebers Ferie	110
Morf Walter: Zügle!	123
Tavel Rudolf von: D'Glogge vo Nüechterswyl	132
Greyerz Otto von: Wie mer albe theäterlet hei als Chinder	160
Baumgartner Elisabeth: Der Läbchueche	165
Müller Elisabeth: Ds Flöigepapyr	176
Balzli Ernst: Wie ds Eveli gmurbet het	182
Balmer Emil: I ds Wältsche	201
König Wilhelm (Dr. Bäri): Öppis us myr Jugedzyt	217
Grunder Karl: Chnuppe-Res u sis Böümli	240
Hutmacher Hermann: Ds Käthi	250
Kurzbiographien	259
Quellenverzeichnis	261

D Zyt vergeit gleitig..
Mi seit ja, sie rünni wie Sand eim dür d Finger.
Nid nume mir wärden alt – ds Glyche erfahrt o nes Buech.
Chuum isch es da un erschynt mit sym muntere
                              Umschlag im Lade,
Het uf de Tische sy Platz – luegt us de Fänschter eim a,
Rüeft is mit Titel u Name, verfüehrt is zum Chouffe,
                              zum Läse..
Chuum isch es da, git s scho Neus. Anderi mache sech breit.
Mängisch louft s glych u louft guet,
                            aber handchehrum fahrt es a harze.
So oder so isch es Buech gäng o ne Teil vom ne Gschäft.
Irgend einisch wird s heisse, das gäbi s jtz nümm,
                            s syg vergriffe.
Aebe: „Es het sech verchouft" – seit der Verleger –
                            „s isch guet!"
Schad isch es glych, wil „vergriffe" – das tönt halt
                            de scho nach „vergässe".
Niemer redt me dervo! – Furt usem Fänschter, vom Tisch! –
Schön chunkt mi drum, dass mir da jtz wider
                            es paarne begägne:
Näme, wo mänge no kennt – Gschichte, wo niemer me weiss.
Da sy sie wider, erzelle vom Läbe, vo früecher, u mängisch
Dänkt me bim Läse, so wyt ligi die Zyt gar nid zrügg.
D Mode, ja guet, die het g'änderet,
                            alles isch schnäller u luter,
Aber no gäng isch s der Mönsch, wo da im Mittelpunkt steit.
Das, was ne freut, was ne plaget, sy Erger,
                            sy Angscht u sy Liebi,
Isch das nid alls no fasch glych? Aenderet nid nume ds Chleid?
Was üser Dichter i ds Liecht is hei grückt,
                            damit mir's erchenne,
Isch nid der Sand, wo verrünnt, das isch der Mönsch i syr Zyt.

                                            Hans Rudolf Hubler

Vorbemerkung

In den letzten Jahren ist ein neues Sprachbewusstsein der Mundart entstanden, und die berndeutsche Literatur hat dadurch einen breitern Leserkreis gefunden. Leider sind aber allzu viele Bücher in Mundart längst vergriffen und vergessen. Ich habe deshalb versucht, zwanzig berndeutsche Geschichten zusammenzustellen, die zum grössten Teil vergriffen sind – Geschichten, die man vielleicht gerne wieder einmal liest, die sich zum Vorlesen eignen oder die man neu entdecken könnte.
Die verschiedenen Schreibweisen der berndeutschen Sprache wurden beibehalten und zeigen die Vielseitigkeit und den Ausdrucksreichtum unserer Mundart. Mit der vorliegenden Auswahl, die keineswegs repräsentativ ist, wollte ich keine literarischen Wertmassstäbe setzen. Der Leser soll im besten Sinn des Wortes unterhalten werden und dabei einen – wenn auch nicht chronologischen und nicht vollständigen – Überblick über die berndeutsche Prosa fast eines Jahrhunderts erhalten.

Die Herausgeberin

Myni erschte Ferie

Emil Balmer

Es isch mer, es syg ersch geschter gsi, dass d'Tante Berta us der Stadt bi üs deheime i der Stube ghocket isch, u doch bin i dennzumal ersch e Zweutklässler gsi. I bi der Mueter am Chittel ghanget u ha di lengschti Zyt d'Tante gvisidiert (gmuschteret). U wi-n-i da ihri schwarzsydigi Bluse mit em wysse Rüüscheli um e Hals, di schöni, schwäri Uhrechötti u di guldigi Brülle ha gschouet, han i e grosse Respäkt übercho vor der Tante. I ha für mi sälber dänkt, si syg allwäg schützlig rych, u ha mer afa vorstelle, was si no für schöni Sache wärdi ha, un uf ds Mal isch mer es Güegi düre Chopf gfloge. I graagge der Mueter uf d'Schooss u tue re öppis i ds Ohr chüschele. «Aba, häb di jez still», seit si u tampet wyter. Aber i ha kei Rueh meh gha: «Mueter, gäll frag se doch, o gäll», han i gchääret u nid lugg glah. Schliesslig het si gnue übercho vo mym Gchlöön: «Was seisch derzue, Berta, üse Chlyne da möchti gärn e chlei zue der i d'Ferie cho, är chääret mer fasch Blätzen ab». – «Aber natürlech, är söll nume grad mitcho hinecht, packet ihm d'Sach grad y – aber vor vierzäche Tag lah ne de nid wider hei!» – I ha nid gwüsst, sölli grediusebrüele vor Freud! Sövel ring u ungschnuppet isch mer jetz no sälte öppis düregange. Rächne me doch: Z'erschte Mal i d'Ferie u de no grad i d'Stadt, wo-n-i no gar nie bi gsi! Es settigs Glück het wölle verwärchet sy u für's eleini z'bhalte, isch es z'gross gsi. – Uf Befähl vo der Mueter han i der Tante zwöi saftigi Müntschi gäh uf ihri rote Backe, u nachhär bin i uf u dervo gsprunge. Vo der Grossmueter zu Hanses Ruedi, vo dert zum Beeth u wyter zum Chrutgasseköbi u zum Stärnefryggeli: «Oh, i cha halt hüt i d'Ferie i d'Stadt un i blibe de grad vierzäh Tag, halt druum!» – Allne Orte han i grossartig Abschied gnoh u zum vorus grüehmt, wi das halt schön syg bi der Tante Berta.

«Eh, i ha morn grad Wösch, u schicke der de di Wuche einisch es früsches Hemmli u öppis anderi Ruschtig nache», seit d'Mueter bim Furtgah. «U folg de schön u chumm under e keis Tram oder Auto u bis de nid gschnäderfräsig am Tisch u iss de d'Haberchärnesuppe!» Aber i ha nid meh viel glost, uf das was sie mer zuegsproche het – myni Gedanke sy scho ganz amene andere Ort gsi weder bi früsche Hemmli u Haberchärnesuppe! I cha nid säge, dass i grad apartig guet gschlafe hätt, zerscht Mal i der Stadt, we scho ds Bett no chlei linner isch gsi, als mys deheime. Es isch mer eso mängs im Chopf umetrolet, i ha eso sturm tröümeret, u am Morge wo-n-i erwachet bi, han i e Chehr gar nid gwüsst wo-n-i bi. «So Miggeli», seit d'Tante na'm z'Morge, «du chönntisch mer gschwinn zur Frou Witschi vüre ga un es Pfunn Maggeroni Süpériör, es Pfunn Rys glassee un es Päckli Astra-Fett ga choufe. – «Maggeroni Süperiör, Rys glassee, Astrafett, Maggeroni Süperiör, Rys glassee, Astrafett». I eim yne han i di drei Sache für mi sälber gseit u bi gsprunge gägem Lade zue, dass is ömel ja nid vergässi. U wo-n-is soll säge, han i richtig alls verwächslet. Aber d'Chrämere isch no e merkigi gsi u isch gly einisch nachecho, was i wöll. «Näht – er o Margge deheime?», fragt si mi. I ha nid rächt gwüsst, was si dermit wott säge u bi ganz rot worde. «Eh», sägen i du, «i nid, aber der Brueder sammlet nere». Da lachet d'Frou Witschi uf de Stockzänn: «So sä Buebli, so gib ihm se de», macht si du, u git mer es par zaggeleti gälbi Margge, wi-n-i no keini gseh ha. – Wo-n-i wider zur Tante zrugg wott, isch ds Huus bschlosse. I ha nid gwüsst, was mache, u hocken ab. Wo-n-i afe es Rüngli uf der Stäge ghöcklet bi, chunnt antlig d'Tante Berta: «Eh, du dumms Buebli, worum hesch nid glütet? Lue, i der Stadt heisst es halt d'Türe bschliesse, da weiss me nie, we ne Schelm chunnt u eim öppis wott stähle!» I ha das nid rächt chönne chopfe. «Ja, git de das sövel schlächt Lüt i der Stadt?», fragen i du. «Ja natürlech, u de no viel, chumm jetz yne». – «Lue», seit si wyter, «du chasch de em Namittag mit em Willi Steiner da vo näbezuche ga spaziere. Dir chöit de ga d'Bäre luege.» I ha fasch nid möge gwarte, bis Namittag isch gsi, u ha mi fei gmeint, mit mym neue Fründ, wo öppe glych alt u gross isch gsi wi-n-i, i d'Stadt ga z'promeniere. I ha richtig müesse stuune, ab däne schützlig höche Hüser, u däne vile Lüt u däm schröckelige Lärme u Ghascht. – «I weli Tschaagg geisch du», fragt mi der Willi. «Was isch das «Tschaagg»?» – «Weisch du das nid emal, das wott doch säge «Schuel»!» – «Aha.» «Heit er o Modeni i euer Klass?» Di ganzi Zyt het er eim so Sache gfragt, mit dumme Wörter, u het de Freud gha, wen i's nid ha verstanne. «Weisch worum, dass dä da obe eso der Arm usestreckt?», fragt er mi wyter, wo mer gägem Buebebärgdänkmal sy cho. – «Nei» – «Eh, dä wott doch dermit säge: so höch isch der Dräck z'Bärn!» «Das glouben i jetz no», giben i du ume, «der Platz isch ömel voll Mischt un es isch nume schad, dass i mys Stossbärrli nid by mer ha, di Rossweggli wett i de zsämeramisiere, das gäb de grad e Huufe für my Garte». – Wo mer i der Spittelgass bi mene Zuckerbecklade verbychöme, müpft mi der Willu dür di offeni Tür i Laden yne. Göb i wider ha use chönne, chunnt es Fräulein: «Was möchtisch du Buebli?» – «Fugi wott er, für-n-es Zwänzgi vo däne Fugi dert» seit jetz der Willu vo dusse u dütet gägem e grosse Täfeliglas voll roti Hünti. I ha zu allem nüt chönne säge u mache, weder jetz ds Portmonee vüreznäh u zbläche. «D'Fugeni» het du zwar der Willu di meischte gässe. «Zeig, gäll du hesch no meh weder e Stei by der», gwunderet er wyter. «Da isch e kei Zeiger dranne», ha ne du afe agschnouzt – dä tonners Bueb het halt gseh gha, wo mer d'Tante Gäld gäh het. – Bim Münschter unne het Willu gseit, mir wölli uf e Turm ufe. I ha müesse nahgäh u ha zahlt. Aber das ewige Zringsumgah het mer's nid em baaschte chönne, u wo-n-i du afe das Meer vo Techer u Türm u Chemine ha um mi um gseh, isch's mer undereinisch ganz schwarz worde vor den Ouge. I ha zrugg müesse, u bi uf allne Vierne abe gschnagget. – – «Weisch worum, dass d'Hünn a ds Münschter a bisle?» fragt mi Willu, wo mer wider dunne sy. – «Nei» – «E, wil si nid drüber übere möi!» – «Aba, da'isch dumms Züüg!» – Bim Bäregrabe unn hei mer's guet troffe. I eim Grabe isch grad e Näschtete Jungi gsi u die hei zsäme gangglet, wi chlyni Chatzli un am anderen Ort sy di Manine e so guet ufgleit gsi, hei sech uf e Rügge gleit, «Bitte, bitte» gmacht, u tanzet, dass es e Freud isch gsi, zuezluege. Aber dass es im Läbe sälte oder nie e reini Freud git, u dass ging no gschwinn e bittere Tropfe muess dryfalle, das han i du o müesse erfahre. Es sy ordeli Lüt um is um gsi, der Willi het vüredrückt, vomene Ort här han i es Müpfli übercho u – o wetsch! flügt mi neu Strouhuet i Graben abe u grad amene Mani ufe e Chopf! – U dass es de ging no Lüt git, wo Freud hei, we's eim schlächt geit, han i du o müesse gseh. Alls het gäge mir ume gluegt u glachet u het es Gaudi gha, wo der Bär my schön Huet mit syne Tatze süferli vertromet het. I hätt chönne gränne, aber i ha mi überha vor em Willi. Är het mi du zwar tröschtet u gseit, d'Tante heig ja viel Gäld, di chouf mer suber e neue. – Un es isch wahr, si het nume glachet, wo re das Malöör erzellt ha, u si het mer versproche, mer z'monderisch uf em Märit e neue z'choufe. – Aber d'Freud vom erschte Ferietag isch halt doch dahy gsi u ds z'Nacht het nid rächt wölle aberütsche. «So, jetz muesch i ds Bett», hets em sibni – halbiachti gheisse. «U lösch de ds Liecht, du hesch's geschter o la brönne!» Das isch mer o spanisch vorcho, dass d'Stadtchinn scho mit de Hüehner z'Sädel müesse, da bin i deheime albe um die Zyt no lang um e Linneboum ume gsprunge u ha Jägelis gmacht. – Aber i ha mi dry gschickt, u ha dänkt, das müess so sy, weder vo Schlafe isch no kei Red gsi. Di lengscht Zyt bin i im Bett gläge u ha di zweu Porteree änefür a der Wann gschouet. Uf eim isch e wyssi Nunne gsi, wo im Chrüzgang vomene Chloschter Gyge gspilt het un uf em andere isch e wysse Mönch am Fänschter vo syr Zälle gstanne u het i ds grüene Land usegluegt. Es isch gsi, wi-n-er uf d'Musig vo der Nunne täti lose u mi het gseh, dass beidi zsäme grüsli Längizyti hei na der schöne, blüeige Wält. I bi mer du sälber o vorcho, wi-n-es ygsperrts Vögeli i mym abegschregete Dachstübli, u öppis e so wi Längizyti het sech o afa rüehre i mer inne. I ha nid rächt gwüsst, isch es uf em Härz oder im Mage oder im Buuch. Amene Ort het mi eifach es Steinli trückt. Ds Müetti deheime isch mer z'Sinn cho, u we's wär da gsi, so hätt i's sicher ermüntschlet!

Em Zystig em Morge bin i scho vor den achte mit der Tante i d'Stadt gwalzt uf e Märit. Z'allerierscht sy mer zsäme uf e

Weisehusplatz ga ne Huet choufe. Er het mi zwar nid so gäbige dunkt, wi dä wo mer d'Mueter bim Hofmebeethli im Stettli gchouft het, aber de gschänkte Rosse luegt me ja nid i ds Muul u reklamiere wär nid am Platz gsi. – Uf em Bäreplatz het d'Tante Berta e Fründi troffe un isch blybe bhange. Derwyle, dass si zsäme gchlapperet hei, han i der Zyt gha, däm Märit zuezluege, oder vielmeh, zuezlose. Eh, was hei di Burefroue u Stadtfroue u Händlere für ne Lärme verfüehrt! Das isch gange wi ne Röndle, u vonere jede Tampete hets öppis zue mer pängglet: «Jä minetwäge wohl, das sy de ganz früschi, da bin i de guet derfür ... Gäll wi nätt, u dänk, ds Aesse syg o so guet u rychlech dert, u so ne distängierti Gsellschaft ... Billig da, billig? – Han i öppis für Seie? – Ach ja, u si het ja eigetlig scho lang uf em Härz glitte, aber truurig isch es einewäg, dänk me doch di Chinn ... U de hets nid emal es Badzimmer un e Meitlichammere, u de heuscht di Trucke glych achzächehundert – Ja, daisch wohl viel – – Billig da, billig! – – Ja u wüsst-er, Frau Marti, we me de rächnet, dass äs sövel e schöne Trossel bracht het u no es paar Tusig Fränkli Bargäld derzue, so het er ihm's de glych schlächt gmacht, jä nu, i wott de nüt gseit ha, weder ... Schöni, zarti Böndli, Madame! – – I han ihm jetz gchündet, aber weisch Lily, ufgregt het es is halt furchtbar – Dä fräch Totsch ... Eh bien alors, à demain soir au Schänzli – Je ne manquerai pas, Au revoir! – Au revoir! – Billig da, billig! – – I weiss nöie nid, mit wyssem Wy u Zibele tunkts mi halt ging no am beschte ... Mira wohl, ich cha miseel ds Sach nid vergäbe gäh, da nimen i se lieber ume hei, di tonners Stadtwyber ... Scheeni Anggebire, Madame, achsig s'Pfunn! – – U dänk, jetz git mer das vo däm Räschte no es härzigs Blüüseli, gäll wi ... Billig da, billig!» – –

So isch das gange, wi inere Judeschuel. Wo-n-i däm Märitsalat lang gnue ha zueglost gha u mi umchehre, gsehn i e kei Tante meh. I ha bal Angscht übercho u ha grad wölle dervoloufe, du chunnt si useme Lade use cho zschiesse: «Gsehsch jetz, jetz hätti di bi mene Haar verlore, chumm, chumm, mir müesse machen u gah.» I ha se jetz amene Egge vom Schaggett gnoh u bi mit ere wyter zottlet. – – Am

Namittag bin i zum Willi gange – mir sy i ihrem Garte gsi u hei gmärmelet u Töpferlis gmacht. «Lue Mamm», rüeft der Willi, wo sy Mueter derhär chunnt, «lue, das isch e choolige Fisu, är het mer vori es Zwänzgi gstibizt.» – «Das isch e cheibe Lugi», sägen i. «So zeig nume grad di Chuttetäsche da, darfsch se chehre?» «O dänk wohl!» – Un i zieh ds Fueter vo allne Täsche use u richtig, gheit us eir Chuttetäsche es Zwänzgi use! – I bi bluetrote worde u ha nid gwüsst, was säge, – i ha mi gägem Gartetööri zue glah u bi furtgsprunge. «Wart doch, i ha ja nume Chool tribe?» Aber i ha gnue gha vo däm «Chool»! – «Stadtschminggu!» han ihm nachebrüelet u bi hei zur Tante. – Bir Tante bin i o nid ganz wohl acho; si het Bsuech gha vonere Fründi un i ha grad gmerkt, dass i da e chlei vürig bi. D'Fründi het afa wältsch rede; i ha's ja nid verstanne, aber si wird öppe gseit ha, göb me dä Bueb nid e chlei chönn useschicke. «Los, wettisch du nid überufe un e Charte heischrybe», seit ömel du gly druf d'Tante. – I bi du überufe gange, aber um ds Schrybe isch's mer nid grad gsi. Un em Abe hets mi dunkt, das Steinli im Mage heigi ghörig gschwäret syt geschter, u der Mönch u d'Nunne hei no truriger drygluegt, als süsch – un am Morge isch ds Chopfchüssi ganz nass gsi! – –

«Es isch es Päckli da für di», rüeft d'Tante Berta zmondrisch em Morge früech zue mer ufe. – I bi fasch umgheit vor Chlupf. «Jetz isch ds früsch Hemmli da u jetz muesch no e Wuche lenger blybe!», das isch mer wi ne Blitz düre Chopf gschosse u het mer d'Bei u d'Zunge glehmt. «E, lah gseh, nimmts di nüd wunder, was drinn isch?» – Uf das bin i hübscheli d'Stägen ab cho zschlyche. – I ha das Mal vergäbe Angscht gha. Es isch es styfs, viereggigs Päckeli gsi u voll prächtigi Püschelibire. Un uf em Zedel wo obedruff glägen isch, hets gheisse: «Guete Apetit! Beeth.» Di Bire hei eso herrlech gschmöckt, u es het mi dunkt, si heigi eso ne Chuscht na Hurnis Hoschtet uf em Ried obe, na früecher Grasig, nam Schlosswald u na so mängem vo deheime! I bi ganz teigge worde, u ds Ougewasser isch nume so cho vürezschiesse. Drei Tag bin i jetz afe i der Stadt gsi, aber es het mi dunkt, es syg e halbi Ewigkeit, dass i vo deheime furt syg. «O, jetz tüe Hurnis Öpfel u Bire abläse u bi üs deheime wärde sicher di Tage d'Zwätschgeböümli gschüttlet!» Jetz isch Murten uber gsi. Jetz hets nüt meh gä zprichte. Wo d'Tante nam z'Mittag isch am Abwäsche gsi, ha mi hübscheli furtgmacht u bi i d'Stadt gägem Bahnhof zue. I ha gschlotteret u gschnadelet, wi-n-i us eme chalte Bad chäm, wo-n-i vor em Schalter stanne un es Biliee verlangt ha. «Es Fränkli feufevierzg!», rüeft der Ma vo dinne use. – I ha afa vürebrösme u gwahre mit Schrecke, dass i z'weni by mer ha. «I ... I ... I muess no gschwinn hei ga Gäld reiche, i ha drum ds lätze Portmonee verwütscht!» Ds Lüge isch mi hert a cho un i ha der Bähndeler nid agluegt derby, u wo-n-i mi furtpfäijt ha, han i nume no ghört, dass er öppis brummlet u ds rund Fänschterli zueschlaht. Missmuetige bin i gägem Perrong vüre, wo grad e Friburgerzug isch parat gsi für furt. Un i ha müesse zueluege, wi-n-er abgfahre isch, un i ha nid mit chönne! Es het mi dunkt, i syg doch der unglücklechst Mönsch uf der Wält, eso isch es Eländ über mi cho. – Jetz geits nümm anders, jetz muess gschribe sy, ha mer gseit, u bi gäge der Poscht übere. E Charte hätti du no bal erhandlet gha, aber mit em Schrybe hets ghaperet. I ha halt bis jetz nume no mit em Griffel glehrt gschäfte, u derzue sy di Schrybpültli eso höch gsi, dass i grad ha gseh, dass nüd zmachen isch. Di Frou, wo mer d'Charte verchouft het, het mer allem a zuegluegt. «Zeig Buebli, söll i der öppe d'Charte schrybe?», rüeft si. – Jetz bin i erlöst gsi. I ha re diktiert: «Schicket mir kein frisches Hemmli, will heimkommen!» – – Es het mer fei gwohlet, wo di Sach isch gregliert gsi. – – Dass mi d'Tante Berta derwyle chönnt sueche, isch mer gar nid z'Sinn cho, u wo-n-i wider hei bi cho, bin i ganz erchlüpft, wo-n-i gseh ha, wi si imene Züüg inne isch: Si het regelrächt briegget gha. «Eh, was han i jetz o usgstanne wäge dir, dänk, i ha di scho dür d'Polizei la sueche», jammeret si, nimmt mi uf d'Schooss u git mer es feschts Müntschi. – Das het zwar nüt meh g'änderet a mym Entschluss. Ganz rüehig bin i gsi, u wo-n-i am Abe i ds Bett bi u wider der Mönch u d'Nunne gschoue, isch's mer gsi, d'Nunne spili es schöns alts Lied vo deheime ...

U am andere Morge isch der Göttifritz agrückt, u isch mi

15

cho heireiche. D'Tante Berta hets richtig ungärn gha, dass i re so dürebrönnt bi. «Eh, aber los jetz Miggeli», jetz blybsch du no chlei da – lue, mir gange de hüt namittag zsäme i ds Dählhölzli ga Gaffee u Zwätschgechueche ha, – u d'Hirsch u d'Schwään hesch ja o no nüd gseh – un uf em Gurte bisch ja o no nüd gsi.» – Aber es het alles nüt meh abtreit. «I müess ga zu de Chüngle luege, un i heig Hurnis versproche, ne ga hälfe Härdöpfel ufzläse», u dis u das han i zur Usred gha. «Nei gwüss, das isch mer jetz gar nid rächt ...» – Zum Glück het mer der Götti ghulfe. «Är müess sicher das Buebeli sym Müetti umebringe, was är gmerkt heig, sygi si beidi zsäme am glyche Spittel chrank.» – – Der Abschied vo der Tante isch rächt härzlech gsi. Mir hei beidi zsäme nid gyttet mit de Müntschi – mir sy ja doch beidi grüsli, grüsli froh gsi, dass dä vierzächetägig Vertrag vor der Zyt isch glöst worde! – –

Es het mi dunkt, i syg im Himmel vorusse, oder doch ömel wenigstes z'Einsidle im Husgang, wo-n-i näbem Göttifritz uf em Fuehrwärch heigfahre bi. U wo-n-i vo wytem der Schlosswald ha gseh u ds Schloss u ds Stettli i der Sunne glänze, han i wölle jutzge, aber i ha nid chönne vor Freud! – –

D'Mueter isch uf der Stägen obe gstanne, wo-n-i zum Hüsli zuche chume. «Säg Bueb», seit si, «worum hesch du eigetlig eso Längizyti gha?» – U wider han i e keis Wort vürebracht, aber statt öppis zsäge, bin i a se ufe gsprunge u ha se fescht umärfelet. – Un i ha re syder nie meh gchääret für i d'Ferie zgah, i ha no für lang gnue gha vo Stadt u Tante Berta!

Köbu u Kobi

Karl Grunder

Amene leide Sunndignamittag gäge Hustage si i der warme Stuben inne uf der Kobisegg obe zwe Köble wie abraten uf em Ofe ghocket. Im inneren Egge Köbu, der Alt, mit sim verrunzelete Stufflibartgsicht u sine verschmitzte Schlitzöügline. Er het si Chüngelibalgchappen über d'Ohren abe zoge gha, we scho der Ofe ganz gschmürzt het vor Hitz, d'Ellbogen uf de Chnöi u mit de Hänge der Chopf ungerstellt, het ärschtig a sir purschulänige Haaggepfyffe zoge, derzue flyssig dür sini Profflizähn a Boden use gspöit u hie u da nes chlynersch oder es grössersch Bodechläpfli abglah.

Uf em usseren Egge Kobi, der Jung, e zwöiezwänzgjährige, schwarzgschnöüzlete, styfe Pürschtu, guet zum Wärche, nid aber zum Rede. Das isch nie si Sach gsy; drum hätt me chönne meine, er wär e Muggi. Er het e blaue Burgunder anne gha un es runds Wulhüetli uffe mit ere schöne Tubefädere, un o är het ärschtig a sim Stutzerli gsugget.

So het die Ofehöcklete scho bal e Stung tuuret, ohni dass einen es Wort zum Mul useglah hätt. Äntlige träit der Alt, zieht töif y un achet: «Ja ja!»

«Emhm», chunnt's vom usseren Ofenegge zrugg, u nachhär het me lang nüt meh ghört, weder «paff – paff» u «tschi – tschi». Im Söifersack vo der Haaggepfyfe het es afa chochen u chychen u ploderen u soode, wie me mit eme alten erlächnete, hölzige Bschüttisod tät Gülle sode u derzue ne Hafe voll Söühärdöpfeli uber hätt, u der Alt het müesse zieh, dass es ihm sini Backen innefür albe fasch zsämezoge het.

Da träit er schi uf die anger Site, zieht ume töif y un achet zum zwöitemal: «Ja ja», aber därung luter u währschafter.

«Emhm», git der Jung ume prompt zur Antwort.

Nachhär hei sie ume wie vorhär z'Zwöie «paff – paff» gmacht un um's Gwett a Boden use gspöit. Aber der Jung het gwöhnli der Alt gäng um ene Schueh oder zwe möge. Zwüschen ihe het öppe ds Zit im länge Zithüsli näb em Buffert e chli grasslet u tschäderet, wenn es het sölle schlah, u der Luft het um d'Huseggen ume pfiffe un a de waggelige Pfäischterschibe glodelet.

Jez reckt der Alt unger d'Chappe, chratzet i sine verhürschete, länge Tschägghaare, wo ne Schübu dervo hingerfer ungeruse gluegt het, tuet e töifen Atezug u pyschtet: «Ja ja, das isch e Sach!»

«Emhm, das isch es», seit der Jung. Aber jez isch doch ds Isch gbroche gsy, un er fahrt witer: «E so cha-n-es eifach nümme witer gah, es muess eifach umen es Wybervolch zuehe. J ha gnue bis obenus mit däm Sälberhushaschte.»

«Du jagsch se ja gäng furt, wenn eis by-n-is isch», seit Kobi u chlopfet derzu ds Pfyfli us.

«Aber worum?» fahrt Köbu uf. «Wil es mit dene donnersch Jumpferi hüttigstags nüt meh isch, wil sie nüt meh chöi, weder bruuchen u gschände un uschaflegi Löhn höische, dessitwäge wott i keni meh. Es rächts Wybervolch muess mer zuehe, e gueti, wärchegi u huslegi Frou. Hesch ghört, Kobi, e Frou muess i ds Huus.»

«Das wär allwäg scho nid ds Dümmschte», macht der Jung trochen.

Der Alt chunnt diängerschi meh in Yfer: «Täich doch o, was me da numen am Lohn erspare chönnt! Drum tüecht mi äbe, du söttisch de öppe z'grächtem drahi u vorwärts mache.»

«He los Vatter, das chunnt de alls.»

«Ja pfyfe! Z'Huus u z'Hei trage sött me dr sche u dr alls g'chüechlet zuehegäh ... Jä nu, uf ene Wäg ume muess es ... Los, i bi verwichen im Nydlebode hinger gsy, bi Nigglis-Mejin. Es wohnt jez im Stöckli u het ds Heimet i Lähe g'gäh, sit är gstorben isch. Ihres Anni wär öppis für di. Cheiben es mögeligs Meitschi, ja driluege cha-n-es wie ne Amsle. U de weisch, dert isch de öppis z'erwarte, we d'Mueter einisch geit.»

«Das glouben i», möikt der Jung äntlige vüre, macht umen eis y u tubaket gmüetlig witer.

Da wird aber der Alt giechtige, dass sini Wort nid meh ygschlage hei u seit hässig: «Nächschte Sunndig gah mer zue ne, i ha-n-es versproche. U dass mer de da keni Schnäggetänz machisch. Du weisch de, was z'tüe hesch.»

«Emhm», mürmt Kobi druf. Nachhär hei beid ihri Pfyfleni usgchlopfet u näbe ds Zithüsli ghäicht, hei d'Stallholzböden agleit u si ga fueteren u mälche.

Am angere Sunndignamittag si die Zwe gäg em Nydlebode zue gstabet. Ungerwägs het der Alt der Kobi nid gnue chönnen ungerholze, wie mes müess achehre bi de Meitschine, wie me styf tue u si nume süüferli zuehela müess; nid öppe grad mit der Tür i ds Huus, das mach se gwöhnli füürschüüch. Süüferli tue müess me, we me Vögeli fah wöll. Aber we me de einischt eis im Garn heig, de zuegryfe, z'sämeha u's nümme la gah; süscht wie liecht wie liecht chönnt's eim no so ne donnersch Habch cho abstäche.

Kobi het dene Ratschläg us Ättis Wybervolchkenntnis styf zueglost, albeneinischt im Verschleikte glächlet, de ume mit em Chopf gnickt u sis «Emhm» dribrösmet.

So isch me beziten im Namittag im Nydleboden acho un isch da vo der währschafte Püüri, dem Meji, fründlig empfange worde. Me ischt i d'Stuben ihe ghocket un im Schwick i Schwung cho mit Rede. Me het agfange bim schlächte Hustagewätter, de chlyne Höüstöcken u de bal lääre Härdöpfuchrümme, ischt uber g'gange zum Söüprys u zum Chäsereigält, ischt uf d'Färlimori, d'Fasusöüli u d'Abbruchchalber z'rede cho, het Vergliche zoge zwüschen alben u jeze u het schliesslich afa jammeren u chlage, Meji uber e Lähema u Köbu uber d'Jumpferi. Wie das Täche gäb unger dene; entweder usüberlegi, gradglyochtegi Dräcksöü, wo alls laje la hootschen u hinger u vor nüt vom Huswäse verstange, oder de ufpööggeti Ränggelihüng, wo's ne z'wider sig d'Fingerli z'verdräcke u sech fascht schäme mit der Söüträichimälchtere z'loufe un e Mischtgablestil i d'Finger z'näh. Ja me mangleti afe bal es Ruehbett nahez'füehre bim Dussewärche. Vo Huuse wüsse si nüt, nume bruuchen u güüden u alls verdonnere. Er heig dertüre gnue bis obenus, u wenn es nid gly en Änderig gäb un e rächti Frou i ds Huus chömm, so verchouf er der ganz Bättu u gang furt, ja so wahr er läbi.

19

«Eh das glouben i, das verleidi dir; so wett i ömel o nid», stimmt Meji by.

«Aber wo hesch de dis Anni, dass me's nüt gseht?» fragt er nach eme Rung.

«Eh ja, gäll», git Meji ganz erchlüpfts zur Antwort. «Es wird öppen aber i der hingere Stube hinger gruppen u läse... Anni! Anni! Chumm vüre! Chumm cho grüesse!»

Anni chunnt vüre, es bleichs, leids Rämpeli mit chlyne Zöpfline u schmale Händline.

«Lue, die vo Kobisegg si da!» seit Meji. «Da der Vatter chennsch doch, un är dert isch der Jung.»

Es grüesst se, hocket nachhär uf e Grossättistuehl näb em Ofe, nuuschet es z'sämegleits Büechli us em Sack, fat umen afa läsen u chnouschplet derzue a men Öpfu. Meji uberchunnt ganz e rote Hübu, wo-n-es das gseht.

«Es wär Zit für z'Vieri z'näh. Gang ga mache, Anni!» befilt es, tuet aber nüt derglyche, dass öppis nid rächt gsy wär u tampet im glyche Gsatz witer.

Nach eme Rung chunnt es afe mit zweine Gaffichacheli u mene Blättli ihe, speter mit zweine Blättli un eim Chacheli u nachhär mit em Brot u mit em Milchhäfeli. Kobi steit uf u geit use. Der Alt zwinklet mit den Ouge u Meji lächlet o.

«Was siegisch du da eigetlich derzue? Ömel alls dernäbe wär es nid», seit er zue-n-ihm.

«He nei», macht es druf, «aber me muess allem der Louf la.»

D'Tür geit uf, u Anni treit umen es Stückli vom z'Vieri uf. Wo äntlige alls isch binangere gsy u me wott zuehehocke, seit Meji zum Meitli, es söll Kobin rüefen i der Chuchi. Es wüss nid wo-n-er sig, er sig use, git es zrugg u hocket zuehe. Jez schiesst aber der Alt use wie ne Wätterleich, geit uber d'Loube hingere u gseht ne bim Huus änen im Schopf inne stah un i Tubeschlag uehe göje.

«Was machsch de du da?» schnauzt er nen a.

«Lue, was die für schöni Briefer hei», seit Kobi u düttet unger ds Tach uehe. Der Alt wird aber diläingerschi giechtiger.

«E donnersch Löu bisch de! Gah i Tubeschlag uehegränne, anstatt zur angere Sach z'luege.»

«O, i ha dessitwäge scho gnue gseh.» Kobi wäscht no d'Finger bim Brunne, schlingget ds Wasser ab u nöupet glassen gäg em Stöckli ubere. Nam z'Vieri het er afa pressiere für hei ga z'fuetere u z'mälche. Mädi het hingere, das sig no alli Zit u d'Chüeh loufe ne ömel nid furt. Uberhoupt wärd es chuum beidz'säme bruuche für die par Chuehleni z'strupfe. «Eh, i will afe gah», seit Köbu. «Du chasch ja scho no blybe Kobi. Es ischt ja Sunndig, u da hesch ja nid vil z'versuume.» «He ja», fallt Meji y, «Anni muess hinecht no i Chabisrain hingere ga für Hebi frage; mir wetten äbe de die Wuche bache. Da wär es o churzwiliger für ihn's, wenn es de ne Bitz Begleitung hätt.»

U so het me's greiset. Der Kobi het müesse warte, er het nüt dergäge chönne mache, u der Alt ischt abgschuehnet. Er ischt jez feiechli zfride gsy u het täicht, da müesst jez alle Drejax nüt meh nütze, wenn es jez da nüt gäb us däm Hüentschi, we ne die Zwo nid i Lätsch uberchöme. Er het scho usgrächnet, wie vil dass Anni öppe möcht ychehre, wie me die Gschicht de chönnt rangschiere u wenn sie chönnte Hochzit ha. So het er ungerwägs feiechli churzi Ziti gha un isch deheime gsy, er het nid gwüsst wie. Wo-n-er uber d'Stubestürschwellen yschrittet, es isch grad bim Vernachten ume gsy, seit er no so halb lut für ihn sälber: «So Kobeli, dir ha-n-i's jez einisch greiset. Dert schlüüfischt jeze nid us em Hälslig.»

Da ghört er im Ofeneggen innen öppis pfupfe, u wo-n-er besser luegt, was gseht er da? ... Hocket da nid so grosse dass er ischt i lybhaftiger Gstalt si Kobi u rouckt gmüetlich sis Stutzerli. We scho der Ghörnt uf Stälze da vor ihm zuehe gstange wär, das hätt ihn nid meh erhudlet.

«Was verfluechts söll jez das bedütte!» cha-n-er äntlige vürebringe, wo-n-er ne e Zitlang het agstieret gha. «Wo zum Donner chunnsch jez du här?»

«He, i bi drum der näher Wäg uber e Grat y cho. Drum bin i ehnder gsy.» Kobi steit uf u wott si gah angersch alege.

«Ja u de Anni?» schnauzt ne der Alt a. «Hesch es im Stich glah?»

«A bah, das gfallt mer nüt; es isch mer z'rämpelig u z'zimperlig u z'hüentschelig.»

Der Alt lat das aber nid la gälte: «Das isch für di meh weder nume guet. Wenn es scho nid so ne Stuten isch, so isch es doch einzig Ching; das muesch de i ds Oug fasse. Die Sach isch jez guet azettet, gang mer sche nid öppen jez ume ga verhürsche.»

Jez chunnt Kobi fei i Chutt: «Un i wott kes settigs Froueli. Es Hääpelibäbi isch es, für z'schaffe nüt ... Wie lang isch es g'gange, bis es het agfüüret gha, wie het es uftreit, eis um ds angeren u ta, wie-n-es nid vürersch möcht. Wie het es d'Sach agrüehrt so zimpferlig, u bim Abwäsche het es nume d'Fingerbeeri bruucht. U hesch de gseh, wie-n-es g'ässe het? Ja g'mäiselet u gmöffelet erger weder e schmäderfrässegi Gibe ... Es cha nid wärchen u nid äsä; drum git das ke Husfrou.»

Dermit schlat er d'Türe zue, geit uber d'Chuchistägen uf i ds Gaden uehe, leit da d'Stallmontur a u trooget umen ahe gäg em Stall hingere.

Der Alt het ihm no nahebrummlet, isch nachhär i Ofeneggen ihe ghocket, het g'achet u gspöit vor Töübi u Kobin der ganz Aben aleini la gschäften im Stall usse.

So isch es umen e Zitlang g'gange. Me het gwärchet, z'säme ghusaschtet, ischt am Abe z'sämen uf em Ofe ghocket, het tubaket u nid vil meh gwortet mitenangere weder «ja ja» u «emhm».

Da hei si im Pintli niden e früschi Chällneren ygstellt, e vierschröötegi, gmocketi Pfuure mit fatalblonde Haaren u züntige Pfuusibacke. D'Hübschi u Gschidi hätt se nid z'hert plaget, meh allwäg derfür d'Schweri u d'Bösi. Me het prichtet, sie chömm nöüe us eme Chrachen use im oberen Ämmithal, u sie heig afe ne Ma gha. Aber dä sig nöüe scho bezite vo re gschlage. Sie nähm allwäg umen eine, wenn einen abysse wett.

Mängen alte, ledige Gluschti un o rouzegi Witlige si jez alben am Abe nam z'Nacht ga i ds Pintli hocke, für das währschafte Wybervolch z'studiere, so o der alt Kobisegger. Er ischt alben oben a Tisch ghocket u het se gmuschteret vo z'ungerscht bis z'oberscht, grad wie-n-er'sch öppen albe macht, wenn er es Rindli wott choufe.

22

«Guet bouen isch sie, bruschtet u gchnochet; numen e chly starch ungersetzt ... Donner die Scheichen u die Arme! Da ischt öppis drinne, das wärcheti ... Es Ross, eifach es guets Zugross. Sehr wahrschynlich e chli hässig; chönnt aber unger Umstände o no bessere. Es Fählerli ischt ja a men jedere Tierli.»

Zu däm Urteil isch er gäng cho, u wenn er sche de albe het gseh lisme un i dene dicke Chlobifingere die chlyne Lismernädeli het gseh waggele, de het's ne de albe tüecht, es heig e ke Gattig; dert dry ghörti währschaftere Züüg: Gablestilen u Sägessewörb. – O ihre Gang het er i ds Oug gfasset. Es het ja albe ds ganz Wirtshüsli ghudlet, we sie öppe het müesse gah ne Zweier oder es Brönnts yschäiche. Aber dä schwär Gang het ne numen i sim Urteil gstärkt: «Eifach es guets Zugross!»

Er het du süüferli vor em Jungen afa vo der Pintli-Käthe prichte, jedesmal gäng e chly meh grüehmt u z'letschtemänd afa drumume rede, das wär eigentlich eini für in ihres Huus.

Am nächschte Samschtigz'abe het Kobi absolut mit ihm müesse ga ne Halbe ha. D'Kathe ischt oben am länge Tisch ghocket u het umen e chli glismerlet. Er ischt uber e Vorstuehl y grittet u het e Föifer Rote bschickt. Wo sie dervo pfoslet isch, für dä ga z'reiche, het er Kobin zueblinzlet, er söll jez gschoue, was das für ne Bitz sig, u derzue het er ume d'Zunge vom rächten i lingge Muleggen ubere gschleipft u se dert fasch bis a d'Nasen uehe trückt vor Vergnüege.

Wo me het Gsundheit gmacht gha, isch Kobi hinger e Tisch ghocket u het im Blettli gläse. D'Kathe het gchlefelet mit ihrne Lismernadli un albeneinisch ds Mul hingera ufta, dass's eim tüecht het, der halb Chopf sött eren abgheije. Vom Gsicht het me fasch nüt meh gseh, weder es unerchants schwarzes Loch, u so erschröcklig wehlydig het sie ginet, wie sie grad wet der Geischt ufgäh. Der Alt het ärschtig a sim Pfyfli zoge, allpot zur Würze gschüttet u mit em Chuttenermel ds Mul abgwüscht. Wo der zweit Halbliter bal isch lääre gsy, tüechts ne doch du afange, me sötti öppis afa rede. Er rütscht süüferli gäg ere zue, zieht an ihrer Lismete u seit: «Eh ... was lismisch da?»

«E Strumpf, was ächt süsch», macht sie puckt.

«So so, e Strumpf ... Der Witi na allwäg für nes Mannevolch?»
«Das nähm die jeze wunger, weles Bei da dri chäm, du Gluschti!»
Jez isch Köbun der Chamme gwachse, un er rütscht umen um es Rückli näher.
«He ja, u wenn es grad dis wär. So nes tolls Wybervolchbei isch nid z'verachte ...» Ume rütscht er gäg se-n-u nimmt se bim Chnöi.
«Da wär ömel no öppis dran.»
«Ömel allwäg meh weder a dim», macht sie, ohni öppis derglyche z'tue.
«Ja ja, das stimmt, das stimmt scho ... Los, we numen üs o so öpper tät lisme. Grad so eini sötte mer ha, gäll Kobi?»
«Emhm», seit dä u list witer.
«He stellet mi a! J chume scho», git sie zrugg mit eme schelmische Blick u stosst ne derzu mit der Ellbogen i d'Site.
«Wei mer die grad i ds läng Jahr dinge, Kobi?»
Dä het ume sis «Emhm» la gheie. Sie het probiert, Süessgrauechouge z'mache, u der Alt isch zablige worde, dass er der anger Scheiche o uber e Stuehl ubere nimmt u probiert, mit de Füessen u mit de Chnöie mit ere z'rede, wil er nümme gwüsst het, wie mündlich witer fahre. Er het ere mit em Chnöi Müpf g'gäh u mit sine bschlagnige Läderschueh ihre Holzböde bearbeitet öppis Grüüsligs, derzue d'Zungen im lingge Muleggen ume gäg der Nasen uehe gstreckt u gschnuppet u Öugli gmacht, wie ne Chatz, we sie z'Mittag a der heisse Sunnen uf der Schiterbyge lit. Sie het lang weni u nid vil derglyche ta, bis är ere uf enes giechtigs Hüeneroug muess cho sy. Da schnellt sie uf u schnauelt nen a: «Cheibe Tschalpi was bisch! Trapp doch uf diner Tatze!» Kobi, wo der Gschicht im Verschleickte het zueglueget gha, het hinger em Blettli müesse pfupfe, u der Alt het grinset, dass sini Öügleni no chlyner worde si. Wo d'Kathe aber ufhet, het er sche glych no gschwing i ds Hingere gchlemmt, nachhär der Äcken yzogen u mit ere uschuldige Mynen am Pfyfli zoge, dass es gruuchnet het wie ne Mutthuffe. Er het aber Kathis Patschlihängli glych a sir Backe gspührt.

Wo gäge Mitternacht die Zwe gäge hei zue platzge, het der Alt früsch umen afa rüehme, wie das es Wybervolch wär u was me da hätt a so eire. Die sött men jeze nümmen us de Fingere la, süsch stähl ne se-n-eine vor der Nase wäg. Er heig scho g'seh, wie da anger chöme cho gluschte u wölle zueheschmöcke. Er chönn nume nid begryfe, wie-n-är so glassen chönn sy. Das wär doch jez gwüss gwüss eini, brever nützti nüt. Kobi isch stille näb ihm ihe glüffe, het der Chopf vorabe gha u an öppis gstudiert. Wo sie aber bal si deheime gsy, het er ungereinisch still, schnellt uf u seit i mene dezidierte Ton: «So, Drätti, jez gah mer ume zrugg!»

«So, chäm's dir jez afe?» seit dä verstuunet; er ischt uf das jez nümme gfasst gsy.

«Ja,» fahrt Kobi witer, «jez muess die Sach uberort, chumm!»

«Hättisch doch vorhinen öppis derglyche ta! Jez isch es z'spät; die isch doch längschten im Bett.» Er schrittet ume witer.

«Das ischt äbe grad guet», seit Kobi. «Wenn es eim ärscht isch, geit me denn. Das isch die rächti Zit für ga z'pfäischtere», un er nimmt ne bim Ermel u zieht ne zrugg. Der Alt het hingere u wehrt si: «Los, i chume dr jez nümme dert ahe. Gang minetwägen aleini!»

«Nei nei, grad du muesch derbi sy. Du hescht ja hinecht o mit ere gfüesslet u gchnöilet unger em Tisch düre», u ohni, dass er öppis dergäge het chönne mache, het ne Kobi ume mit zrugg gschleipft gäg em Pintli zue. Dert isch alls zue gsy, ke Liecht meh, ke Lut, als still.

«Un jez, was söll gah?» fragt der Alt ganz vertattert.

«He was ächt? Vürepfäischtere wei mer sche-n-jeze. Dert näbe der Louben ischt ihri Stube, lue, bi däm Pfäischter!»

«Ja, wieso weisch du das?»

«Scho bal zähe Jahr weiss i, wo d'Pintlichällneri schlafe... So, da hesch di still, da hinger däm Boum; du verrüehrsch di nid u machsch ke Mux!»

Kobi stellt ne hinger e Hanslibireboum vor i der Hoschtet, geit süüferli vüre gäg e Husegge, list unger em Tachtrouf es

Hämpfeli chlyni Steinli z'säme u fat a, gäg em Pfäischter zue wärfe; z'ersch fat er mit chlynem Gschütz a i langsamem Einzelfüür, nachhär dilängerschi gröber u gleitiger. Dem Alte wird's fasch gschmuecht vor Angscht.
«Dä donnigs Bueb, dä heimlichfeiss, dä Toggemüüsler! Jez uf däwäg, so fräfeli geit er druf los!»
Wo-n-er aber ghört, dass er die ganzi Hampfele uehe pängglet, cha-n-er nümme still blybe. Er chunnt vürez'springe u chychet: «Bisch du eigetlich verruckt. Wotsch allwäg no mache, bis mer d'Gringe voll Schleg uberchöme.»
Er wott ds Päch gäh u dervo, aber Kobi packt nen umen am Chrage, stellt ne hinger e Boum u befilt barsch: «Da hesch di jeze still! Ghörsch, d'Bettstatt het gklepft, sie chunnt vüre.»
U würklig gseht me, dass si ds Vorhängli verrüehrt, u nid lang nachhär geit ds Pfäischter hübscheli uf.
«Was zum Tüüfel ischt ömel de da los?» chunnt es giechtig obenahe.
«Säg nüt, Kobi, häb di still!» chüschelet der Alt schlodelig hinger em Boum vüre.
«Wär isch da?» fragt d'Kathle no einisch.
Jez lat si Köbi vüre: «Los, numen i bis; i sött no öppis mit dr rede ... Wart, i chume gschwing da uf d'Louben uehe. Tue nid zue!»
Wie ne Chatz chlätteret er uber e Huseggen uehen uf d'Louben ihe, hocket dert uf d'Lähnen u fat süüferli u styf afa prichte mit ere, wie si Vatter seje scho lang gärn gsei; er möcht se gärn hürate, wüss's aber nid rächt az'gattigen u törf nid rächt vüre mit de Charte. Wil si äbe unbedingt es Wybervolch nötig hätte in ihrer Hushaltig, so heig är schi jezen i ds Züüg gleit, dass es vorwärts gangi. So styf het er chönne prichten u chlööne, bis sie-n-ihm erloubt het, der Alt dörf zue re-n-ufe cho, u de wöll sie mit ihm die Sach bespräche.
U der Alt het si hinger em Boum fascht nümme chönne still ha, wo-n-er dä Bueb dert obe gseh u ne so lang het ghöre chüschele mit ere. Er isch vo eim Bei uf ds angere trätschet, het in eim furt der Chopf gschüttlet u für ihn sälber brümelet: «Dä

donnigs Bueb! Dä heimlich Feiss! Dä hagus Hagu! Nei, wär hätt das täicht, wär hätt das täicht!»
Druf gumpet Kobi vo der Louben ahe, chunnt zuehe z'springen u seit: «So, die Sach isch de uf guete Wäge. Gang du jez uehen u red z'Bode mit ere!»
«Was? J dert uehe? ... Das cha-n-i nid u machen i nid», chychet er.
«Jä, jez git's nüt meh angersch. Du hesch es ja so wölle ha, un jez isch es abgmacht.» – Kobi springt i Schopf hingere, chunnt gly druf mit em Fuetertennleiterli zrugg u stellt's näb e d'Louben a. Druf reicht er der Alt bim Arm, stellt ne zuehen u befilt: «So, pressier u mach di uehe!»
Er het am Leiterli mit eir Hang, mit der angere stosst er an ihm, u wo-n-er gseht, dass d'Kathle beidi Flüeglen ufmacht u ne abfasset dobe, tuet er ds Leiterli ume dännen u schiebt ab, nid öppe gäge hei zu, nei, wil es Samschtigz'aben isch, muess er doch no i Sangibode zu sim Bethli.
Am angere Morge si beidz'sämen ume bezite deheime gsy. Wo sie z'säme bim z'Morgenässen am Tisch ghocket si, hei sie einischt enangeren so läng agluegt; aber vo nächti hei sie kes Wörtli la verliere. Der Jung het nüt gfragt, u der Alt het eifach nüt gseit.
Wo am angere Samschtigz'abe Kobi het bartet gha, frat ne der Alt, ob er sis Züüg öppen o grad dörft bruuche; er müess äbe hinecht no nöüme hi. Kobi het glachet uf de Stockzähne hinger u het ihm die Sach schön zwäg gmacht.
U nachhär isch die Schaberei bim Alte losg'gange. Lang het er ds Mässer azogen am ufghäichte Hosetrager un am sidige Chnüpferli, nachhär warms Wasser greicht i mene Gaffeechacheli, d'Finger drigsteckt u ds Gsicht agfüechtet. Druf isch er mit eme grosse Bitz Fläckseife druffume gfahren u het nahegribe, bis es het möge gschuume. Du isch er mit em Mässer drahi. Bal het er a der Backen ahezogen u derzue Pugglen ufblase, wie-n-er e unerchannte Schigg dinne hätt, bal ds Chini usegstellt, wie nes toubs Länderpuurli, de umen a der Nasen uehegschrissen u ds ober Mul gluegt uber sini zwe Broffliizähn ahez'zieh, ds Mul bal nach linggs u bal nach rächts verträit u ne

Gränne gmacht derby, wie ne Chüngu, wenn er ds Wasser abschlat, zwüschen ihe flyssig ds Mässer abzogen u nahegseifet u pärschtet u gmugglet derue öppis Schützligs u gfutteret, das cheibe Mässer houi minger weder nüt. Er wetti lieber mit ere untängelete Sägessen a mene heisse Namittag troches Ryschgras mäje, weder so barte. Gchräschlet u gchroset het es zwar ungefähr so, wenn er dür sini zäje Stuffle gfahren isch, u blüetet het er us meh weder es totze Hicken use, dass er schliesslich nümme gwüsst het, wo-n-er scho isch düre gsy u wo nid.

Wo-n-er äntlige mit der Schinterei isch fertig gsy, het er du no lang z'tüe gha, bis er ds Bluet mit Züntschwumm het chönne stelle. Du het er die Bluet- u Seifefläären abgwäsche, het i Spiegel gluegt un isch feiechli z'fride gsy.

«Es het ömel gheiteret. Vil ischt ab u vil dranne blibe», het er für ihn sälber gseit. Nachhär het er schi angersch agleit, het meh weder einisch no der Spiegel z'Rat zoge, ob ächt alls i der Ornig sig un isch rächt ufpützleten abgstäcklet.

Kobi ischt ungerdessi uf em Ofe ghocket u het däm Züüg mit eme vermöikte Lächle zuegluegt. Wo-n-er aber der Alt im Wäg nide gäg em Pintli zue het gseh der Rank näh, het er schi gstreckt u ds Tubackpfyfli ufghäicht. Derna isch er o vor e Spiegel gstange, het d'Grawatten agleit, d'Haar e chli i d'Gredi gstrählt un ischt o ab.

So isch es no nes par Samschtige g'gange. U merkwürdig: Nie het der Alt Kobin meh zum Hüraten agmacht, u z'allerilletscht hätt er no einisch öppis vo der Käthlen agfange. Wo Kobi einischt us Tüüfusüchtegi gfragt het, ob sie für e Summer nid ume sötten e Jumpfere zuehetue, isch er fascht e chli bleiche worden u het gseit, sie wöllen jez ömel no chli warte.

Um so meh het's nen erhudlet, wo Kobi am Mäntig nam erschte Maisunndig ungereinisch seit, er söll si de öppen yrichte, er wärdi nächschtens de öppen abchlepfe. Der Alt isch fascht hingertsi uberheit vor Chlupf.

«Was wottisch du? Hürate, du ... Hürate? ... Das wird doch öppe nid sy!» Er het ds Mul lang nümme chönne zuetue.

«Ja, worum jez nid? Du hesch doch vorhine gäng so dranne tribe.»

«He worum ächt nid,» chychet der Alt, «wil ig ... he ja, du wirsch es allwäg scho wüsse ... wil ig ... ja, jez de wott.»

Jez het si Kobi nümme chönnen uberha u het ihm grad müessen i ds Gsicht use lache: «Das stimmt, das ha-n-i gmerkt, wodüren es haaget bi dir. Aber bisch du mir nid o drubery cho, dass ig es Meitschi gärn ha, dass i scho lang all Samschtig zu Sangibode-Bethlin bi? Hesch nie druber nahtäicht, worum i gäng a mene Samschtigz'abe barti un am Sunndig am Morge gäng es früsches Hemmli aheig?»

«Jä so, ja jeze ... Aber dertüre bisch mer jeze z'schlaue gsy.» Der Alt hocket schwär uf e Vorstuehl ahe un ungerstellt der Chopf. Nach eme Rung luegt er ne ganz trüeben a u seit waggeliochtig: «Los, hättisch das de richtig o ehnder chönne säge, donnersch Möff, was de bisch! ... J cha jez nümme zrugg bi mire, u zwo geit nid i die glychi Hushaltig.»

Da leit ihm Kobi d'Hang uf d'Achslen u tröschtet ne: «Bis nume rüejig dertüre. Bethli chunnt nid dahäre, aber i gah zuen-ihm. Die Alte hei scho lang wöllen abgäh u druf gwartet, bis Bethli einen agstellt het. Drum fahr du nume härzhaft witer bi dir Kathe, un i täiche, mir heige de grad z'säme Hochzit.»

Un e so isch es g'gange. A mene schöne Summermorge zwüsche Höüet u Ärn si zwöi Fuehrwärch dür ds Täli us gäg em Dorf vüre trabet.

Im Scheshi vornahen isch Kobi mit sim Bethli gsy, un im Bärnerwägeli si Köbu u d'Kathle nahegchlepft. Am Abe isch das junge Ross mit däm hübsche, junge Pärli luschtig gäg em Sangibode zue ghöpperlet, u die alti Lise isch mit em Bärnerwägeli u mit der schwäre Burdi druffe ume gäg der Kobisegg uehe gchräblet. Sie het gsperzt u gschnuppet dür e steinig Wäg uehe, u wo sie isch dobe gsy, het sie hingere gluegt, was Uflätigs jez ächt da ömel o uf däm Wägeli obe gsi sig. Zähe Jahr zieh sie das Fuehrwärch scho da uehe, aber so gnue heig sie doch no nie müesse tue. Wo sie die Plättere gseht abstige, hätt sie gueti Luscht gha, se ne chly z'schnelle oder re ne Stupf a ds Hingere z'gäh, dass sie umen ab der Egg ahe gfloge wär.

U würklig wär es o Köbun guet g'gange, we d'Lisen ihres Vorhaben usgfüehrt hätt. Er het no glyeinisch vo däm gchnochete, guet ungersetzte Zugross gnue gha. Mängischt het er erfahre, was ihri Arme wärche, we sie öppen alben e böse Luun het ubercho u ghuuset het, dass es ds ganze Hüsli ghudlet het. Vom Zugross het er nie viel gspührt, meh aber vom Schlachtross.

Kobi aber ischt im Chlee gsy bi sim Bethli im Sangibode. Wo-n-er einischt ume hei isch für ga z'luege, wie-n-es gang, isch der Alt verstöbereten im Ofeneggen inne ghocket u het ghibnet. Es wird öppe grad ume so ne Strubuussete verbi gsi sy.

«U de, wie geit's dr Drätti?» fragt er ne.

Da luegt er ne so wässerig a un achet: «Ja, ja ... i wett ... i wett ...» Er het aber nid chönne fertig mache. Ds Türschloss het unerchant gchlepft, u d'Kobiseggpüüri isch mit eme züntige Hübu hässig cho ihezschiesse.

«Emhm», seit Kobi, het gly druf Drättin Adie gseit un ischt ume gäge sim Sangibode zue.

Mi erschte Wienachtsbaum
Simon Gfeller

Wo-n-i e chlynne Bueb gsi bi, het me-n-u-f em Land usse no z'säges nüt gwüsst vom Wienechtsbaum. Es si i üser Gmein allwäg nid drei Hushaltigi gsi, wo de Chingen e Christbaum grüschtet hei. Bi üs deheimen isch es emel au nid der Bruuch gsi, einen az'zündte. Gäbigi Grotzli hätt me zwar funge, tusigi für eis; der Tannewald het is d'Escht fascht a d'Hustür zuehe gstreckt; aber Drätti u Müeti hei der Wienechtsbaum halt sälber au nid gchennt. Destwäge hei mir Ching glych au üsi Wienechtsfreud gha. U der Wienecht si Wienechtring u Wienechtchueche uf e Tisch cho, u wes im Stal mit em Mälche guet ischt ygrichtet gsi, het es z'Mittag sogar gstossni Nydle gäh. Us dessi Gründe hei mir is nid gha z'erchlage, un im wytere hets bi üs halt au gheisse: Was me nid weiss, mach ein nid heiss!

Das het du g'änderet, wo-n-e früsche Lehrer is Schuelhuus yzogen ischt. Dä isch nämlig us ere Gäget cho, wo d'Wienechtsbäum scho si i der Mode gsi. U drum het er sine Schüelere scho lang vorhär dervo brichtet u gseit, hür müess es de-n-es Wienechtsfeschtli gäh im Schuelhuus, u do müess de-n-e Wienechtsbaum azündet sy.

I bi sälbmol 's erscht oder zweut Johr i d'Schuel u bsinne mi no guet, wi das z'brichte gäh het. Uf em Schuelwäg un i dr Schuelpause, gäng isch dervo verhandlet worde. Mir hei halt gar e kei Bigriff gha, wi de das wärd här u zue goh. E Tel hei gmeint, es wärd de-n-es dürsch Tanndli verbrönnt, öppe so wi am Einedryssger oder Jakobsobe. Angeri hei bhauptet: Nei, mi häich a d'Eschtli chlynni Latärndli u zündti die a. No angeri hei brichtet vo Cherzline; aber mir Chlynne hei no nie keini Cherzli gseh gha und nid gwüsst, was das ischt. U d'Oberklässler hei natürlig Freud gha-n-is allergattig dumme Züg az'gäh u i eim furt bhertet, nume für seie gäb es de-n-e Wienechtsbaum, üs Häfelischüeler i der Ungerklass gang das gar nüt a, der Baum wärd erscht azündtet, we-n-es Nacht sig u denn müessi mir jo de i's Bett. Das het is richtig z'schnubbe gmacht. Aber d'Lehrere het is du tröschtet: Die welli-n-is nume tschööple u z'förchte mache, mir sölli ne nüt glaube, 's Bäumli sig für alli. Dä Bscheid hätt is du afe besser gfalle.

Weder nid, dass i öppe düruse wär chäche gsi, jez sig scho alls gwunne. Üsers Hei isch fascht e Stung wyt vom Schuelhuus ewägg gsi u das het mer Gidanke gmacht. Aber i ha mi uf mi eltere Brueder verträschtet, wo au no z'Schuel gangen ischt. Däwäg hei Furcht u Hoffnig i mim junge Gmüet zsäme g'gygampfet, bis i mer es Härz gfasset u der Mueter di wichtige Frog vorgleit ha, gäb i au a's Bäumli dörf.

Du isch du no öppis ganz angersch zwüschenihe cho, wo-n-i gar nüt ha dra däicht gha.

«Wi wettisch du dörfe goh,» seit d'Mueter, «du hescht jo kener Sunndighose. Un i de Wärchtighösline darf me di doch nid schicke, mi müesst si jo schäme.»

Natürlig het es du afen e tüechtige Sürmeten abgsetzt. Wo-n-i däwäg unerchannt 's Horn ahe gnoh ha u gar nid ha chönne höre, hets du d'Mueter doch schier duuret, u si seit: «He mi cha de no luege. We der Schnyder no vorhär zuehe z'bringe wär, wurdisch wohl au chönne goh. Gäh möcht es 's no säwft mit dene Hösline.» Jez isch mer wider es Stärndli Hoffnig ufgange.

Der Schnyder ischt en eltere, freine, gäbige Ma gsi. Zu däm han i 's beschte Zutraue gha. Scho mondrisch si mer zue-n-ihm, der Brueder Jakob un ig. U was überchöme mer für Bscheid? Der Schnyder lig schwär chranknen im Bett u der Gsell heig all Häng voll z'tüe, mi chönn nüt verheisse. Dormit hei mer is aber nid lo zfriede stelle. Mir hei aghah u gchähret u z'Bode gstellt, bis d'Schnydere het e Wauch to u gseit: «He mi cha de no luege. Bringit 's Tuech! We's mügli ischt, müesse di Hösli gmacht sy.» Der anger Tag si mer mit em Tuech abglüffe. Der Gsell het is's abgnoh un in-e-n Eggen ihe gschlage. «Das isch de no niene gschribe, dass di Hösli gmacht wärde. Zersch muess me afe di Grosse spediere; di Chlynne hei derwyl z'warte.» U derzue het er mir e suure Blick gäh. Wohl, jez isch's Gygampfi wider im Lauf gsi.

U ungereinischt isch mer ygfalle, worum dass mi der Gsell sövel suur aluegt. Er ischt einischt aleini bi-n-is uf der Stör gsi u het gmeint, es sig niemmer umewäg. U du chumen i ungsinnet zur Tür y. U du het der Gsell 's Bei uf em Längstuehl obe u wott gschwing gschwing 's Hosegstöss uber e Strumpf abzieh. Aber mini Äugli si flingger gsi, weder siner Häng, un i ha emel no möge gwahre, dass e Bitz Halblyn zum Strumpf us gugget. I ha nüt derglyche to, dass i öppis gseh heig; aber wo Drätti u Müeti heicho sy, hanes gseit. Der Vater het der Schnydergsell nid gmacht uszpacke. Er het nume das Bei i's Aug gfasset u gseit: «Du hescht jez au es dicks Bei! Tuet di öppe d'Wassersucht ploge? I hätt dert im Gänterli inne no-n-e Räschte gueti Selbe – soll der öppen e chly yrybe?» Der Gsell isch rote worde und het nöjis gstagglet, was, weiss i nümme. Aber vo denn a het er mi ghasset; es ischt ihm wohl z'Sinn cho, wär ne verchlagt heig. U drum isch mer jez nüt guets ertraumet. I ha wohl gspürt: We-n-es uf e Gsell abchunnt, tuet er ders verrangge, dass d' nid a 's Bäumli chaischt. U drum bin i di ganzi Zyt im Chummer inne gsi, dass nüt eso, u mi Hoffnig ischt ime chlynen Eggeli inne ghuuret.

Am Tag vor der Wienecht hei mer di Hösli welle go reiche. Was seit d'Schnydere? «Jä, di Hösli sigi nid gmacht. Es sig ere grusam zwider, aber sie chönn weiss Gott nid hälfe. Der Gsell mach blau u ghei i de Wirtshüseren ume; er sig scho drei Tag lang nüt heicho. U em Schnyder heig es no nüt besseret. Jez sig es halt eso.

Wo mer si heicho, bin i hinger d'Mueter, si söll mer d'Wärchtighösli no einisch chly zwägmache, de dörf i scho drinne goh. D'Lüt gseii mi jo au i dene, we-n-i z'Schuel gang. U we mer zum Bäumli gangi, sig es doch stockfeischter, do gsei emel niemmer nüt. D'Mueter het würklig au no Muschterig agstellt; aber es het eso bodelos trurig usgseh, dass si der Chopf gschüttlet het: «Was wurd d'Lehrere säge, was wurd der Schumeischter säge, we du i fettige Hösline chämisch!» Jez han i mer nüt me gwüsst z'hälfe.

Der Wienechtstag isch cho. I glaube unglückligere Tag heig i i mim ganze Läbe nid mänge düregmacht. Es het mi düecht,

es heig u heig e ke Gattig, es sig gar nid aznäh. Di angere hei chönne goh. Armi Nochbersching hei Chleider gha. Un i ha wäge däm elände Schnydergsell müesse deheime blybe. Wo si der Brueder gsundiget het zum goh, bin i gäng no um d'Mueter ume glyret: «Müeti! – Müeti!»
 Bis der Vater gseit het: «Jez setz lugg. Das muess jez nid düregstieret sy. Du bisch der Jüngscht u geisch no lang z'Schuel. Du gsehsch de no mänge Wienechtsbaum. Mir cheu nüt derfür!» Jez isch' us un Ame gsi. We der Vater däwäg gredt het, hei mer alli gwüsst: Do gits nüt me z'märte. I bi näbenume in e Egge go gränne. Der elter Brueder het mi welle tröschte: «I bringe der de dis Päckli u brichte der de alls, wis gange sig.» Aber i ha nid möge lose. Derno ischt er zur Türen us.
 U duderno bin i uf en Ofetritt uehe gchneuet u ha der Chopf uf en oberen Ofen ufgleit u ha grännet u grännet gar erschröckelig alli Lengi. Es isch zletscht es ganzes Glünggli Augewasser uf der Ofeplatte gsi. D'Mueter het mi probiert z'gschweigge. Si ischt ubers Gänterli u het e Papirsack füre zoge. Derno het sie es Hämpfeli Baumnuss näbemer uf d'Ofeplatte gleit. Das Mitteli het aber nid sofort welle würke. I ha wyter gsürmt u bi du au grad echli taube gsi.
 Derwylen isch der Ofe heisser u heisser worde. D'Mueter het zwo Wedele verbrönnt gha, es isch vorusse wüetig chalt gsi. Dä Ofe het zwo gross Sangsteiplatte gha, u die si mit ere isige Chlammere zsäme ghäicht gsi. Di Chlammere isch ganz füürigi worde un ungereinisch preicht es 's emel, dass mer e Tropf Augewasser uf di Chlammere fallt, foht das a chöcherle u wi-n-e Schwick het das füürigen Yse dä Tropf gschlückt gha. Das het mi kurligs düecht un i hätt no eine welle lo druf falle, um no einisch chönne zluege, wi das chöcherli. Aber ungereinisch isch das tusigs Augebrünndli vertrocknet gsi u wott e ke Chätzer me cho. Du was machen i? 's Fingerbeeri tuncken im Träneglünggli u lo uf d'Ysespange tropfe! Wider hets gchöcherlet, ganz hässig – fei e chly wärklig isch es gsi. Drum bi-n-i zuegfahre bis das ganze Träneseeli ischt usgschöpft u Tropf um Tropf isch verchöcherlet gsi. U wo mer nüt me het wellen am Fingerbeeri hange, het mis grosse Leid au verchöcherlet gha. I

ha emel uf d'Nuss los möge, bi go 's Hämmerli reiche u ha eini um di anger töt un usgrüblet.
Nume wo-n-i is Bett müesse ha, hätts bal wider Augewasser gäh. Ungere bin i zwar, hingäge vo Schlofen isch nüt gsi, bis der Brueder heicho ischt.
«Uh, daisch schön gsi ...» No lang het er mer gchüschelet dervo. «Was het du d'Lehrere gseit, dass i nid cho bi?» «Heh, es sig schad.» Das het mi tröschtet u ändtlige han i chönne schlofe.
So isch das e Gschicht gsi mit mim erschte Wienechtsbaum, wo-n-i – nid gseh ha!

Ds Öpfelbrötli
Hans Zulliger

I Niederhuser Fritzes Stöckli uf em Lischebode wohne Häfelis. Es chlys, rahns Manndli, ne feschti, rotbrächti Frou u vierzäche Purscht, wo die zweu eltischte dervo afen us der Schuel sy u chönne hälfe verdiene. Wägedessi sy sie glych gar grüseli armi, un alli Hustage mehret's um Eis byn ne. Der Vatter macht Chörb u Rächen u husiert dermit, sie geit ga wäschen oder tauneret süsch öppe bi de Pure, u d'Purscht sy der gröscht Teel vo der Zyt sich sälber uberlah. Sie gfätterle zäme, zanggen u chähren u machen ume Friede, wie's öppe geit. Oder sie hüeten ihri Geissen u ga für sen i Moosbachwald ubere ga chrutten u für d'Chüngle ga chöhle. Eis leit em angere d'Chleider aa, wenn es ihns tüecht, si passi für ihns i der Grössi; sie verzehre chlyni gschwellti Härdöpfeli u Maisbrei, we d'Mueter ke Brot verma, im Winter gütterle sie us verschrissnen u mängischt ou us nid grad sufere Chütteli u Röckli, wylige hei sie Schnudernasen un öppen ou ihrer Gringli voll Lüüs – – weder sie chömen emel vür u wärde grossi.

Weli Mueter, wo so drinnen isch, wie ds Häfeligrytt, chönnti besser zu ihrne Putze luege? Es macht, was es cha – weder einisch hört alles uuf, u d'Zyt isch nid us Gumi! Sie längt nid, dass ds Grytt für alli mitenang chönnti sorge. Es nimmt eis nam angere düre, schnurpfet für ihns, lismet ihm Strümpf, plätzet de Meitli d'Ellbögen u de Buebe d'Hosechneu, u wenn es hingeruus isch, de gseht es, dass es scho lengschten ume hätti gmanglet vornen aaz'fah.

E njedere Hustagen isch es si froh, wenn es umen eis vo syr Kuppele cha i d'Schuel schicke. «De weiss me, wo sie sy u was sie mache!» seit es. «Un am Morge chöme sie eim bizyten ab der Scheuben un unger de Füesse wäg!»

Nid, dass es se nid gärn hätt! Ds Gägespiel, es isch in se vernaret u meint, es heig e ke zweuti Frou so nöggeligi Purschli wie-n-äs, u wenn eis von nen öppis Luschtigs macht, su läbt es wohl dranne, meh as e Her, wo all Aben i ds Theater cha.

Hüürigs Jahr het der Röbi müessen i d'Schuel ga. Er isch zwar erscht Sächsi gsi, weder er het sälber bigährt z'ga. Ihn het das e vürnähmi Sach tüecht, es Schuelerpurscht z'sy, u de het es ne wunger gno, wie das i der Schuel öppe zue u här gangi.

Der Lehrgotte het es weniger gfalle, wo sie nen am erschte Schueltag het gseh i d'Stube trappe. «Da chunnt umen eine vo der Häfeligarde!» het sie zum Niederhuser Fritz gchüschelet, wo vo der Schuelkommission isch da gsi. «Mi kennt se vo wytem a ihrne grosse Chöpf!»

Der Fritz het glächlet. «Ja, das isch der Röbi. – Jä, i muess mi gwüss sälber mängisch no bsinne, we se scho alltag gseh! Vo wägen es isch schier es njedersch glych gross, un eis glychet em angere wie ne Tropf Wasser! – Es sy armi Lüt, die Häfelis!»

«D'Ermi miech no nüt, we sie numen e chly suferer wäri!» het d'Lehrere spitz Bscheid gä. «U dass sie de no es njedersch Jahr es früsches Chlys uberchöme ...»

Der Fritz het eis Oug zuedrückt u zämebisse. Vo wäge bi ihm deheime isch ds Gutschi läärs blibe, so gärn är u sys Babetti hätten es Putzli ubercho.

«Das sy halt eso Sache!» het er gsüüfzget. U na me ne Rüngli fahrt er wyter: «U mi muess es näh, wie-n-es chunnt ...!»

Z'hingerischt i der Schuelstuben isch es Bänkli elenzi gstange, dert het der Röbi müesse ga hocke. D'Lehrere het Tafele, Griffel, es Bleistift u Läsibüechli uusteelt.

«La de der Griffel nid gheie!» het sie gseit, wo sie em Röbi syne häregleit het. U Läsibüechli het er es alts ubercho. Er het läng uf die vo syne Gspahne gschouet, u z'trutz wie-n-er uberbisse het, ds Ougewasser isch ihm cho z'schiessen u zwee grossi Tröpf syn ihm uber d'Backen ache grüdelet.

Der Lehrere isch es nid rächt gsi, wo-n-er het afa schnüpfe. Es het se sälber ou tüecht, sie heigin ihm Urächt ta. «Jitze hani afe achti vo Häfelis gha, däicht sie, «u kes von ne het chönne Sorg ha zu syr Sach, kes isch suufer gsi un ordelig –

hani öppe nid guete Grund, däm dert numen es alts Büechli z'gä? – Er verhudlets doch nume!»
Aber syner Träne hei se plaget.
«Was hesch z'pläre, Röbi?» fragt sie, grad wie's ere nid wäri chünnts gsi.
«I hätt ou gärn es neus Buech, gäll, gib mer eis!» het er vüredrückt, u syner Ouge hei schier no meh bättlet weder d'Wort.
Sie het nid chönne widerstah, gob wie sie dür die längi Zyt, wo sie gschuelmeischteret het, isch gwennt gsi, nid uf e nes njedersch Briegg z'losen u nah z'gäh. Der Bueb het drygluegt wie-ne Hung, we der Meischter e Wurscht isst.
«He, i will luege, gob i no eis heig!» Sie het ihm ds alte Büechli wäggno, isch zum Schaft vüre, het dert e chly gnuuschet u grüeft: «Ja, da isch no eis, chumm reich's!»
Wie ne Habch isch der Röbi vüre gschosse, u sys neue Buech het er aagluegt, wie wenn es e Bitz Chueche wäri gsi.
«Dankheigisch!» seit er u wott a Platzg.
Die angere hei afa lache. U d'Lehrgotte het nen am Chrage packt. Er isch gar schröckelig erchlüpft u het sys Buech a ds Härzli drückt. «Los!» lehrt sie ne, «we's grossi Lüt sy u fröndi, su seit me Dankheigit der!»
«Dankheigit der!» macht der Röbi verschmeiete, u du isch er hingere. Un er het si vorgno, lieber nümme z'viel z'sägen i der Schuel. Da lachen eim die angere ja uus, u d'Lehrgotte nimmt eim bim Frack, het er däicht. U vilecht chönn er halt nid eso guet rede, wie die vo de rychere Lüt, da schwygi me ringer, süsch chönnt men am Änd umen um sys neue Buech cho. U das gäbt er nid billig. Da wöll er Sorg ha derzue, dass es lang schöns u neus blybi.
Deheime het ihm's ds Lysi müessen yfasse. Tags druf het er's der Lehrere zum Pult vüre brungen, ohni nes Wort z'säge: er het se numen aagluegt.
«Eso isch rächt, Röbi, häb nume schön Sorg derzue!» het sie-n-ihm Bscheid gä.
Das Lob het ihm gar grüseli wohl ta, u bim ne Haar hätt er ume Dankheigisch gseit, ersch z'vorderischt a der Zunge het er

ds Wort no chönne zruggbhalte. Er het müesse dra däiche, wie sie-n-ihm isch uber's Mul gfahren am erschte Schueltag. Glych het er se gärn gha. Un er isch ou gärn i d'Schuel. Er het das der Lehrgotte nid gseit. Vilecht het sie's gmerkt. Einischt het er ere nen Arfel grossi Margrytte brungen un es angerschmal e Buschele Rose, wo-n-er am Niederhuserbabetti für se bättlet het gha. Weder – – wie mängischt uberchunnt e Lehrere nes Gschänkli vo me ne Ching, wo se gar nid gärn het! Mi bringt ere Blueme, so wie die alte Juden em Herrgott es Chalb am Altar tödt hei – – denn, we me nes schlächts Gwüsse het. Mi däicht, es sygi dermit ume guet gmacht, oder mi uberchömi besseri Zügnisnoten, oder sie drücki de nes Oug zue, we me d'Ufgabe nid ir Ornig gmacht heig. U wenn e Lehreren es paar Jährli nachenang settigi Sachen erfahre het, de gseht sie der Himel nümm voll Bassgyge, we re ihrer Purscht neuis bringe.

Em Röbis Lehrgotte het emel nüt derglyche ta, dass sie-n-ihm die Blueme bsungersch schetzti. Hingäge, we me se gfragt het, wie sie mit em neue Häfeli i ihrer Klass öppe zfride syg, de het me der Bscheid ubercho: «Nid übel! Es Chilcheliecht isch er zwar nid – wo wett er's ou härnäh – weder er isch emel stille! Mi het nid gäng mit ihm z'tue! Wenn i da a syner Gschwüschterti däiche, das isch wie Tag u Nacht. Dert het me nüt as gäng nume müesse warnen u brüelen u strafe, u doch het alles nüt abtreit! Bim Röbi isch jitzen en angerlei, i muess es säge – – er schwätzt nüt u macht kener Luusbuebestreichli – – emel bis dahi! Mi cha nie wüsse, wie's de no usechunnt. – Mängisch wetti zwar lieber, er wär e chly der Läbiger. Er het nie d'Hang uuf, u wenn er scho chönnt. Gob er z'schüchen isch oder z'fule – was weiss i!»

Eso isch der Summer ubere, u die Sach mit em Röbi isch im Glyche blibe. Da het du d'Lehrere na den Ärnferien em Summermatter sy Bueb, e Verhockete, vor e Röbi zueche gsetzt. U das isch e Kärli gsy, verdräiter weder e Chalberhälslig.

Het er gschwätzt, u d'Lehrere het hingere gluegt, de het är si ou dräit u zum Röbi hingere gluegt, grad wie dä vo der Lehrere

wäri erwütscht worde. Het er ne gfragt, wie viel es bi ne re Rächnig gäb, u d'Lehrere het gwarnet, de het er gseit: «Der Röbi het mi drum gfragt, wieviel es gäb!»
Het er Marmle la trohle, su isch es der Röbi gsi.
«Isch nid wahr!» het dä si gwehrt. «Är sälber!»
«Uh, wie dä lügt!»
«Cher e mal dyner Seck, Röbi – hesch du de kener Marmle?» het d'Lehrere gseit. Un er het ere halt ou gha. Gäb wie-n-er si verschwore het, er heig ere kener la trohle, un es sygi der Summermattermaxli gsi, sie isch missträuischi worde.
«Jitze faht es afa böse mit ihm», het sie däicht. «Jitze tuet er der Chnopf uuf, wie ne syner Gschwüschterti ou hei uuftaa, bhüet mi der lieb Gott!»
«Lehrere! Der Röbi Häfeli het mer my Griffel verschlage!» het der Summermattermaxli grätschet.
«Er het mer nen i der Pousen aapängglet!»
«Er het mer drum eis zwickt!»
«Är het aagfange!»
Eso isch es gange, ei Tag nam angere het öppis Unbeliebigs mit em Röbi brunge.
We das eso zuefahrt, de chani no öppis erläbe mit däm Röbi, bis es Hustagen isch!» het d'Lehrgotte däicht u sech ihrer aagrauete Haar us der Schläfe gstriche.
«Lehrere, der Röbi het Lüüs! Geschter het mer d'Mueter eini achegstrählt, u die hani vo niemerem angerem uufgläse!»
Sie het müesse d'Chöpf erläse. Es hei fasch alli dere Tierli gha, aber der Röbi ou – – ä! Der Gugger wetti mängisch Lehrere sy!
Ungerwylen isch es Herbscht worden u d'Öpfel sy nache gsi zum Gwinne.
Ame ne Morge het der Maxli es früschbachnigs Öpfelbrötli i d'Schuel bracht. En allne het er's zeigt.
«Schmöck, wie das fein schmöckt! – Jä, der Öpfel isch e Jakob Lebel, mir hei e ganze Boum voll derig. Uh, die gä feini Chüechli, das schmöckt me scho däm Brötli aa!»
Der Röbi hätt ou wölle schmöcke.
«Du – häb dy Nase dänne, du bruuchsch da nüt cho

z'gluschte! Das isch für d'Lehrere, nid für di, du Lumper!» Wo d'Lehrere isch yche cho, isch der Summermattermaxli vüre zue re u het ere sys Öpfelbrötli gä. Sie het's oben uf ds Pult gleit u dert la sy. Der Maxli isch umen a sy Platzg, der Chifel het er gstellt wie nes Deichsleross.

Z'mitts im Vormittag isch e grossi Pouse gsi, un i dere het es Krach gä. Der Max het der Röbi ghelkt, bis dä-n-ihm gseit het: «Wosch Schleg?»
«Meinsch öppe, i förchti di, du Löu?»
«U du bisch e Plagieri! Mit dym Öpfelbrötli!»
«So, das sägeni dinne!»
«Su säg's minetwäge, Rätschichachlen uf der Gasse, wenn di gseh, so muess di hasse!»
Um sen ume sy ne Ring Gspahne gstange. Gob me der Max a Röbi aa gnüpft heig, oder gob er sälber heig afa schüpfe, das isch nie uscho. Mit Müpfe het es aagfange, u z'letscht sy beedsamen i re Glunggen inne glägen u hei enangern erhudlet, dass sie drygseh hei wie d'Säuli.

Der Maxli het chönnen etwütschen un isch hurti i d'Schuelstuben yche der Lehrere ga chlage. «Der Röbi het mi i Dräck use gschosse u mer Schleg gä, er isch drum toube, dass i Euch ha nes Öpfelbrötli brunge!»

Der Häfeliröbi u ne Schaar Gspahne sy hingernache cho. «Es isch nid wahr!» het der Röbi brüelet. Er isch toube gsi, wie-n-es Beji u hätt der anger em liebschte grad no einisch i d'Fingere gno.

«Still! – Wär isch derby gsi?» het d'Lehrere gfragt.
«Iig – iig!» alles isch derby gsi.
«Isch es wägem Öpfelbrötli gsi? Wär het's ghört?»
«Ja, wägem Öpfelbrötli – iig – iig!» het es dürenangere tönt.
«Henu, der Röbi blybt de z'Mittag dinne – fertig! Gaht a euer Plätzg! Nähmit d'Tafele vüren u schrybit ab Syte zweuedryssig «Von allerlei Tieren» – wär fertig isch, cha cho zeige!»

Vor Täubi het der Röbi z'ersch e Zytlang grännet, gob er aagfange het.

«Röbi, we de jitze nid gly aafahsch, su will i di de lehre!» het ihm d'Lehrgotte dräut. Du isch er drahi.

Vo Zyt zu Zyt het er zwar müesse vüreluege uf ds Pult, wo ds Öpfelbrötli uber e Rand uus gugget het. Es het ne sälber ou tüecht, das sygi d'Schuld an allem, aber angersch, weder as d'Lehrgotte gmeint het.

Am Mittag het er derglyche ta, er gsei die schadefreudigen Ouge vo de Gspahnen un em Maxli sys Zungenusestrecke nid, wo dä an ihm verby isch. Er het sy Nasen i ds Läsibüechli yche gstreckt gha u ne Mouggere gmacht, wie wenn ihm alles glych wäri.

«So, du wartisch da, bis i ume chume, i gah gschwing zu Poschthalters ubere!» het ihm d'Lehrgotte bifohlen u nen eleini gla.

Der Bueb isch e Zytlang daghocket u het multrummlet. Er het chly nachegsunnet, was ächt alles solli ga mit ihm, u was men ächt deheime sägi, wenn er nid z'rächter Zyt zum Ässe chöm. Du het er wölle ne Fleuge fah, wo gäng um ihn ume gsuret isch u vor ihm un an ihm het abgsetzt. Weder er het se nid preicht. Sie isch wyter vüre. Är isch ere nache.

Jitze het er zum Pfäischter uus gluegt, gob ächt d'Lehrgotte nid gly chömi. Er het lang sy churzi Nase chönnen a der Schybe breit drücke, sie isch nid cho.

Du isch er gäg em Lehrerpult zue u gseht ume die Fleuge – er het emel däicht, es syg die glychi – sie het grad uf em Öpfelbrötli abgsetzt. Er het se verjagt.

Du isch ihm ume z'Sinn cho, dass er am Morge nid het dörfe dra schmöcke wie die angere. Das het er jitze gmacht, drümal für einisch, un es het ihm wohl ta. We's nume der Mäxel gsüch, het er däicht. Aber dä isch deheime bim Zimis ghocket u het prichtet, was i der Schuel gangen isch.

Uf ds Mal het es der Röbi tüecht, e sym Hunger na syg es Mittag, u d'Lehrgotte müess u müess jitze cho. Umen isch er a ds Pfäischter: er het e ke Möntsch gseh. Du isch er ume zum Öpfelbrötli zueche. Es het ne gluschtet. Näbedra isch es Brösmeli Rauft gläge. Das het er gno u gässe.

Na me ne Rüngli het er ds Mütschli i d'Hang gno u's drückt, dass no mehr Brösmeli abgheji. Weder da isch es grad verbroche, e Bitz, eso gross wie nes Zweufränkli, isch usegheit.

Der Bueb isch erchlüpft. U doch het er Freud gha. Er isch jitze ganz i nes Fieber yche cho u het gar nid meh gwüsst, was er macht: es isch eso gsi, wie we nen öpper stosseti. Er het dä Bitz gässe, isch mit em Finger i ds Loch vom Brötli u het afa vom Öpfel usegoren un ässe.
Wie nes Tier het er gmacht! U z'letscht het er es Pfäischter uufta, der Räschte vo däm Mütschli gno un isch usen u furt, gäge heizue.
Wo-n-er uf der Strass isch gsi, isch er ume zum Verstang cho. Er het gar nid rächt bigriffe, was er gmacht het. Gäng en eim het er müesse das Öpfelbrötli gschouen u ds Loch drinne, für dass er sicher isch gsi, er troumi nid nume.
Am Strassegraben isch er abghocket u het grännet. Er het nid gwüsst, was er soll mache. Zrugg bringe het er's nid chönne, um ke Prys. U dervo ässe het er ou nümme chönne, es het ne gwörget.
Er isch uufgumpet u heizue trabet, ds Müeti wüssi de allwäg Rat, het er däicht. Wo-n-er bi Summermatters düren isch, steit der Gagerischt uf der Strass u het ne nid wölle düre lah, er isch gar e böse gsi u het die chlyne Purscht gchlemmt un uberschosse.
Der Röbi isch vor ihm blybe stah. Un uf ds Mal schiesst er ihm das usghöhlten Öpfelbrötli zueche. Der Gagerischt isch druf gschosse, u der Röbi het düre chönne. Er isch gsprunge, wie wenn en Impt hinger ihm nache cho wär, ohni agz'setzen isch er hei.
Ganz vergränneten isch er i d'Chuchi trappet u het em Müeti gseit, er dörfi nümm i d'Schuel, er müessi stärbe. U du het er ihm die ganzi Gschicht verzellt. «I weiss eifach nid, wie-n-es isch uber mi cho!» het er i allem Briegge gseit. «Un i wott e ke Schelm sy! – Mueter, i bi ne Schelm!»
D'Mueter hed nid rächt gwüsst, was sie wölli säge. No, wo sie het gwärweiset, het der Röbi si müessen ubergä. Du het sie ne i ds Bett gschickt. U nam Mittagässen isch sie zum Niederhuser Fritz ubere, däm die Sach ga prichte. Dä het sech im Haar gchrauet u z'letscht het er gseit, er wölli mit der Lehrgotte ga rede.

Im Namittag einischt isch der Vatter heicho, u wo dä verno het, was isch gsi, isch er luttertouben i d'Stuben yche. Mit em Läderrieme het er em Röbi wöllen ybläue, wie alt u wie tüür. Aber wo-n-er ne gseh het, chräbsroten un i de Fieber, da isch er umen use. «Mi muess de nachär mit ihm rede!» het er gseit u der Läderrieme näbe der Türen a Nagel ghäicht.

Der Röbi isch ärschtig chrank worde, u der Dokter het emel zueche müesse. I syne Fieber inne het er verhürschet gredt: gäng en eim vo däm Öpfelbrötli u vo der Lehrere. «Sie het mi nümme gärn!» het er gseit, u: «Gäll, es macht nüt! – Gäll, es isch ja für mi gsi! Gäll, i darf's ha!»

Wo d'Lehrgotte het verno, wie-n-es ume Röbi steit, isch sie zue-n-ihm cho. Sie het dermit ds Gschydschte gmacht, was men i däm Fall het chönne mache, u der Niederhuser Fritz isch allwäg da dra nid weneli d'Schuld gsi.

Liecht eini derna hätti das Schelmestückli bruucht, für den angere Ching z'säge: «Luegit jitze, mit emen Öpfelbrötli faht es aa, u mit em Schalewärch hört es uuf!» oder ähnlich – mi weiss ja, wie d'Schuelmeischter de Chinge der Tüfel chönnen a d'Wang male.

Henu, d'Lehrgotte het's nid eso gmacht; sie isch zum Röbi u het ihm zuegsproche: er soll e ke Angscht ha, sie sägi's niemerem, u wenn er ume gsunge syg, su chönn er de amen angeren Ort hocke, u sie wüssi scho, dass er ere nie nüt meh nähmi.

Dä Zuespruch het em Röbi besser ta, weder alli Doktermitteli; scho nes paar Tag nachär isch er umen uufliger gsi, u gly het er wider i d'Schuel chönne.

Mit kem Wort het d'Lehrgotten öppis vo der Öpfelbrötligschicht gseit. Sie het der Röbi gha wie angeri ou u het ne, wo-n-er vom Sunnematter wäg isch gsi, nümme bruuche z'mahne.

Er isch zwar ganz der anger Bueb worde gsi. We scho niemer nüt dervo gseit u derglyche ta het, ihm isch die Gschicht yche, teuf yche. Un es het Zyte gä, wo-n-ihm rächt Schleg derfür wäre lieber gsi: de hätt er däicht, die Sach isch abverdienet u fertig. Jitze het er gäng u gäng ume drannen ume gstunnet. «J muess zeige, dass i e ke Schelm bi, myr Läbtig muess i's zeige!» eso het er däicht. Un es het ihm ganz Angscht gmacht, wenn er si bsunne het, wie-n-er das Mütschli i de Hänge gha het u drückt het, u dä Bitz isch usegsprängt.

Churz vor der Wiehnecht isch der Niederhuser Fritz i d'Schuel cho. Er het d'Lehrgotte gfragt, wie sie mit em Röbi zfride sy.

«A däm Bueb hani mi trumpiert», het sie gseit. «Er isch angers weder syner Gschwüschterti – wenn er mer scho das Öpfelbrötli gno het. Mi darf ja nüt z'voruus säge, aber i troue, es gäb einischt öppisch rächts us ihm. Werum fragit der?»

«He, er wohnt doch by-n-is! U de hani im Sin, ne zue mer z'näh. Die Häfelis hei so mängs Purscht, un i ha i Gottsnamen e kes. Un i troue, i uberchume ne scho, er wird's ja nid bös ha by mer!»

«Gloubit der, dass ne d'Mueter häre git? Wo-n-i zue ne bi, het es mit tüecht, sie heig ihri Purschtli gärn, wie me se nume cha gärn ha, we sie scho arm isch wie ne Chilchemuus u sövli mängs het ...»

«Äbe grad darum: will sie se gärn het!» macht der Fritz. «Eso gärn, dass sie-n-ihm's ma gönne, wenn er a nes guets Ort hi chunnt. Das trouen i ihrer Mueterliebi zue ...»

D'Lehrgotte het ihrer düre Häng i Schoss ache gleit u nes wysses Haar, wo-n-eren uf der Scheube ghanget isch, abgläse.

«Ja, so Ching ...!» het sie gseit u gsüüfzget.

Nume so Chnächt

Hans Rudolf Balmer

«Was isch ächt üsem Kobi über ds Läberli graagget, dass er nüt handharfnet hüt?» fragt d'Lindebüehlpüri i allem Zmittagchoche, u jetz ersch merke die andere o, dass ne eifach öppis fählt, wil kes vo dene luschtige Chehrline us em Chnächtegade abedüderlet. Es hätt eim schier chönne düeche, es syg derewäg gar nid Sunntig.

Aber em Kobi isch es alls andere als ums Handörgele. Es isch wahr, er het süsch geng amene Sunntig vor em Zmittag sys Schwyzerli us em Trögli greckt u chly görgelet u öppis chly gjödelet derzue. Aber dä Sunntig hocket er trüebselig uf em Tröglidechel u prattiget gmuggig vor sech häre. No nidemal gwäschne u bartet isch er, verschwyge de gsunntiget. Es müesst eine stockblind sy, wenn er nid merkti, dass da öppis twäris isch gange.

Nähm der Gugger! We me scho syt bal emene halbdotze Jahr e so ne tolli, bravi Liebschti het, wi ds Rösi, d'Jumpfere uf em Schlossguet, eini isch, u mi het enandere gärn u passti so chätzigs guet zu nandere, u de gseht me's eifach nid z'mache für z'sämez'cho u z'hürate! U nume wäge däm schyssige Gält, dass i grad so säge! Wil me nid gnue verdienet! Wil me nume so ne Chnächt isch! We das nid isch zum us der Hut fahre!

Grad nächti isch er nachem Znacht chly zum Rösi gsi ga chilte, u het ganz ärnschthaft wölle vo hürate brichte.

«Es düecht mi, es wär de afe gly einisch Zyt mit is», het er sym Schatz gäh z'bedänke, «mir junge nid, un uf der Stell sy die schönschte Jahr verby.» Aber ds Rösi het nüt dervo wölle wüsse, so gärn es im Grund o nes eigets Hushaltigli hätt gha.

«Stell der doch o vor, was das hüt choschtet, bis nume ds eifachschte Huswäseli binander isch!» het es gchummeret.

«He, da derfür hei mer dänk jetz die Jahr düre gytgnäpperet gnue», faht der Kobi fasch chly afah ufbegähre, «we mer nid tüe hoffährtele, so sött es gwüss schier länge, u süsch chönnte me ja o chly öppis uf Abzahlig näh.»

«Nei, Kobi, so wott i kes Stückli. Dass sie's eim ume chönnte cho näh, we me einisch nid grad chönnti zahle –! Nei, so wott i nid.»

«Nu, so längt es o so, we mer z'sämetüe, was mer beedi hei.»

«Es wurdi – aber grad so ganz blüttle wett i mi halt o nid; mi cha nie wüsse, was a eim chunnt. U de, was sött me de, we eis chrank wurdi? Nei, Kobi, i ha der's scho mängisch gseit, i wott eifach nid so dryspringe. Es isch hüt gar bös, öppis Eigets az'fah, wo alls so unerchannt tüür isch. Gloub mer's, Kobi, es isch gwüss gschyder, mir warte no u tüeje beedi no chly öppis verdiene –»

«He, mi chönnti dänk glych afe hürate!» bängglet der Kobi ungeduldig i Rösis Plän.

«Nei, da bin i grad gar nid z'ha. Solang i nid en eigeti Hushaltig cha ha, begähren i o nid ghürate z'sy. Lue, es isch es Verding mit ghüratne Chnächte. So nes Löhndli, gäb wi me hüt doch afe meint was me heig, das längt halt doch nienehi, we ne Hushaltig söll dervo läbe, der Huszins un alls u bsunders we de öppe no Chind – nei Kobi, es geit eifach nid anders, mir müesse i Gotts liebe Name no chly warte!»

«Warte u warte u geng ume warte!» bouelet der Kobi, «es düecht mi angehnds, i heig gwartet gnue!»

«We de nümme masch warte, so muesch halt für ne Anderi luege; i mache die Dummheit eifach nid», git ihm ds Rösi schliesslig freiji Hand, u mi merkt, wi's es o hert achunnt, aber dass es halt glych nüt z'märte git.

«Japah, en Anderi!» mugget der Kobi, «aber äbe, we me halt nume so Chnächt isch!»

Wo-n-er dür ds nachtschwarze Dörfli stürchlet, ghört er im «Stärne» no der Väntilator sure. Useme Fänschter züntet es Riemli Liecht uf d'Strass. U wi süsch Kobi i de letschte Jahre e Z'sämehäbige isch gsi, diesmal het er zuchegchert un isch yne. Im dicke Rouch vo der nidere Gaschtstube isch me a paarne Tische am Jasse gsi u het chuum Zyt gha umez'luege, wär da so

spät no ynechömm. Es isch em Kobi rächt gsi; er het sech i fyschterscht Egge gsetzt un es Räckholter bstellt, für sy Töibi chly abez'brönne. Aber er isch nid lang eleini gsi, Eine, wo ordeli hoch het gha un i syr Stürmi bal a diesem, bal amen andere Tisch drytältschet het, gratet undereinisch o i Kobis Eggeli, u wo dä ufluegt, bchenne sie enand. Der Hurni Friggeli isch es, wo vor paarne Jahre uf em Lindebüehl Charrer isch gsi.
«Eh, z'Stärneföifi abenandere! Isch jetz das miseel grad di!» faht dä sofort afah pralaagge u laht sech grad zueche, un uf der Stell hei die zwe i ds Genereh gschnäpfelet. Un es isch gar nid lang ggange, so het der Hurni Friggeli o dusse gha, was der Kobi so uwirsche u muggigrindig machi, u dermit isch däm Laveri grad aghulfe gsi. Da het er du no einisch afah poleete, potz Stärneföifi abenandere, gäb är no lenger wett der Löhl sy u für settigi Schysslöhndli ga bös ha u sech ga abschinte u sech schier d' Glidli chrumm wärche! Blas di voll! Da heig är scho lang der Blind gnoh! Er schaffi jetz i der Pulveri! Scho syt es paar Jahr! Das syg de nadisch en anderi Läbtig als nume so as Chnächt! U da verdieni me de anders, bsunders so imene eidgenössische Betrieb, versteisch! Da müess me sech de derby nid schier töde, da syge Lüt gnue! Acht Stund – u de syg Fyrabe u fertig! Un em Samschtignamittag wärchi me nid, un em Sunntig chönn eim die ganzi Bude blase, wo me schöne syg! U we eine wöll, so chönn er Schicht schaffe; de verdien er Gält wi Heu! Aber er frag däm nüt dernah! Mi syg schliesslig nid nume für bösz'ha uf der Wält! Aber er chönn ihm säge, no ke Minute syg er reuig gsi, dass er där verfluechte Purerei der Rügge gchehrt heig! Es syg halt alls für öppis guet! We-n-er denn nid so drinn wär gsi, dass er äbe o hätt sölle hürate, er wär bim Stärneföifi no hüt bi däm Lüteschinter u Batzechlemmer vo Lindebüehl Sämel Charrer!

Der Kobi het du zwar reklamiert, bi ihm syg de da öppe nüt vo müesse.

«Wölle oder müesse», pralaagget der ander wyter, «das macht wohlöppe der Chatz ke Puggel! Stärneföifi abenandere! D'Houptsach isch dänk, we me der Schinterei abwäg u chly ringer zu Chlüder chunnt!»

Üsem Kobi isch das yne, bsunders das vom Chlüder, un er het no grad einisch vom Friggeli wölle wüsse, wi me de das müess agattige, für amene settigen Ort zuche z'cho.

«Jä, weisch, grad so ring geit's nümme, wi's gangen isch. Gäll, i der Pulveri louft's halt o nümme, wi öppe über e Chrieg. Sie hei mir o gchüntet gha! Aber dene hani du! Familievätter eifach uf d'Strass ga gheie! Potz Stärneföifi abenandere!» «Da näh sie dänk kener früschi meh», wott der Kobi d'Sach scho ufgäh.

«Jä, da lah du mi nume mache! Mi muess das nume chly schlau agattige, de geit es bim Stärnedoremi no! Da söll mi grad der diesen un äine ...»

U die zwe hei näbe ihrne Schnapsglesline afah d'Chöpf z'sämestrecke, chüschele u ratiburgere, u wi d'Wirti nach emene Rung het müesse Fyrabe biete, isch es en abgmachti Sach gsi, dass der Kobi no vor em Ywintere o i d'Pulveri gangi.

Chli sturm vom ungwanete Schnäpsele zirklet drufabe üse Kobi em Lindebüehl zue u verflüecht si underwägs no sibemal für einisch, gäb är no lenger so wett derby sy! Bösha wi ne Hund vom Morge vor allem Tag bis i die chydigi Nacht yne, u de nidemal verdiene derby, dass me vermöchti z'hürate, verschwyge, dass me syr Läbtig uf d'Syte brächti, dass me einisch öppis Eigets chönnti afah u wär's uf em gringschte Geisseheimetli! Das müess ihm ändere! Nume da so nes Chnächtli blyb är nid syr Läbetag, da syg er guet derfür!

U jetz äbe, a däm Sunntigvormittag hocket der Kobi uf em Tröglidechel u nimmt no einisch die ganzi Sach uf d'Zetti. So bi der Tagheiteri u ohni Räckholterglesli gseht doch alls chly anders us. Schliesslig, we me's aluegt, het er's andernen Orte scho böser gha als uf em Lindebüehl, un i de letschte Jahre isch ihm der Sami meh als einisch mit dem Lohn nache. U dass er grad gar nüt hätt uf d'Syte chönne tue, cha me o nid säge. Hingäge, mi cha's chehre wi me wott, aber rächt isch es eifach nid, dass me mit der strängschte Purenarbeit nid söll verdiene, dass es für zwöi längti, verschwyge de für ne ganzi Hushaltig! U ne jede Handlanger u ne jede Fabriggler, wo no lang nid wärchet was üsergattig, cha hürate, u der Verdienscht längt dernäbe no für mängs, wo üserein nume nie dra dänkti! Settigs isch eifach nid rächt, u das isch es nid! U drum blas mer die ganzi Purerei der Hobel us! Samis wärde ja de scho bös ha wieder öpper z'finde, u we's sött bis i Früehlig yne gah, wäre sie wäger de übel dra! Aber jetz! Schliesslig muess e jede afe vorab für sich sälber luege!

So ganz wohl isch es em Kobi bi der Gschicht doch o nid gsi, un er isch mit sech rätig worde, gäb er de Meischterslüte öppis sägi, wöll er doch no grad mit em Rösi drüber rede; hingäge de nid, dass er sech dismal so gschwind laj chiere! Aber wär weiss, isch ds Rösi gar nid so grüsli derwider; es hätt's ja o ne Huuffe schöner, we sie chönnte hürate un im Stedtli amenen Ort ga z'Huus sy un är e sichere, schöne Verdienscht hätt i der Pulveri, as we-n-es syr Läbtig sötti ga Jumpfere sy.

Nam Zmittag het er sech bezyte ab de Schine gmacht für mit em Rösi über die Sach ga z'brichte. U eisteils het er rächt gha; ds Rösi isch ihm mit nüt derwider gsi, dass er dä Gump einisch wagi. Hingäge, dass es de grad parat syg für z'hürate u mitz'cho, da hingäge isch üse Kobi wüescht uf em Holzwäg gsi! «Zersch wott i de gseh, wi das geit», het er ganz dezidierte Bscheid übercho, «z'sämefüesslige begähren i da gar nid dryz'gumpe. Da gseht mer Hurni Friggelis Hushaltig de doch zweni amächelig us!»

Mit däm Bscheid muess der Kobi wohl oder übel vorlieb näh u cha no froh sy, dass ihm sy Liebschti nid grad alls het dürtah. Aber wär weiss het's ds Rösi chly gha wi ds Lindebüehl Änni, wo o gloubt het, das syg allwäg bim Kobi e churze Chutt. Wo der Sami ab der ungsinnete Chündig fei chly i ne Täber isch cho u nid het chönne begryfe, dass eine sövel dumm chönn sy u da öppis Bessers gseh, da het ihm sy Frou i eir Zuevesicht zuegredt: «Da lah du ne nume la mache; das isch wäger nid für lang, da zell druf. Es het no fasch jedes Ross öppen einisch gluegt z'ertrünne un isch de no so froh gsi, ume i die alte Lantli z'stah. Wi-n-i Kobi kenne, isch dä umen uf em Lindebüehl, gäb mer der Haber säje!»

Das hingäge het der Kobi nid chönne la gälte, un er het si

tüür u heilig verschwore, er syg sy Teil Chnächt gsi u heig puret für syr Läbtig! Item, mi isch i allem Fride usenand, u im Gheimte het es em Kobi doch wohl tah, wo-n-ihm Lindebüehl-Sami so seit, er chönn de ume cho astah, gwüss wenn er wöll. Es paar Wuche druf isch es du tatsächlech so wyt gsi, dass der Kobi i der Pulveri het chönne ga afah. Füfzg Franke het er em Hurni Friggeli müesse gäh. Nu ja, mi müess mängisch mit ere Wurscht na-n-ere Hamme bänggle! Weniger het em Kobi i Chram passt, dass er trotz vielne Läuf u Gäng im ganze Stedtli niene e rächti Stube gfunde het. Was men ihm zeigt het, sy meh nume so Tubeschleg gsi! U ghöische hei d'Lüt derfür wi d'Schelme u hei's de no grad zum vorus wölle! Aber o da het der Friggeli Rat gwüsst u het ihm e Bude bi ihm abote. Es syg zwar mit em Velo fasch e Halbstund, aber der Kobi wärdi das dänk so guet präschtiere als är, u derfür heig er de Choscht u Logis um das billiger. Es het em Kobi zersch nid so rächt wölle passe; aber er het si doch nid derfür gha abz'säge, u schliesslig het er ja no müesse froh sy.

E schöni Stube isch es zwar nid gsi, u wo-n-er zerschtmal i däm alte Ysebett glägen isch, uf ere chnöllige Lischematratze, wo alls andere as guet gschmöckt het, da muess er halt doch a sys guete, subere Bett im Chnächtegade uf em Lindebüehl dänke. Aber dezidiert dräjt er sech uf d'Syte. Jähpah, es isch halt allnen Orten öppis u nienen alls! U schliesslig, we me schlaft, merkt me vo settigem sowiso nümme!

Am Morge erwachet der Kobi us luter Gwanheit lang gäb sech bi Hurnis äne öppis rüehrt. Die lengschti Zyt lyret er i syr Bude dasume. Er packt syner neue Überchleider gwüss zwöi-, drümal ume anders i sy Rucksack, u gwüss scho nes halbdotze Mal het er d'Uhr vüre gnoh. We me no i der Rueh sött chönne zmorgenässe, so mangti das Hurnifroueli de öppe cho über-z'tue! Ändlige, wo's ne düecht, es wär scho fasch Zyt für z'gah, ghört er öppis im Chucheli usse u wagt sech o use. Es isch aber nid ds Frouéli; das het si nüt zeigt. Der Friggeli isch es gsi; ungwäschne u verschlafe taapet er im Chucheli dasume u wärmt im ene elektrische Chocherli es z'sämegschüttets Gaffee. Ds Gschirr muess sech der Kobi sälber z'sämesueche u sie hei

51

chuum Zyt, rächt zuchez'hocke, für das löiwarme Gwäsch abez'schlode un us ere ufgwoxete Büchse Aprikosegomfitüre ufs Brot z'schlargge. Das het's em Kobi scho grad gar nid chönne, u wo sie uf de Velo i dä füecht u chalt u fyschter Wintermonet Morge use müesse, macht er sech dertdüre grad der Chnopf. Ehnder gang er sälber ga ds Zmorge mache, als dass er no meh däwäg uf u dervo müess. Em Morge müess me rächt fuetere, we d'Ross guet sölle zieh.

Der Wäg isch em Kobi o viel lenger un uheimeliger vorcho, als er sech's am Tag het vorgstellt gha. Je necher dass sie der Pulveri chöme, deschto läbiger wird es uf der Strass. Us allne Strässline u Wäge zuget's vo Velofahrer, fyschtere Gstalte mit emene zitterige Liechtstreife vor sech zuche uf der schwarze Strass. Imene haschtige, närvöse Tämpo spuele sie all dervo. Kene seit es Wort zum andere; längszyt ghört me nume ds Sure vo dene vielne Latärnedynamo u öppe da u dert es tschäderigs Schirmbläch vomene alte Göppel. Wylen einisch pfuderet eine uf em Töff a däm länge Zug verby, un im scharfe Liecht gseht me nüt als e längi Zylete vo chrumme Rügge, wo imene glychmässige Zwang hin u här u här u hin welpe. So zuget das däm gwaltige, grüen-schwarze Fabriggechlotz zue, wo wi nes riesigs Utier mit glüejigen Ouge i der Fyschteri hocket un irget us emene Loch use mit emene flackerige Schyn i Näbel fürtüflet. Das breite Tor chunnt em Kobi grad vor wi nes ufgsperrts Riesemuul, wo alli die fyschtere Gstalte u Veloguege schlückt. Schier uheimelig chunnt's em Kobi vor.

Da chan er's nid verwehre, dass ihm no gschwind der Lindebüehl vorchunnt, der Stall mit syr Wermi, mit em heitere Liecht u mit dene brave, schöne Chüehne – jetz wurd er ne yneggäh ha u wurd grad öppe arüschte für z'mälche –! Abah – nüt da! Jetz pfyft's use emene andere Loch! Un er het o nümm Zyt gha zum Stuune! Er isch eifach mitgnoh worde, het im Verbygah sy Charte gstämpflet bi der Uhr u het se nachhär a ds Hääggli Nummero 876 ghänkt – Arbeiter Nummero 876 isch er jetz, nümme Lindebüehl-Samis Kobi.

Nid lang dernah steit der Kobi vor syr neue Arbeit. Vor emene Bärg vo griesiger, stoubiger Chole schuflet u schuflet er z'säme mit emene eltere Mannli eis Rollwägeli voll nach em andere, u we sie eis voll hei, so stosse sie's über ne höchi Brügg i ds grosse Ofehuus u lääre dert Wägeli für Wägeli i die mächtige Öfe. U jedesmal, we sech under em Gwicht vo der Chole d'Falltüre uftüe, fahrt e gwaltigi Hitz wi ne füürigheisse Schwal über die beede Ofefüller, dass der Kobi die erschte Mal meint, er müess uf em Fläck i Füür u Flammen ufgah. Aber sider dass er no na Luft schnappet u d'Ouge rybt, isch der ander mit em Rollwägeli scho wieder z'dürus, u dusse steit ume der chalt u füecht Näbel, dass es eim mit emene Tschuder übere Rüggen uf fahrt u dass eim schier Zähn afah schnadele. U so geit es yne un use, geng u geng ume, uzähligi Mal, numen es churzes Streckeli, aber us der Näbelchelti i d'Ofehitz u vo der Ofehitz i d'Näbelchelti. U geng ume schufle u geng ume schufle, schwarzi, stoubigi Chole, wo eim no glyeinisch zwüsche de Zähnde chroset, wo eim im Hals chratzet un i den Ouge brönnt. Scho i der erschte Stund het der Kobi brandschwarz i Lumpe gschnützt u het's däm Mannli gloubt, wo-n-ihm dä seit, hie tüej me ringer mit de Fingere! U wo der Kobi einisch mit dem Handrügge der Schweiss vo der Stirne wüscht, gspürt er, wi's dert von ere schwarze Salbi targget.

So um d'Znüünizyt faht ne derzue no der Hunger afah plage, bsunderbar, wo du sy Arbeitskolleg zwüsche zwöine Rollwägeline inne mit syne choligue Hände e Bitz Brot u ne Zopfe Cervelat vertromet u derzue im Verschleikte chly öppis us emene Wänteli gurglet.

«Hesch nüt?» fragt er der Kobi, wo dä allwäg schier chly z'Lärem gchöiet het.

«Ha nid dra dänkt!» git diese zue. Da reckt ihm das Mannli e Bitz Brot u rysst no nes Muulvoll ab vo syr Cervelat. U üse Kobi stosst das Züg mit Heisshunger yne, we me scho uf em Brot all föif Finger vo sym Koleg choleschwarz abzeichnet gseht!

Wo's ändlige Mittag hornet, da wott's der Kobi düeche, das syg doch jetz der lengscht Vormittag gsi, wo-n-er afe erläbt heig. Aber, wo ne der Friggeli fragt, seit er du doch, es syg ganz gäbig gange.

Mit hundert andere gah sie z'säme i d'Kantine übere ga ässe. Scho under der Türe wott em Kobi dä warm Chuchiduuscht schier widerstah, we-n-er scho hungerig isch wi ne Dröscher. Un er cha sech lang säge, d'Sach syg ja guet u rächt, aber wo-n-er da mit dene Hunderte vo Arbeiter i der Kantine a eim vo dene länge Tische hocket un i däm viergeggete, unterteilte Täller grad ds ganze Zmittag abgmödelet vor sech häregstellt überchunnt, da verschlaht es ihm halt doch eifach der Appetit, u nume mit Widerwille gablet er das Züg abe. U widerume chan er's nid verwehre, dass ihm der Lindebüehl uftouchet, dä suber, chirschbäumig Tisch mit dem gäle Chachelgschirr druffe, mit de grosse, appetitlige Platte voll Gchöch u Fleisch, derzue das chüschtige Purebrot mitts uf em Tisch – nüt abgmödelet, nüt abzellt! Da nimm, we d'masch! Jaja, es isch äbe nie alls a eim Ort!

Nach em Zmittag isch me desumegstande, der Kobi wi verlore under all dene frömde Gsichter – u ds ergschte isch ihm, dass me nidemal darf es Pfyfli azünte. Scho der ganz Vormittag het er planget dernah! Aber dänk me doch, i der Pulveri! U drum isch er diräkt froh, wo's hornet. Er isch ume früsch drahi, schuflet Wägeli für Wägeli voll näbe sym schwygsame Koleg u stosst se yne, eis ums andere – aber gäb der Namittag nume halb umen isch, düecht es der Kobi, es syg en Ewigkeit, dass er jetz da scho Chole schufli. U wo's ändlige Fyrabe hornet, da chunnt es ihm vor, syr Läbtig no nie syg er däwäg müede gsi; d'Arme ghei ihm der nächscht Ougeblick ab, un im Chrütz het er's, dass er sech chuum z'grächtem cha strecke! U derzue dä Stoub, dä verflüemeret Cholestoub! Es isch ihm, bis z'underscht u z'innerscht i d'Lungen yne gspür er ne!

Es isch scho wider Nacht, wo-n-er mit em Friggeli näbe allnen andere ume heizue spuelet. U nüt als geng ume früsch mues er chürchle u spöie, bis es du schliesslig sym Kumpan afe uffallt.

«Isch der öppe der Stoub uf e Chych cho?» fragt er ne, «o, da gwanet me o dra. Mi muess das Züg numen albe grad chly ga abeschwänke. Chumm!»

U gäb Kobi nume rächt weiss wie, hocket er scho hinder emene grosse Bier u gseht mit emene wahre Tschuder, wi der Friggeli sys im erschte Schluck grad halb abeläärt. Puh – es het der Kobi wäger gschüttlet, so nes chalts Bier! Es Chacheli heisse Gaffee wär ihm hundertmal lieber. Aber schliesslig setzt er halt o a u findt du, wohl, dä tuusighagels Stoub nähm's de doch echly, dass er eim grad chly minder chratzi im Hals. Us eim Glas sy zwöi worde – u der Franke reut üse Kobi gar unerchannt, wo sie ume zur Tür us gah. All Tag e Franke! Das zellt u tuet em Zahltag übel gnue!

Wo sie e gueti Stund nach em Fyrabe deheime d'Velo i ds Schöpfli stelle, da düecht es der Kobi, so düryne chalt heig er syr Läbtig no nie gha, nidemal bim Holze, der sälb Winter, wo ne ds Brot i de Habersecke gfroren isch. Er het si griblet u gwäsche, wie we nid nume der Choledräck, we o no d'Hut furt müessti. Aber es wird ihm ömel ume chly wöhler, un erwarme tuet er o fei derby, u wo du d'Frou Hurni no rächt e gäbigi Härdöpfelröschti ufstellt, da bchymet si üse Köbi ume ganz styf u findt schliesslig, eh, so bös, wi's eim grad zersch wöll vorcho, syg es de nadisch doch o nid! Mi müess si halt o öppe zersch an alls gwane – u äbe, mi verdieni de da doch ganz anders, u das syg de schliesslig d'Houptsach.

Die nächschte Tage het er uf d'Zähnd bisse, u wo-n-er der erscht Sunntig sym Rösi chunnt cho ga brichte, chan er mit guetem Gwüsse säge, es gang gäbiger, als er sech's zersch no heig vorgstellt gha, u we me sech de äbe usrächni, nachzuche zwe Franke i der Stund u nüün Stund schaffi me im Tag! Das zuuni de nadisch anders als die hundertfüfzg oder hundertsächzg Fränkli im Monet!

U ds Rösi het gfunde, es syg rächt, we's ihm gfalli un er toll verdieni. Er söll nume rächt Sorg ha zum Gält, e jede Franke zelli, dass sie umso ehnder chönni hürate. Fasch es bitzeli duuche muess der Kobi säge, ja, choschte tüej es natürlech o, mi mög Sorg ha, wi me well.

Änds vo der zwöite Wuche, wo's em erschte Zahltag rückt, freut si der Kobi druf, wi-n-es Chind ufs Oschternäscht! We-n-er de mit däm schöne, gäle Täschli em Sunntig zum Rösi wärd cho, wi's de Ouge wärd mache über sövel Gält i der churze Zyt, das syg de die ganzi Choleschuflerei sauft wärt! U der Kobi het i allem Schufle afah rächne: nachzuche hundertmal fasch zwe Franke!

Un em Frytig het er's du gha! Chly öppis isch no abzoge worde, für Versicherig u so, aber es het geng no guet hundertachzg Franke gmacht! Begryfligerwys het er du afe vorab ds Loch i sym Portmoneh müesse nachefülle. All Tag ds Zmittag i der Kantine u de äbe die verschiedene Bier für der Stoub abez'schwänke. Da schwynt eim d'Münz, meh als uf em Lindebüehl mängisch i zwene Monet, u mi muess allbot i ds hindere Ghältli gryfe u la Grobs wächsle. Aber am Änd, we öppis söll ygah, muess me halt o öppis wage. U we me jetz de no d'Choscht u ds Logis zahlt het, das wird öppe nid der Tüfel alle choschte – de blybt immerhin no ne brave Schübel, nume vo dene vierzäh Tage, verschwyge de vomene Monet.

Uf em Heiwäg isch me o wieder ygchehrt, u der Friggeli het gfunde, ds Köbi dörfi ganz sauft zur Fyr vom erschte Zahltag e Halbliter zahle. Dä guet Kobi het si nid derfür abz'säge; schliesslig het ihm ja der Friggeli o zur Stell verhulfe gha, u da wär es doch schäbig, we me wett der Batzechlemmer vürechehre.

Us emene Halbliter wärde's wi liecht zwe oder drei, u der Kobi weiss nid wie, so isch me am Jasse. Aber ohni öppis Äsigs erlydet me's de nid i alli Nacht yne – u wo ändlige der letscht Chritz uf der Tafele verrächnet isch, het Kobis schöne Zahltagssümmli scho ume rächt es wüeschts Näggi. Der Kobi isch zmorndrisch nid grad am beschte z'Pass gsi u ds Chopfrächne het ne scho ne Huuffe minder gfreut. U chuum het er am Samschtig z'Mittag der Löffel abgleit gha, so het ds Hurnifroueli o scho vom Choschtgält afah brichte. Es wär ere rächt, we me grad all Zahltag tät abrächne. Hüt, wo alls so uverschannt tüür syg, heig me halt ds Gält o z'bruuche. Also für ds Zimmer rächni sie vierzg Fränkli, miech also zwänzgi für vierzäh Tag, u für ds Zmorge u Znacht düech se füf Fränkli nid übertribe, de miech alls z'säme grediuse nünzg Fränkli.

Da wird es em Kobi doch schier gschmuecht. Donnerli yne!

Däwäg geit das! U wo-n-er alls het berichtiget u berappet gha u du das armselige Räschteli us em Zahltagstäschli vüreschüttlet, da het er sech gscheniert, däwäg vor em Rösi z'erschyne, un er isch vor Töibi un Eländ schier der ganz Sunntig ga lige. Jä nu, tröschtet er si zletscht, mi müess schliesslig allnen Orte syner Lehrplätze mache, u das syg jetz grad z'erschtmal so gange, u dermit heig's es de, da syg er guet derfür! U we Kobi einisch öppis im Chopf het, de het er's nid uf der liechten Achsle! Da het der Friggeli lang im «Chrützwäg» chönne zuecheha, der Kobi isch über d'Länkstangen ynegläge u gradus gfahre u het deheim der Cholestoub mit Wasser abegschwänkt, un am Samschtig isch er halt o no i d'Kantine ga Zmittag äsche, nume dass er nid mit em Friggeli ufe Heiwäg müessi. Dä het du schier wöllen afah föpple un übelnäh. Aber das isch em Kobi grad so läng gsi as breit! Er het sowiso im Sinn gha furt bi Hurnis. Es isch da allergattig gsi, wo-n-ihm's eifach nid het chönne. Afe hei die zwöi nüt as geng Chritz gha u hei enander Sache gseit, dass es eim drab hätt chönne gruuse. D'Purscht sy ungregeliert un uverschannt gsi, dass es eim mängisch gluschtet het, se afe einisch chly i Sänkel z'stelle. U derzue, der Kobi isch gwüss nid apartig en Eigelige gsi, aber punkto Süberi isch's o nid grad öppen alls gsi, un er het sech meh als einisch gseit, wen-är o nume so nes Hootschifroueli sött ha mm! – lieber gar ke Chäs as settige!

U de äbe der Wäg! Ei un all Tag sövel wyt uf d'Arbeit! U jetz winterszyt geng bi Nacht, am Morge wi am Abe! U bi jedem Wätter! Gäb eim der Schnuuf im Schnouz gfrore syg oder gäb's ghudlet u gschneit u grägnet heig, dass me uf em Lindebüehl no der Bäri hätt i d'Chuchi gheisse, mi het halt eifach ufe Wäg müesse, es het gar nid gfragt.

O d'Arbeit het's em Kobi nid bsunders chönne. Aber da het er sech gseit, es müess allwäg e jede unden afah, u we-n-er sech toll stelli, so wärd er scho öppe vürers cho. Mit em Verdienscht isch es doch rächt gäbig gange, we scho lang nid bliben isch, was er sech het vorgstellt gha.

So under der Hand het er sech umtah für ne neue Choschtort, u du richtig, gäge ds Neujahr het er ds Gfehl, dass er öppis

Gäbigs findt, u de no usgrächnet bi mene Vorarbeiter vo der Pulveri. Es sy gar chätzigs grangschierti Lüt gsi u hei gar nid so wyt vo der Fabrigg wägg es eigets Hüsli gha, u mi isch o übere Mittag hei ga ässe. Der Kobi het afe einisch ufgschnuppet, won-er nümme i d'Kantine müesse het. Am Abe isch me im Schwick deheime gsi u het sech nid bständig gäge die ewige Hudlete vom Friggeli müesse wehre; dernäbe het er dene Lüte nach em Fyrabe öppe dies u das chönne hälfe u het churzi Zyti gha. U derzue isch er no fei chly billiger drinne gsi als bi Hurnis. Die Lüt hei äbe sälber pflanzet u hei derdür nid z'hinderschte Dingeli müesse choufe wie Friggelis.

U ds allerischönschte isch du no gsi, dass ihm sy Choschtgäber nach emene Chehrli zumene neue Arbeitsplatz i der Pulveri verhulfe het, vo däm tüflische Cholehuufe furt! Der Kobi isch in e Stanzisaal cho, wo ganz Zylete Maschine sy gsi, wo Chäpsli u settige Züg gstanzet hei. Zersch het ne zwar das ewige Rätsche u Tätschen u Chlopfe schier wölle tubetänzig mache. Aber we-n-er a Cholehuufe dänkt het un a d'Ofegluet, a Dräck u Stoub, de isch er doch gottefroh gsi, dass er däm allem etrunnen isch, u het ufpasst wi ne Häftlimacher, dass er si Arbeit gly so rächt los heig! U dermit het er o wieder meh verdienet! Da isch es nämlech im Akkord gange, u da het me sech ja sälber chönne lieb sy u sech derzue ha!

U der Kobi het uf der Stell rächt tolli Zahltage gmacht u het albe ganz glüchtet, we-n-er sym Rösi ume es paar Nötli het chönne ufe Tisch lege. U mi hätt chönne meine, es syg alls i der beschten Ornig.

Im Früehlig, wo die erschte warme Tage ds Gras hei mache z'schiesse, dass es eim düecht het, mi sött's gseh wachse, isch ds Wybervolch uf em Lindebüehl vor em Huus am Gartne gsi u der Sami het zwöispännig Mischt ustah; mi hätt no grad einisch gmerkt, dass nid grad alls i der Gredi isch, bsunders bim Sami, wil ihm das halbbatzige Taunermannli chuum ds halbe Fueder het möge lade, syder dass er eis ufe Breitacher gfüehrt het.

Du chunnt, grad dass er het wölle fahre, der Briefköbi verby u het e Brief. Sami hout ne mit em Sachmässer uf, u wi-n-er ne gläse het, reckt er ne uwillig u toube syr Frou übere Gartehag. «Da lis! Ume nüt!» bouelet er, «das söll der Güggel picke! Settig Fläre sötte me geng no offe ha un apflanze u überchunnt um ke Gwalt e Chnächt! Dass doch dä Köbel, dä Sturm – i hätt ihm doch gwüss o no chly öppis nachetah! U du hesch de geng no gmeint, dä chömm de ume. Pfyfebääggeli! Die hei's lang schön i de Fabrigge! Da schint sech üserein nume sälber ab!» Dermit laht er syne Bruune der Geislezwick chly rabiater um d'Ohre pfyfe als er's süsch zum Bruuch het u macht sech in ere wahre Wärchangscht mit sym Fueder dervo.

Ds Änni het die früschi Absag nume nid möge aluege. Ja, es isch es böses Verding gsi, dass me so niemer übercho het. Der ganz Winter dür het me sech umene guete Chnächt umtah gha u hätt wäger gärn e rächte Lohn zahlt. Mi het weiss nid wo allnen Orte inseriert; aber nüt isch umewäg gsi, nüt Garigs het sech gmäldet, u we me öppen eine het uf d'Gschoui bschickt, de sy da so Pösseli cho, herrjeh, entwäder hätt se der erscht suur Luft chönnen umwäje oder de sy's Lumpazine gsi, wo men ufen erschte Blick gwüsst het, dass me mit settigne halt glych nid verseh wär. U was sie de hei dörfe höische, das isch i ds Guettuech gange!

Es isch eso gsi, wi der Sami gseit het, no bis vor kurzem het ds Änni geng chly ufe Kobi ghoffet, u meh als einisch het es bim Rösi gluegt z'vernäh, gäb's däm i der Fabrigg no nid verleidet syg. Aber der Bscheid, wo's i der Letschti afe überchunnt, macht ihm sy Hoffnig doch natisnah z'Schande. Ja nu, de müess me allwäg doch da so für ne Italiäner luege, we's doch süsch nid anders z'mache syg. Es wärd halt so o müesse gah. «Aber ...» D'Lindebüehlpüri überschattnet d'Ouge für besser z'gseh, wär da der Wäg uf chömm. «We das nid – da söll mi doch grad der Güggel picke, we dass jetz nid üse Kobi isch! Isch ihm ächt am Änd doch no –? Es wär ja nes Gottswunder!»

Jä wohl! Es isch der Kobi gsi u – churz u guet, er wett ume cho dinge uf em Lindebüehl, der Sami heig ihm's ja no gseit, er chönn z'jederzyt ...

Ds Änni het nid lang Verstecklis gmacht.

«Nöieschier chasch z'jederzyt ume cho! U Gott Lob u

Dank chunnsch! Bisch is wäger meh als nume chummlig! I weiss wäger nid, wi's süsch hätt sölle ga dä Hustage. Aber – einewäg, es nimmt mi jetz glych wunder – he ja, no grad verwiche han i vom Rösi Bscheid übercho, wo me hätt chönne meine – ja –?»

Der Kobi wott zersch nid rächt usrücke; er schämt si uf ene Wäg. Aber wo-n-er du so gspürt, wi's alli freut, dass er ume da isch, git er no glyeinisch Bscheid.

Ja, verdienet hätt er i der Letschti gwüss schön u heig o suberi u gäbigi Arbeit gha. Aber, was wott me, es schickt si halt nid alls für eim. Er heig's halt mit der Zyt eifach doch nid erlitte. Wuchen i u Wuchen us der lieb läng Tag geng dinne, geng a der glyche Maschine, geng die glyche drei, vier Handgriffe, Tag us Tag y geng rätsch-tätsch, rätsch-tätsch u geng ume rätsch-tätsch! Das syg eifach zum Verrucktwärde – u – es git da kes Ertrünne, kes Verschnuppe, d'Maschine louft u du bisch ere verschribe mit Hut u Haar, sie louft, u ds Band louft u gäh der Takt u ds Tämpo a, du hesch da nüt z'wölle u darfsch ke Blick näbenume tue; numen e Schnuf zwüschenyne u der ganz Betrib isch gstört vo zvorderscht bis zhinderscht i däm wältsgrosse Saal. Numen es Momäntli dass de di vergissisch, dass de öppis stuunisch u dä näbezueche muess o warte u fluechet, wil er's äbe o vom Stück het. Mi isch ke Mönsch meh, mi isch o nume no ne Bitz vo der Maschine, wo me dranne hocket – u das, das heig är eifach nümmen erlitte. Bis zletscht heig er gmeint, es müess erstieret sy, nume ömel o nes paar Jahr, so wägem Verdienscht. Aber wo's vorusse heig afah gruene u wo du no eine usgrächnet vor der Pulveri usse syg cho z'acherfahre, da syg's grad fertig gsi.

Der Kobi muess töif schnufe, wo-n-er das so brichtet; er muess umeluege, muess sech strecken u recke, un es fählt mytüüri nid viel, dass ihm d'Ouge nass wärde.

«I muess halt eifach umecho, muess chönne im Härd wärche, muess chönne achere, grasen u heue – muess Tierli um mi ha – nid Maschine – i preschtiere's süsch nid! I wurdi chrank!»

«I ha's halt doch gwüsst, Kobi, dass de muesch umecho»,

seit ds Änni mit ere merkwürdig bewegte Stimm u luegt o i ds sunnige Land use, «wi wett me da los cho, we me derby ufgwachsen isch. Aber, weisch Kobi, was die dervotribe het, das isch mir de o chünds. Un es isch wahr, öppis stimmt da nid im Puregwärb, un es isch si nid z'verwundere, we bald niemer Rächts meh wott Chnächt u Jumpfere cho sy. U dass du jetz glych ume bisch zruggcho, das rächne der meh als nume höch a. Du söllsch di nid greuig wärde, das will der versproche ha. Un i gloube, es syg da scho öppis z'mache, dass mer beed Parteie chöi gsy derby. Ömel afe dys Rösi söllisch ha, u was a mir ligt, gäb no lang vergeit, da zell druf!»

Es isch jetz grad es Jahr, u der Kobi isch uf em Lindebüehl ume mit Lyb u Seel derby. Üses Land, seit er, u üsi War! U der Lindebüehl-Sami fragt am Abe uf em Bänkli vor em Huus: «Was meinsch, Kobi, mache mer das ächt eso u dis eso! Gah mer mit dem Muneli ga Thun oder gah mer ga Oschtermundige?» Nid mit sibe Rosse brächti me ne no einisch furt, het der Kobi eismal bhertet.

Amene Sunntig chöme zwar jetz die luschtige Chehrleni o nümm us em Chnächtegade cho z'düderle. Lindebüehlersch hei der ober Bode vom Ofehüsli la usboue, un es het es chätzig es styfs Wohnigli gäh, u dert hocket jetz der Kobi vürah am Sunntig vor em Zmittag uf em Läubli u chutzelet sys Schwyzerörgeli u jödelet u liedet derzue wi nie dervor. U mängisch chunnt's de us der Chuchi glöggeliheiter obenyne derzue, dass es e Freud isch! Ds Rösi isch det dranne, sym Ma es Zmittag z'brösele, gwüss mänger Püri z'trotz.

U der Kobi muess es säge, geng u geng ume früsch, sie heige doch eigetlech de e Huufe die besseri Läbtig als öppe Hurni Friggelis, we sie scho weniger bars Gält i d'Fingere überchöm als die. Härdöpfel het ne der Sami vür u gnue i Chäller tah un Obscht o. E Pflanzig het der Kobi chönne yzuune, cha Mischt u Bschütti näh, soviel er bruucht, u d'Setzlige het ds Änni bracht. Milch tuet der Kobi grad bim Mälche für seye wäg, es luegt nume niemer, was er nimmt, u bache tuet me o i ds Gmein. Un o süsch findt no mängs der Wäg us em Huus zu Kobis übere – u was settigs alls wärt isch, we me's muess zale, das het der Kobi glehrt gha u het's o dernah gschetzt. U da seit er geng, dä Lehrplätz gäb er nid um viel! U für was es süsch öppe no bruucht, het der Lohn ömel bis jetz geng öppe no glängt. We me afe der Bhusig u mängem andere nüt bruucht z'rächne u we d'Frou i allne Wärche no geng im Taglohn cha cho ystah, de bruucht eine wäger nid z'chummere u we-n-er mit der Zyt o für nes ganzes Tschüppeli z'luege hätt. U wägem Zuewachs – Lindebüehlersch hei sech de grad beedi für ds Erschte as Götti u Gotte anerbotte.

U däm sieg me also: Nume so Chnächt!

My Flöri
Carl Albert Loosli

Gaht mer nume-n-ewägg u säget mer nid, das es Ufernümftigs nid mängisch meh Möntscheverstang heig weder d'Lüt. J chönnt ech Müsterli prichte, dir tätet Muul u Nase-n-offe vergässe. Wen i nume täiche, was my Flöri für ne gwitzte Hung isch gsi; – i chan-ech nume säge, settigs mues me säwber erläbt u mit eigene-n-Ouge gseh ha, süsch gloubti me's nid. E settige Hung het's vorane nie 'gäh u chunt eso bhäng kene meh füre. D's Ougewasser schiesst mer no grad jitze füre, we-n-i nume an in täiche. I ha-ne vom Blau Otti sällig gha, wo i der Sunne-n-im Rüegsauschache gwirtet het. Dä het zur Zyt e tonners e schöni Wowfhünte gha u het de dermit wew züchtle. U grad dernäbe zueche het der Müwer Chüeni ou e Hung gha; e Hung säge-n-ig euch, vo-n-ere Schöni, das es eim am heitere häwe Tag dervor grusset het. I gseh ne no, dä Fötzu! Er het aw Farbe-n-un aw Fläcke gha un isch strub gsi, das es eim wäger Gott tüecht het, en Igu syg dernäbe no fei es glatt's Tierli. Dernäbe-n-isch er e Vagantehung gsi bis dert un äne-n-use u d'Hebamme-n-im Schache het mer meh weder ume-n-einisch gseit, es nähm se-n-ömu nüt wunger, we scho i de letschte Jahre d'Ching e so wüest uf d'Wäwt chöm, vo wäge 'Kimpettere tüje sich a däm Uhung verluege-n-u uberchöm der Gruuse-n-u mi wüssi öppe, was das chönn.

He nu, dä Chüenihung het ömu grad i der Zyt wo-n-er nid hät söwe der Wäg zu Blau Otti's Wowfshünte gfunge u du hets ömu grad d's Gfew wewe, das i säwb Rung i Schache-n-u zum Blau i d'Sunne cho bi.

Der Otti het mer sys Leid g'chlagt u du het's mi du schier g'lächeret u säge du zue-n-im:

«Potz Tonnerlischies, das wird mer e suferi Rasse gäh, gi-mer ömu de ou eine dervo, das i d'Gläubiger dermit cha mache z'förchte!»

63

«Guet,» seit der Otti, «du muesch myseew eine ha, das isch d'r de grad guet für dys cheibe Fuxe!»

I bi churzum ume hei u ha nüt meh a Blau-Otti u sy Hung taicht, bis oppe, sächs oder acht Wuche druf ache-n-amene schöne Morge-n-es Chärtli vo der Station chunt, i söw cho-n-e Chiste-n-abfüehre wo für mi cho syg. Absänder: Otto Blau, Wirt in Rüegsauschachen; Inhawt: 1 Hund!»

«O verfluecht; dä tonners Otti», ha-n-i gseit u ha mi uf d'Socke gmacht, der Chare füre gschrisse-n-u bi gage luege.

Di Chiste-n-isch en awti Maccaronichiste gsi. Uf em Techu het es gheisse: Oben! Un uf de Syte sy mit eme-ne grobe Näjer Löcher 'bohret gsi, das d'Luft derzue chönne het. Der Hung drinne ha-n-i nid chönne gseh.

Guet, i ha my Chiste-n-ufglade-n-u bi gäge hei zue zöttelet, dernah bi-n-i uberueche-n-u säges der Frou, mir heige de da von Blau Ottin e Hung ubercho u du seit si du:

«So, hesch jitze nüt gschyders gwüsst weder no e Hung zueche z'tue, – du bisch doch gäng der glych Trali!»

I bi fei e chli froh gsi das es no däwäg uberort 'gange-n-isch, dernah bi-n-i i d'Stube-n-u ha-n-es Glesli gnoh, ha 'bättet u druf ache bi-n-i i Gott's Name-n-uber d's Wärchzügchistli u ha der Hammer u d'Byszange füre gnuuschet u bi uberache gage di Chiste tuufe.

Wo-n-i der Techu ha abgsprängt gha, isch i der Chiste-n-es chlyses schwarzes Hundeli gsi, mit eme-ne styffe, wysse Blätz uf der Stirne. Henusode, täiche-n-i, es hätt no strüber chönne-n-use cho, das isch ömu no gar kes uwaldigs Tierli. I ha mys Wärchgschir zämegramisiert, d'Chiste verörteret, d's Hüngli uf en Arm gnoh u bi d'Stäge-n-uf, i d'Chuchi.

«Da lue Muetterli», säge-n-i zur Frou, «es isch no ganz e styffe.»

«He wäger macht er ke ungradi Gattig,» seit si, «weder dä arm Tscholi wird durstige sy, wart, i wiw im grad e chli Miwch gäh.»

Das Hüngli het die Miwch styf glappet u du sy mer rätig worde, mir wewi Flöri zue-n-im säge.

«Der Chly wird e Freud ha, we-n-er de erwachet u das

Hüngli gseht», het my Frou gmeint un i ha nüt dergäge gha, vo wäge-n-i bi grusam froh gsi, das si so gleitig isch z'fridni gsi u nid öppe no g'hässelet het, das i e Hung zueche ta ha.

Richtig, der Bücbu het a däm Hüngli ou sy houptäntischi Freud gha un i ha für mi säwber gsinnet, dä Rung syg ömu de em Blau Otti der Schutz hinger use, wen-er gmeint heig, er mach mer öppe-n-öppis ane, we-n-er mer dä Hung schickt. Bigryflig cha-n-es Tierli wo suuft u frisst nid aws by-n-im bhawte u dertürwiwe das es nid cha rede, git's es de öppe, das es dert sy Sach laht la gheye, wo's öppe grad preicht. Her Jeses, derfür isch es es Uvernümftigs u jung, – bi Längem cha me's de scho trässiere, das es use geit, oder es Zeiche tuet.

So het es öppe di erst u no di zweuti Wuche gheisse, we-n-im Gang, oder i der Chuchi, oder mängisch no i der Stube plötzlig neuis isch gsi ufz'putze. Hingäge-n-eso vo der dritte Wuche-n-a het me scho öppe chönne ghöre-n-es syg nadisch afe-n-e strubi Sach; wo me hi trappi tschaupi me-n-i ne Hundsdräck, mi chönn afe nüt me sufer ha.

I ha für mi säwber täicht: Het öppis, aber i hätt bi Lyb u stärbe wyters nüt derzue gseit, vo wäge-n-i ha gsinnet, was die no öppe chönnt nache cho, chönnti de mügligerwys nid nume der Hung agah u grad na däm bi-n-i nüt gwungerige gsi. Ytem, ungerwyle-n-isch ömu der Flöri gwachse; d'Lufständerig u die neui Chost hei-n-im mit Schyn nid schlächt agschlage. Er het gar ke dummi Gattig gmacht, der Flöri, un i ha scho denn gseh, das es auwäg e ke dumme-n-isch.

Aber, mit em Hung sy d'Zäng ou gwachse-n-u du hets ne-n-afah tüeche-n-er sött se neue afange-n-a Neuisem luege z'bruuche. Dergäge wär nüt gsi z'säge, hingäge, was im du d'Frou übu gnoh het, isch du gsi, das er grad d'Schueli vom Büebu erwütscht u se d's Hudu's u d's Fätze verchätschet u verschrisse het. I ha das wohw chönne bigryffe, weder, gloubit mer's oder gloubit mer's nid, i hätt ömu nüt dervo möge säge u bi no einisch froh gsi, das es nume-n-ubere Hung un nid uber mi us'gange-n-isch. Der Hung isch uflig u zwäg derbi gsi u wo-n-er mit dene Chindschüeli isch fertig gsi, het er für öppis angers gluegt, das er chönn dranne-n-ume ruure. I Zyt vo vierzäche

Tage het er du glücklig zwe Chuchischürz, myner bessere Hose, vier un es hawbs Paar Strümpf, e Rysbäse, es Härdöpfelchörbli, e Wuwtechi u süsch öppe no es Dotze Sache, wo-n-i mi jitze numme dra ma bsinne-n-erhütlet gha u du het du nid nume der Hung öppis dervo vernoh.

Ihn ha-n-i eis Morgets ghört süüne-n-u weisse-n-i der Chuchi usse, un i weiss nid, was mer denn für ne guete Geist ygäh het, ömu nid use gage z'luege was im ächtert fähli. I ha für mi säwber täicht; säwber ta, säwber gha; mira hättisch d'Bei errafflet, wo-n-i der äxpräss ha zueche gheit gha, das den-öppis z'chawle heigisch. We d'jitze scho grad es Bitzeli uf d'Niss uberchunsch' su gscheht d'r öppis e chli rächt, du donners Flöry was de bisch.

Aber dä Rung isch es du nid derby blibe. Es isch mer de no wi vor gsi. Ungereinisch geit d'Tür uf u d's Mueterli steit da mit ere Hampfele Hudle; – der Farb nah hät i uf en erste Blick schier gmeint, es wär d's Sundigsgwändli vom Büebu, – u du isch es los 'gange:

«Jitze mach das mer dä Hung us der Bhusig use chunt, däwäg wott i nümme derby sy. So wyt das er chunnt verherget u versouet er aws. Was er cha erlänge verschrysst er u verchätschet er. Eitwäders chunt der Hung us der Bhusig oder i gah, jitz machs wi de witt!»

«He, es isch i Gottsname-n-e junge Hung, der Verstang chunt im däich de ou mit em hawbe-n-Awter. I wett ömu jitze nid eso tue. Öppis stewt de en iedere-n-a u wen er jitze scho da di Hudle-n-erwütscht het su isch der Schade-n-auwäg nid grosse, die sy nüsti nümme der Tüfu awe wärt gsi.»

«So tüechts di! Jä gsehsch de de nid, das das d's Sundigsröckli vom Hansi isch. Das het er met jitze däwäg zueputzt, dä tonners Uflaht, un i säges no einisch, gäb i meh länger däwäg derby blybe ...» u dermit het's Muetterli plötzlig Ougewasser ubercho u het nüt meh chönne säge.

«Nei wärli», ha-n-i-gseit, «das Sundigsröckli vom Hansi hät i jitze wäger nümme bchönt, wi me sich doch ou cha ändere-n-i churzer Zyt. Aber, neuis hesch de rächt, das cha nümme däwäg gah. Der Flöri isch jitze-n-awte gnue, das me ne cha vorusse lah u no hüt mues mer es Hundshüttli zueche, de uberchunt er es Hawsbang u z'Nacht chunt er a d's Chötteli».

Em Aabe-n-isch aws richtigs gsi; der Hung het sys Hüsli gha, grad näbe der Hustür im Vorgärtli nide; er het es Hawsbang gha un isch am Chötteli gsi. Verschrys u verchätsch jitze mira d's Gartegländer ha-n-i täicht u bi ungere. Di Sach wär jitze guet gsi, we si der Hung eso guet wi mir dra gwanet hätt, das er nümme-n-i der Chuchi het chönne-n-ubernachte. Aber rächne me, we me-n-e junge Hung isch u no nid view erläbt u mügligerwys vo chlynem uf het ghört Gspäistergschichte verzewe u de mitts i der stockfeistere Nacht mues muetterseelenaleini vorusse sy u de no a'bunge, su chunt eim das stober un unerchant vor u mi faht si afah längwyle-n-u afah förchte. U was macht me de? Z'ersch täicht me, henusode, mi wew si öppe luege dry z'schicke u probiert z'schluune. Aber grad ertroumt eim de öppis grüseligs we me-n-am beste dranne wär gsi äntlige z'etschlafe. De nuuschet me wider es Bitzeli im Strow ume u leit si no einisch. Bi me ne Haar wär me-n-umen etschlafe, da git wyt, wyt vo d'r dänne-n-en angere Hung a. Du weisch nid warum, du weisch nid was er het. Du losisch. Er schwygt ume. Du seisch ou nüt. Aber chuum isch ume-n-aws stiw u rüjig, su hüület d'r am änere Änd vom Dorf no-n-en angere. U jitze zwe, drei, vier, es hawb Dotze, zwänzg, dryssg, aw Hüng wo wyt zäntume sy. Du weisch d'r nid warum, aber es mues öppis schützeligs sy, was di angere-n-eso i d'Sätz bringt. Es nähm di wunger was los syg, aber du bisch a'bunge u du förchtisch di. U z'letscht am Änd fahsch afah hüüle, us Angst u Chummer u Längizyti, du weisch nid warum, – nume das de di säwber ghörisch u das d'Zyt e chli bas ume gang. Du hüülisch, bis äntlige-n-uberobe-n-es Pfäister ufgeit un öpper use brüelet:
«Du verfluechte Sauhung, wit jitze schwyge-n-oder nid, oder i chume di häwf mer Gott cho z'tod schlah, du Brüewhung was de bisch!»

De schwygsch de-n-u lasch di i d's Hundshüsli hingere, bis d's Pfäister ume zue isch u dernah fasch wider a.

Däwäg het's der Flöri säwb Nach gmacht u nid nume säwb Nacht u bi me ne Haar hätt i wäge däm Brüew u däm Ghüüw

67

mit awne Nachbersglüte Händu ubercho. Aber einisch, wo-n-ig im d'Streui zwäg gmacht ha, gseh-n-i du, das ungerem Strow wo isch dinne gsi ömu ou es paar Syte vom Läsibuech, wo üser Purscht i der Schuew müesse bruche, gläge si. I ha' se use gnoh u vo säwbem Tag a het der Flöry z'Nacht nümme ghüület, Mit Schyn het er awbe, we der Moon gschine het i däm Züügli probiert z'läse-n-u drum het er eso grüslig längi Zyti ubercho u het däwäg müesse brüele.

Hätt i das tonners Läsibuech mit däm läntwylige Züüg drinne-n-ehnder gseh, su hätti nid baw mit der ganze Nachberschaft Chriz ubercho; weder i ha my Sach täicht u gfunge, der Flöri syg nadisch doch nid d's dümmste Hüngli; – we me mi tät abinge-n-uni nüt sött ha weder das Läsibuech mit dene-n Ufsätzli, wo eis eifäwtger isch weder d's angere, i weisseti no ganz angers, we's mi nid vorne chehrti.

Am Tag ha-n-i der Flöri pärsee nid gäng chönne-n a'bunge ha. Bi-n-i öppe vo Hus, su ha-n-i ne öppe mit mer gnoh, das er sich nah dis nah a mi gwani un isch es öpper wyter gange, su ha-n-i ne ungerwägs es Bitzeli i d'Schuew gnoh. Dernäbe ha-n-i ne öppe-n-e chli la um d's Hus ume laufe u du het der Flöri wider ume zeigt das er nid e gradane fule Hung isch u baw het ne das, baw dises afa wunger näh. I bsinne mi no das d'Frou es Bett Chifu het a'gsetzt gha u die Chifu sy aw zäme tonners schön cho z'schiesse-n-u sy öppe-n-afe e Hangsbreit vor em Bode-n-use gsi. Si het Freud gha a dene Chifu un i wo se bsungerbar gärn isse neue-n-ou. Ungereinisch isch es für gsi mit der Freud u warum? He, i chönn mira säwber gage luege, het d'Frou zue mer gseit u het fasch plääret. Guet, i bi gage luege. Das Chifubett het grad prezys dry gseh, wi we me e Kuppele Säu hät drinne la nüele. Wär das gmacht heig? frage-n-i.

«He, wär ächt weder dä tonners Sauhung, der Flöri.»

«Wo isch er, däm wiw i jitz einisch zeige, wi awt u wi tüür!» I luege-n-ume u gseh grad, das er im Saasserrüeblibett äne d's glych Manöver macht. I nid fuu, bi uf in mit Grien. U doch het's der Hung guet gmeint gha; er het e Museschlouf gfunge gha u het nume wewe muuse. Aber gang mach me de Lüte bigryflig, das me nume-n-ires Guete wott; d'Lüt sy Chüe u verstöh d'r das nid un anstatt das me säwbisch der Flöri grüemt hät un im ömu für sy gueti Meinig danket, het er du ne Wanz ubercho, aber mir du derfür z'säges kener Chifu.

Mit em Fouge isch es bi däm Hung en eigeni Sach gsi. I weis nid het er eim mängisch nid rächt verstange-n-oder het me nume z'udütlig gredt mit im. Es het Zyte gäh, i ha nume bruuche z'säge: «Flöri chum!» su isch er der Tüfu söws näh 'gange wi we me ne a d's Füdle gstüpft hätt. Aber eis i d's angere ha-n-i nie der gföwgiger Hung gha, i ha nume bruuche zue-n-im z'säge:
«Flöri chunsch oder chunsch nid!» su isch er cho oder nid. Däwäg het er eim uf d's Wort gfowget u meh cha me am Änd awer Änd a me-n-e-n-Ufernümftige nid zuemuete.

D'Hauptsach isch mer gsi, das er ömu gwachse het; – mi het im fei eso chönne a'gseh, wi guet im 'Kost a'gschlage het; aber wen i grad offe-n-aws söw use säge, su mues i b'chenne, das mer mängisch doch du afe-n-eso der Sinn dra cho isch, gäb ächt der Blau-Otti im Schache nid e chli öppis rächt heig gha, wo-n-er glachet het un i mues säge, grad eso ne grüseligi Freud wi z'ersch ha-n-i a mym Hung nümme gha.

Es isch mer i der Letschti, we-n-i öppe mit em Flöri vo Hus bi hie u da öppe-n-ufgfawe, das, we-n-er ame-ne-n-Ort e Kuppele Hüehner gseh het, er wi-n-e Verruckte dry gsatzget isch u di gröscht Freud het gha se z'verjeucke. Es isch mer wäge dessi nid grad aständig gsi, weder i ha für mi säwber täicht, henusode, g'schäch ömu nüt bösers, so lang er e kes bysst het di Sach no nid der Hufe-n-awe z'säge. Aber es isch nüt lang 'gange, su het er es Huhn g'jagt bis es isch vor en Ahte-n-use cho u d'Storze-n-obsig g'chehrt het. Du isch du wider einisch Sache's gnue ume gsi. I ha däm Puur das Huehn zawt u dernah ha-n-is em Flöri vor d'Nase gha u ha-ne vom Tonner nache-n-abgschwartet, das es mi tüecht het, wen ig ihn wär, i möcht ömu myr Läbtig nie meh es Huhn aluege, verschwyge de dranne gage schmöcke. Aber der Flöri isch nid der glyche Meinig gsi. Es Paar Tag nachär chume-n-i bi Wagner Michus Budigge düre-n-u du rüeft mer der Gottlieb zueche-n-u seit zue mer:

«Du los, dy Hung het mer de es Huhn z'tod bisse, däisch jitze-n-en Uflaht uf de Hüehnere.»

Richtig han-i du dert wider dörfe gage-n-es Huehn zale, weder dä Rung täiche-n-i du:

«Wart Flöri, jitze wiw i d'rs einisch reise, das de de für dyr Läbtig Hüehner gnue hesch, du Säukärli!»

Guet, der Michu-Gottlieb het mer das Huhn 'gäh un i bi dermit hei. Dernah ha-n-i d's Hundshüsli z'hingerisch i Garte treit, des es eso wyt as müglig isch vom Hus dänne gsi u druf ache ha-n-i der Hung gsuecht. Es isch im nid wohw gsi bi der Sach, et het wohw gmerkt, das i ne nid sueche für im z'flattiere, weder am Änd het er si füre glah u dernah ha-n-i ne packt, han-im das Huhn a Haws ghäicht u ha-ne a d's Hundshüsli a'bunge u däicht:

«So, schmöck jitze Hüehner bis gnue hesch du Tonner, das wird di jitze de wohw lehre.» Mit däm totne Huehn am Hawsbang ha-n-i der Flöri öppe-n-acht oder vierzäche Tag la a'bunge sy u häts no länger usghawte, we du d's Huhn nid afen-eso g'stouche hät, das i's säwber nümme ha möge schmöcken-u du bi-n-is gage verloche. Der Flöri isch grusam froh gsi, das er im isch abcho un isch höch a mi ueche gumpet u het mer gflattiert, das i baw Freud ha ubercho a-n-im u täicht ha:

«Wo-wohw, dä Rung het's pattet; – es wird im jitze wohw 'guetet ha.»

Es paar Stung druf bi-n-i mit im dür d's Dorf düre glüffe-n-u d's Erste wo-n-er mer macht, isch das er i ne Kuppele Hüehner yche jeuckt un us G'not us G'not hät er eis erwütscht, we-n-i du nid ehnder wär gsi un im es Paar tunzt hät.

Vo denn etwäg isch es mit em Flöri wider 'gange, wi's em Tüfu am baaste g'fawe het. Aw pott isch mer öpper mit eme ne totnige Huehn vor der Tür g'stange wo-n-er töt het gha, oder ömu het söwe d'Schuwd sy, we-n-es d's Gaggle het vergässe-n-un i cha-n-ech nume säge, i ha myr Läbtig nie sövli Hüehner müesse zale, wi grad säwb Summer. Aber, was mi am meiste verwungeret het u mer zeigt het, das der Flöri en Usbung vo me ne gschydne-n-u b'chönnige Hung gsi isch, das isch gsi, wi dä das Gflügu bchönnt het. I gäb view drum, i b'chönnti's wi dä

Hung. Glaubit dir öppe, dä heig si, we-n-er es Huehn töt het, es enzigs Mal trumpiert un öppe-n-en awti Gluggere-n-erwörgt, wo so wi so ke Schutz Puwfer me isch wärt gsi? Ke Red, i möcht mi nid bsinne, das der einisch es angers weder gäng grad d's Best Leghuehn erwütscht hätt, u das best Leghuehn het er us ere grosse Kuppele-n-use-n-unbestimmte un uf en erste Blick chönne-n-erchenne un uf das isch er los u das het er gnoh u bi Lyb u Stärbe kes angers. Wi-n-i säge, i gäb neuis drum, we-n-i nume wüsst, a wasem er se bchönnt het. I ha wi-n-i säge, säwb Summer müesse Hüehner zale-n-es glaubt mer's e ke Möntsch un i hätt nie kem Möntsch glaubt,das es i üsem Dorf e settige Kuppele-n-eso usgezeichneti Leghüehner gäh hätt; vo wäge, we-n-i öppe-n-awbe ha müesse-n-Eier choufe für d'Hushawtig su ha se gäng müesse tüür ha un es n'ieders Maw hei d'Püürine-n-uber d'Hüehner g'chlagt, wi si nüt nutz syg u schlächt legi. Nume we se der Flöri het z'tod bisse gha, sy-n-es de mit Schyn eso Usbüng vo Leger gsi.

Ytem, es het möge sy wi-n-es het wewe, su isch mir bi längem das tonners Hüehner zale-n-afah-n-ordeli verleidet un einisch ame-ne Morge ha-n-i mi verfluecht, we-n-es jitze no-n-es awerenzigs Maw vorchöm, su heig de der Flöri uf my armi Tüüri d's letscht Huhn gwörgt u das heig er. Dermit chunt Bscheid, i söw sofort uf d'Station ache-n-es wart mer dert öpper u dernah i d'Schüür, der Zimmerma syg da un i söw im de no cho säge was aws gah söw.

«Guet, i chume», ha-n-i gmacht, hänke d's Hundspeutschli ab, la der Flöri ou ab u gah vo Hus. I ha d's Gartetöri no nid us de Fingere glah gha, ghöre-n-ig i Nachbers Hostet äne-n-es grüseligs G'jeuck u richtig isch mi Hung dert z'mitts i de Hüehnere-n-inne u het se versprängt. I nid fuu uf u nache-n-u wo ne-n-er-wütscht ha, ha-n-i ne erbrätschet, das es mi tüecht het, er sött, we nid für syr Läbtig, ömu für acht Tag gnue ha. Er isch uf das ache fei e chli tuusse gsi u mer schön hingernache pföselet bis uf d'Station ache. Dert het im Güeterschopf em Schwabbänz sy Charer grad Wy usglade u währet i uf der Station mit em Vorstang gredt ha, ghöre-n-i ungereinisch der Flöri weisse, wi we me ne am Mässer hät.

«Was tonners het ächt dy Hung?» seit der Vorstang u dermit trappe mer gägem Schopf ubere, u grad schiesst er zum Schopf us, wi ne g'öwte Wätterleich u het häwf mer Gott no gäng gweisset u der Schwanz zwüsche de Scheiche-ny'g'chlemmt gha. U hingernahe chunt der Gramper u Schwabbänzes Charer mit eme ne Wyschluch i de Fingere u flueche-n-im awi Zeiche nache.

«Was het er aber a'gstewt?» frage-n-i.

«He grad het er em Vorstang es Huehn gnoh u we-n-ig im's nid no z'gnapper Not hätt chönnen-abjage su hät er's erwörgt dä Stärnstonner. Aber wohw, däm ha-n-i jitze d's Fäw ergärbet mit em Schluuch, dä laht d'Hüehner i Zuekunft myseew la sy!» meint der Gramper.

«Bisch lätz», säge-n-i zue-n-im, «dä laht se nid la sy, es isch no ke Viertustung su het er Schleg ubercho wiw er Yseschmidchrigis i der Hostet ume gjeuckt het u da gsehsch jitze was es het pattet.»

Dermit bi-n-i gäge der Schüür ueche, wo mer der Zimmerma gwartet het. Er hät awergattig dranne söwe flicke-n-un i bi mit im drum ume trappet für im aws z'zeige-n-u mit im abz'mache wi me's öppe chönn agattige, das aws öppe-n-ume-n-e Gattig machi u nüsti nid z'tonners view chosti. U wiw mer dert zäme stah u rede seit der Zimmerma plötzlich zue mer:

«Lue dert dy Hung, dä Cheib!»

I luege-n-ume u ha grad no chönne zueluege, wi-n-er em Lächema's Güggu der Haws dürebisse het.

Der Lächema isch grad derzue cho; i ha der Güggu chönne zale-n-u dernah bi-n-i hei. Em Flöri ha-n-i nüt ta, i bi ne gagen-abinge un am Aabe, bim vernachte ha-n-i ne a d's Chötteli gnoh u bi zum Nachber ubere u säge zue-n-im:

«Los Ruedi, mach es Loch i d'Hostet un erschiess mer dä Hung, i verma's my Seew nümme dä Tonner z'ha.»

E Viertustung nachhär het ne der Härd teckt u du ha-n-i gsinnet: «So, jitze bisch de de em Erger ab, jitz äntlige wirsch de di de wohw müesse stiw ha,» ha-n-i täicht, aber i ha's ja gseit, der Flöri syg nid e Hung gsi wi-n-en angere Hung u richtig ha-n-i nachhär no öppis an-im müesse-n-erläbe.

I ha ne ame-ne Mände z'Abe la erschiesse. Du geit das bis em Mittwuche gäge Mittag ane, lütets. I gange gage tuufe u luege wär da syg. Steits es Schuewermeitschi da, mit eme ne teckte Bogechörbli.

«Was isch guets, Meitschi?», frageni.

«He, d'Muetter schickt mi», seit es, «dy Hung het is da nächti es Huehn töt, da isch es. Es chosti vier Fränkli, es syg gar es guets Leghuehn gsi.»

Dermit deckt es sys Chörbli ab u da isch es Huhn füre cho, wo awäg, we-n-es nid säwber no i Noah's Arche-n-isch gsi, ömu die wo drinne sy gsi, awi säme no wohw bchönnt het.

I ha nid rächt gwüsst, söw i lache-n-oder toube wärde u z'letscht am Änd däiche-n-i du, i heig mänge Verdrus am Flöri gha, jitz wew i ou no einisch Churzwyw ha vo-n-im, u säge zu däm Meitschi:

«Los, säg de der Muetter, i bigähri de das Huhn nüt, we si nid z'fride syg, su söw si de säwber cho.»

D's Meitschi isch 'gange u du geit es nüt lang steit mer di Awti vor der Tür u d's Chörbli het si wider ume by re gha. U g'wäffelet het si, d's Muu isch ere 'gange wi-n-ere Wasserstäwtz d's Füdle.

«Jä losit,» säge-n-i, «syt der de ganz sicher, das es my Hung isch gsi, wo das Huhn töt het?»

«He däich wohw», schnuusset si, «we-n-is doch säwber gseh ha!»

«Het's öpper anger ou no gseh?»

«He täich, d'Frou Dase-n-u d'Frou Weibu hei's ou gseh u hei gseit si tüje der Eid, we's mües sy, u we dir jitze das Huhn weit zale su isch es guet süsch gange-n-i stantepeh zum Landjeger.»

«He, das wei mer jitze luege», säge-n-i du. «I wott nid bistrytte, das mi Hung das gmacht heig, vo wäge-n-er het scho zu Läbzyte-n-öppe hie u da es Huhn erwörgt u het si so myserabu ufgfüert, das es mi kerlei nüt verwungeret, we-n-er scho mues umecho. Hingäge ha-n-i ne em Mände z'Abe la erschiesse-n-un i Yseschmids Hostet äne hei mer ne verlochet. Jitze chömit dir grad mit mer ubere. Mir wei de loche. Isch der

Hung de nümme-n-im Loch, he nu, de wiw i-n-ech de d's Huhn zale, hingäge-n-isch er de no drinne, de zeige-n-ig euch de a, wiw der mi uf Grund vo fawtsche-n-Agabe heit wewe uber d's Chübeli büüre.»

Das Froueli het mi a'gluegt, wi we-n-es vom Himu ache gheit wär u wo-n-i du no einisch säge:

«La gseh, chömit jitze, mir wei jitze gage luege, i ha de nid der ganz Tag derwyw z'warte-n-u wott de nachhär gage Zimis ässe,» het es plötzlig rächts um gmacht un isch dervo gstobe, wi we-n-im der lötig Tüfu uf der Färsere wär u het ömu nüt me gseit, das ig im das Huhn wo-n-im der Tag vorane am Pfiffi umgstange-n-isch söw zale.

Sider het si der Flöri stiw gha, i möcht mi ömu nid bsinne, das i no Verdrus erläbt hätt a-n-im, aber em Blau-Otti im Schache ha-n-i du nüsti no einisch danket für das schön Presänt wo-n-er mer dermit het gmacht gha u myr Läbtig, das ha-n-i mer vorgnoh, fötzle-n-i nie kene me us, we-n-er e Fäwwurf uberchunnt vo-n-ere Rassehünte. Mi isch nie sicher, gäb me de nid es Jungs uberchunnt un i mues es säge, i ha a Flörin grad für einisch gnue gha.

Es Zibelemäritgschichtli
Werner Bula

«Gäll, Änneli, är isch geschter wieder by dr gsy, dr Brächt us dr Bächmatt», het am ene Sunndig am Morge bim z'Morgenässe d'Frou Roseng uf em Sunnrainli zu ihrem Meitschi gseit. Das het e füürrote Chopf übercho u het nume vorabe gluegt uf sys bluemete Ohrechacheli, aber gseit het es nüt.

«Lue, Meitli, mi het mi jitz afe vo mänger Syte gschtüpft drwäge u gwarnet, dass i das toli, u jitz muess es einisch use. We-n-es ander Lüt nit glych isch, dass du z'grächtem mit däm Schtryt Brächt us dr Bächmatt es Gschleipf hesch, so chasch begryffe, dass es mi sälber scho lang meh weder nume plaget het. Du weisch, wie sy Alte scho ne Uhund gsy isch, u weisch no viel besser, wie's dr Jung trybt. Isch am enen Ort e Schleglete, so fählt dr Brächt nie drby, u füräh heisst's, dr Bächmättler heig's agreiset. Dürhar het er öppis z'rämple, u dürhar möcht men ihm's gönne, we-n-er einisch eso rächt dr Meischter fungti. Das chunnt de no früech gnue, dänk dra! U los, Änneli, es tuet mr fasch ds Härz abenandereschrysse, we-n-i dra dänke, dass jitz usgrächnet dir, mym enzige Chind, dä Uflat het müessen i d'Finger loufe. Wosch de, wie we de blind wärisch, mit aller Gwalt i ds Unglück yne trappe? Oh, we-n-i nume chönnt schtärbe u das nid müesst mit aluege un erläbe! Uf mi, wo's am beschte meine mit dr, losisch nümme! Isch das dr Dank vom ne enzige Chind, wo me für syr Läbtig gluegt u gwärchet het?»

«Aber, Mueter, du söttisch ja o wüsse, wie nes isch, we zwöi enandere gärn hei», seit du ds Änneli ändtligen afange. D'Mueter het ihns du doch e chly duuret. «U so, wie mir zwöi enandere gärn hei, chunnt gwüss nid gschwind vor; dr Brächt isch mit mr gäng eso freine un ordlige u het mr no nie nume ds chlynscht ugrade Wörtli g'gäh.»

«Drfür chöme sie de deschto schtrüber, we d' einisch für z'grächtem daniede bisch, i dr Bächmatt», het d'Frou Roseng zrugg'gäh, «du chehrtisch de gärn wieder um u dänktisch de: ‹Hätt i numen uf ander Lüt glost u dr Mueter gfolget.› Gloub mr's doch, Meitli! Lue, eso tüe sie all, bis sie eini hei; sie chöi lieb tue u eim chüderle, wie we sie die lybhaftigschte Ängle wäre; u die dumme Meitli gseh in ihrer verbländete Liebi inne nit, dass ne dr verschteckt Tüüfel zu den Augen usluegt!»

«Jitz ubertrybsch richtig de o, Mueter», het si ds Änneli gwehrt. Aber d'Frou Roseng het afah ds Gschirr abruume u isch mit i d'Chuchi use; sie het gschpürt, dass da doch alls Zuerede nümme viel cha nütze, dass sie da d'Liebi scho z'hert i Ännelis Härz ynegschliche gha het. Die gueti Mueter het i ihrne Erinnerunge nachegchramet, u bi däm Nachesinne isch ere mängs düre Chopf gschosse, wo se a ihres Meitschi gmahnet het. Drum het sie dänkt: Es wird o da nüt drgäge z'mache sy, mi muess's la schlittle; es geit ja doch i settigne Fälle gäng düre, wo's wott.

Ds Änneli, als bravs Meitschi, het si die gröschti Müej g'gäh, si die Sach z'überlege u dr Mueter ihri Wort nit nume la Luft sy. Aber wie-n-äs si o agschträngt het, dä Schtryt us dr Bächmatt als Uflat u Grobian vorz'schtelle, isch ihm gäng wieder sy liebe Brächt vor den Ougen u im Chopf umetanzet. Es het nume no gseh u ghört, wie-n-er albe dür ds Fänschterflügeli het chönne bitten u bätte, het chönne chüschelen u chüderle, bis's ne yneglah het i ds Schtübli. «U settigi Müntschi, wie my Brächt cha gäh, cha numen eine, wo eim so rächt gärn het», het si ds Änneli zletscht wieder gseit. «Är ma süsch o chly ne uschaflige u ne ruuche sy, aber drfür cha-n-er de o dopplet so lieb sy, u fürah isch es gäng no besser, es tüej eine vor em Hürate d'Hörner abschtosse, weder erscht nachhär, einisch muess es ja doch sy, u i nime ne ja doch.»

Usgähnds Summer isch undereinisch dr Bricht umegloffe, d'Bächmatt-Büüri syg uf dr Chällerschtägen etschlipft u heig es Bei broche. D'Frou Roseng uf em Sunnrainli het ufrichtig Beduure gha mit dr Bächmättlere, wül die scho sit Jahre gäng e Bräschte i de Bei gha het u nie öppen am beschte dranne gsy isch mit Loufe; u ds Änneli wär am liebschte grad aben i d'Bächmatt ga hälfe. Dr Dokter het dr Frou Schtryt das Bei yzoge, aber bis im Früehlig müess me do scho rächne, bis die Sach wieder i dr Ornig zsämegwachse syg, het er gseit, mi dörf froh sy, we die Frou nume wieder regelrächt zum Loufe chömi. Dür das Unglück hei sie danieden i dr Bächmatt ou erscht gseh, was d'Mueter dür ihres Liege für ne Lücke i ds Züüg yne grisse het. A allnen Eggen u Wärch het me se müesse etmangle, un es andersch Wybervolch isch nid umewäg gsy. Du nimmt dr Brächt am ene schöne Tag en Alouf, geit uechen i ds Sunnrainli u het z'vollem bi dr Frou Roseng um ds Änneli gfragt. U wüll's ihm drby grüüseli Ärscht gsy isch un er die Sach dert obe gar donnersch schtyf vorbracht het, het o d'Sunnrainlisabeth si z'letscht müesse säge, dass im Grund gnoh dä Brächt gar nit dr Leidscht chönn sy. Sie het ömel du no grad einisch zuegseit u het dänkt, es syg gschyder, grad zuez'säge, weder zersch dr Uhund z'mache u's de z'letscht nüschti müesse zuegäh, u ds Hinderha tragi nüt ab, es tät ja schpäter doch numen am Änneli sälber schade.

Das het dr sälb Herbscht es Brichte g'gäh züntume, wo undereinisch die zwöi si im Chrääzli gsy. Die einte hei wölle wüsse, es sygi Muess drby, u die andere hei gseit: «O das arme, dumme Meitli, isch das nit gschyder u hüratet e settigen Uflat! Das wird de no früech gnue wieder i sys Näschtli zruggflügen uf ds Sunnrainli ueche.»

Am letschte Mändig im Novämber druuf isch das junge Pärli zum Gmeinschryber aben i ds Dorf, zum Ziviler. Ds Brütli het es schwarzes Chleidli agha, u d'Mueter het ihm am Morgen es schöns Myrtechränzli i syner chruselige Haar gflochte. Allszsäme het müesse zuegäh, dass das Änneli es schöns, fyns Brütli syg, nume fasch z'schön u z'zart näbem Bächmättler-Brächt yne. Dr Hochzyter, dä het e währschafti Bchleidig treit, wo schpäter es rächts Sunndigchleid g'gäh het, un im Chnopfloch het er es Hochzytsmejeli z'schtecke gha. Eso si sie vor em Mittag no i ds Chilchli, u dert het se dr Pfarrer ygsägnet. «Die Liebe höret nimmer auf», isch dr Tägscht gsy vo dr churze Predig, u alli, wo dert gsy si, hei müesse säge, dass das für ds Änneli nid besser hätt chönne passe. Für ne längi

Hochzytsreis z'mache, het under dene Verhältnis deheime das jung Ehepärli ke Zyt gha, drum si sie mit em Elfizug nume uf Bärn yne gfahre. Scho, wo sie am Bahnhof i dr Bundesschtadt acho si, het ne alls nachegluegt, wie we sie Hörner hätte. Dr Brächt isch buechige worden ab däm Nachegaffe, u wo-n-er eine no so uf de Schtockzähn gseht lächle, seit er: «Dr nächscht, wo-n-is jitz de so fräch nacheluegt, zwicken i de öppe zum Grind!»

«Aber, Brächt», git ds Änneli ume, «das wär ja gsündiget. Was meinsch, was my u dy Mueter wurd säge, we me dr Hochzytstag tät verlügne u si drwäge täti schäme. Mach du's wie-n-i u lah die la nachegaffe, solang dass sie wei, ömel mir isch das glych. I nime mys Chränzli nid us de Haar, bis – bis i ds andere Züüg o abzieh», het ds Änneli e chly gschtagglet u het e zündrote Hübel ubercho.

Dr Brächt het das gseh; das het ne du o uf ander Gedanke bracht, u seit druuf: «Du hesch rächt, Änneli, mir wei e schöne Tag ha, u was ander Lüt dänken u mache, cha üs ja glych sy.»

Zerscht si sie i das Wirtshuus, wo Bächmättlersch süsch gäng zueche si u ds Fuehrwärch ygstellt hei, we sie öppen einisch uf Bärn gfahre si. Dert hei sie rächt z'Mittag g'gässe u hei nid gschmürzelet drby. Dr Brächt het si ganz ritterlich benoh gäge sys junge Froueli; är het all Pott gfragt: «Wosch nid no chly vo däm, Änneli, oder hättisch lieber no vo däm oder diesem?» Das früschbachnige Ehefroueli isch ganz glücklig gsy drby; äs isch gäng überzügter worde, dass dä Brächt dr brevscht Ma abgäbi, wo me nume chönn finde.

Wie we-n-er das scho mängisch gmacht hätt, het dä Schtryt Brächt für beedi es Zimmer bschtellt zum Übernachte. Bi däm Bschtelle het ds Änneli i d'Schpyscharte gluegt u drglyche tah, es tüej drinne läse; es het's tüecht, es lueg ihns i dr ganze Wirtschaft umen alls a.

«Eh lueg, Brächt», seit ds Änneli am Namittag uf em Waisehuusplatz, «das ha-n-i gar nid gwüsst, hüt isch ja Zibelemärit. Das isch jitz luschtig, dass mir grad am Zibelemärit Hochzyt hei, gäll? Es isch mr grad, wie mr jitz de i dr Bächmatt d'Zibele nie meh chönnte fähle.»

78

Sie si dene Zibelebärge nachetrappet u hei nume müesse schtuune, dass es settigi Mordsschtücker vo Zibele chönn gäh.

«Da muess me gwüss scho drnah Bode ha, we sie eim eso sölle grate», het ds Änneli e chly nydisch gseit, «ömel üsne uf em Sunnrainli het men o gluegt, was me chönne het, aber settig Möcke het me glych nie übercho.»

«U dr Prys wär rächt», git dr Brächt zue, «we sie bi üs oben eso täti grate, gheit i mytüüri scho z'Hustagen e halbi Jucherte um u wett's mit Zibele probiere.»

Vo da ewägg isch das Hochzytspärli d'Schtadt ab gschländeret. Sie hei enandere schön a dr Hand gfüehrt, un es isch gwüss chuum es Schoufänschter gsy, wo sie nid e chly si blybe stah drvor. Vor emene grosse Möbelgschäft, wo ne schöni, modärni Schlafschtube isch usgschtellt gsy, seit du dr Brächt: «Es isch mr de scho lieber, we sie-n-is hinecht zum Ubernachte nid öppe in es settigs Glieger yne wei tue, da weiss me ja chuum wo dryschlüüffe; u we me si de da drinne öppe z'grächtem wetti chehre, so müesst me de no Angscht ha, die ganzi Musig gheiti usenanderenuse.»

«U grad im ene settige möcht i hüt z'Abe sy», het ds Änneli gwünscht. «Numen einisch wett i's ha wie die Ryche, un es nimmt mi doch wunder, gob si üserein nid o da dry chönnti schicke.»

Bim Zytglogge niede hei die zwöi e Rung em Verchehr zuegluegt.

«Chumm, Änneli», seit dr Brächt, «mir wei lieber no chly gägem Bäregraben abe. We me scho seit, zum ene Polizischt bruuch's nüt als e fule Hund u drei Meter Schtoff drzue, aber dä, wo da bim Zytglogge wie Tüüfel i dr Luft ume muess hängle, wett i mytüüri nid sy; da will i de deheime no lieber dr ganz Tag Fuhre hacke.»

Bim Bäregraben unden isch nöie nid viel los gsy.

«Aber es Büscheli Rüebli müesse die Gluschtine da niede doch ha», macht ds Änneli, «die dörfen o wüsse, dass hüt üse Hochzytstag isch. U wül süscht fascht a jeder Hochzyt tanzet wird, so müesse mr o dr Bäremani u sy Frou en Umgang oder zwee mache», het das guet ufgleite Froueli gseit u syner Rüebli gschwunge.

Vom Bäregraben ewägg si die zwöi glücklige Lütli wieder uber d'Brügg zrugg, d'Nydeggschtägen ab u d'Matten uf bummlet. Wo sie dr Ufzug zum Münschter ueche gseh hei, sie sie rätig worde, sie wölle o einisch so ne Himmelfahrt mitmache, u hei si ömel mit däm Chrutzli sanft la dr Muur na ueche pfyle.

Vo dr Plattform uus het ds Änneli gäng dr Münschterturm agluegt, bis zletscht dr Brächt afange gseit het: «Wei mr öppe no druf ueche, gluschtet's di?»

«Mir chöi ja gah; dobe bin i sider üsem Schuelreisli, wo mr einisch uf Bärn yne gmacht hei, nümme gsy», het Änneli yglänkt.

Wo sie du afen öppe drümal i däm Turmschtägli zringsetum gschtiege gsy si un es wieder zwüschenyne so fyschter worden isch, nimmt du dä Brächt sys junge Froueli an es Ärveli u het's eso rächt vermüntschlet.

«So, chunnt's dr jitz afange z'Sinn», het ds Änneli gfoppet. «Weisch jitz, warum dass i das Turmschtägli vo ussen eso agluegt gha ha, du dumme Gali.»

Aber ganz ueche sie sie du nümme; sie hei hüt ds Münschter la Münschter sy.

Es isch gwüss scho halb Abe gsy, wo sie vo dr Bundesterrasse wieder i d'Schtadt yne si. I dr Schpitelgass gseh sie dert in ere Louben innen e grüüselige Chnöiel vo junge Lüte. Das Pärli isch ömel o zuechetrappet, für z'luege, was da mögi passiert sy. Es isch es Göiss vo Meitlischtimme us däm Möntschehuuffen use cho, u d'Bursche hei gmöögget, u zuechedrückt hei sie, wie we Banknote verteilt wurdi. Dr Brächt het nüt andersch gmeint, weder är loufi jitz da eso a ne Schleglete häre, wie-n-är se ja nume z'guet gchennt het. Sy alte Kampfgeischt isch erwachet, un im Schwick isch er gwüss scho vom Änneli dänne i das Gschtürm yne gschosse u het gmeint, es gang nid ohni ihn.

«Blyb doch da», het ihm sys Froueli nachegrüeft, «was wosch di doch da gah drymische.»

Aber dr Brächt het nüt meh ghört, är isch i däm Möntschehuuffe inne verschwunde, mi het nid gwüsst wie.

Dä Schtryt Brächt het's ömel fertigbracht, zmitts i dä Chnöiel yne z'cho; aber was los gsy isch, het er so weeni gwüsst wie vorhär. Är het halt e ke Ahnig gha vo däm Zibelemäritbruuch z'Bärn inne, wo si d'Jungmannschaft zwüsche de Föife u de Siebne i de Loube umeschtungget, dass's ne fasch ds Zimis oder ds Nachtässe unden oder oben use drückt. Meitli u Bursche dürenand, wo-n-es se halt grad düre nimmt. Wo alls göisset u päägget, sie söllen ufhöre, u doch die meischte dänke, we sie nume no chly drückte, dass me nume no nöcher zäme chönnt u müesst.

«Was Himmeldonnersch isch de da eigetlich passiert?» fragt ändtlige dr Bächmättler i däm Gschtungg inne.

Statt eren Antwort het's nume gmacht: «Ho, ho, hü, hü!» u wieder «Ho, ho!» Die Gymeler u Lehrbuebe hei sofort nachemöge, dass sie da nes schöns Opfer erwütscht hei, u das hei sie e chly wölle gniesse. Dr Schtryt Brächt mit sym Hochzytsmeje isch ne es Frässeli gsy. «Ho, ho!» u «Ho, hopp!» isch es gäng früsch wieder vo allne Syte gägen ihm yne.

«So laht mi doch use, dihr verruckte Donnere», het si dr Brächt afah ufrege.

«Hü, hü – hoo, hüo!» isch es wieder losg'gange. D'Meitli hei wieder g'gyret, u zwöi, drü hei scho regelrächt afah gränne.

«Da wott i de luege, gob i da nid zu däm Züüg us chume», faht du dr Brächt a wüete u het mit den Ellbögen afah Luft mache u si dürerangge. Die Nächschte by-n-ihm zueche wäre ja gärn uswäg u hätte Platz gmacht; sie hei gseh, dass es die höchschti Zyt derfür wär. Aber die andere ussedüre hei halt gäng verrückter zuechedrückt u's eifach uf dä Bächmättler abgseh gha. Dä het du das langsam afah merke un isch derwäge z'vollem so rächt i d'Sätz cho. Dr Brächt het afah dryschlah, linggs u rächts, wo-n-es grad preicht; gluegt u dänkt het nüt meh drby. Är isch eso rächt im Elemänt inne gsy, wien-er vorhär scho mängisch drinne gsy isch, we-n-er öppen uf eme Tanzbode oder an ere Chilbi het ghulfe ruume. Die, wo drum ume gsy si, hei gwüsst, was sie uberscho hei, u hei afah dryschlah gäge die, wo se nid düreglah hei. D'Meitli hei brüelet, wie we sie a de Mässer schteckti; e Gschäftsfrou het zum erschte Schtock usgrüeft: «Polizei, Polizei, Hilf, Hilf, sie drücken is ja i dr Louben inne d'Monteren y!»

Du wohl, du het's du gly afah bessere, wo d'Schrooterei yg'griffe het. Die Bursche si usenandere pfurret u schleunigscht abpfylet. Im ene Schwick isch so ne Gsablete i däm Huuffen inne gsy, het dr Schtryt Brächt am Chrage gnoh u gseit: «He da, was chunnt Euch eigetlich a, syt Dihr verruckt, oder wo fählt's Ech?»

Das Ygryffe vo däm Polizischt het dr Brächt nume no wüetiger gmacht; är isch ja fescht uberzügt gsy, dass är hie dr unschuldigscht vo allne zäme sygi. Drum het är o däm Tschugger nüt drnahgfragt u git däm, wül er grad eso schön im Zyme gsy isch, o nen usüferlige Schupf, dass dä fasch uber ne Gymeler ubere gfloge wär, wo dert uf de Chnöi gsy isch u si nümme getrout het ufz'schtah.

Aber vo der ewägg isch es du mit Bächmättlers Macht eso ziemli fürabe gsy.

«Aha, du meinsch, das gangi däwäg», seit dä i dr Uniform, un im Momänt, wo si dr Brächt no einisch het wölle zuechemache, cheiglet er ubere Huuffe, het nid gseh u nid gwüsst, wien-es g'gangen isch. Fasch im glychen Ougeblick schtellt ne dr Polizischt wieder uuf, wie dä Bächmättler nume so nes Manoggeli wär.

«So, u jitz heit Ornig», seit ihm dr Polizeimaa, «süsch verfahre mr de andersch mit Ech. Chömet jitz afen e chly uf e Poschten abe mit is.»

«Ja, ja näht ne nume, dä verruckt Hund», het's vo allne Syte tönt, «gheiet ne doch hindere, dä Grobian!»

Am Schtryt Brächt het's es zersch nid rächt chönne, si grad ohni wyteres da dry z'schicke; aber är het gmerkt, dass mit däm Schroter nid guet isch Chirschi z'ässe, we das scho nume so ne Ghüderi gsy isch. Eso wie dä ne vori uberschtöcklet gha het, isch er syner Läbtig de no gar nie gfloge gsy.

«Ums Himmelsgottswille, was hesch jitz du agschtellt, Brächt?» macht du ds Änneli, wo nes si afange het chönne i d'Nöchi mache. «Was muess i a mym Hochzytstag erläbe!» het's afah briegge.

Är het aber o ne Falle gmacht, dr Brächt! Die oberschte Chnöpf am Schylee vo sym neue Hochzytschleid si abgschprängt gsy, u dert dryabe isch o em Brächt sy Grawatte gheit gsy. Dr schön neu Huet isch näbe me Loubepfyler im Dräck inne gläge, u sy schön Hochzytsmeje isch verrupft im Züüg ume verschtreut gsy.

«So, gaht mit däm abe, Turnyse, machet nid lang Fäderläsis», warnet us emene Loubebogen e Gschnüerte dr Polizischt.

Ds Änneli het dr Huet zsämegläse u het em Brächt sy Grawatte wieder under e Chifel büschelet, dass er wenigschtens e chly ne Gattig gmacht het, u so isch dr Schtryt Brächt a sym Hochzytstag vo däm Polizischt abgfüehrt worde. Ds Änneli isch i sym Brutchränzli näbenyne gschtofflet u het einisch uber anderisch i sys Naselümpli gschnützt. Es halb Hundert Bueben u Meitschi si hindenache gfotzlet; es het fei e chly nes längs Zügli g'gäh.

Dunde uf em Poschte het dr Polizischt Turnyse am Wachtmeischter dä Fall gnau rapportiert. Am Änneli hei sie e Schtuehl häre g'gäh, dass es e chly het chönnen abschtelle; das isch dert ghocket wie-n-es Hüüffli Eländ.

«Wie heisset Dihr, Mano?» fragt zletscht dr Poschtechef.

«Schtryt Brächt!»

«So, so», fuxt du dä Gschnüert no. «Dä Name passt de no famos zue-n-Ech. «Also», fahrt er du wyter: «Für hinecht blybet Dihr vorlöifig da, Schtryt. Wär gäge d'Polizei tätlech wird, müesse mr bis am Morge zum Houptverhör im Arräscht bhalte.»

Das armen Änneli het bi däm Etscheid afah z'luter Wasser plääre; es het's ghudlet, dass es z'duure gsy isch.

«Dihr syt etlasse», seit dr Wachtmeischter nume zue-n-ihm u het dr Brächt la abfüehre.

Vorussen isch underdesse Nacht worde, u ds Sunnrain-Änneli hätt am liebschte mögen i Boden yne schlüüffe, eso isch es ihm gsy. Es isch i erscht bescht Husgang yne, u wo dert grad niemer isch umewäg gsy, het es sys Brutchränzli ab em Chopf gnoh. Du isch es d'Schtadt uf gschobe, was es het chönne, em Gaschthof zue, wo sie z'Mittag ihres Zimmer bschtellt gha hei. Es isch d'Schtägen uf pfitzt, ohni umez'luege, u schnuerschtracks i ds Zimmer yne.

Ds Änneli isch schuderhaft erchlüpft, wo's ds Liecht aträjt u die Pracht dert inne gseh het. Das Schlafzimmer isch gwüss no fasch schöner gsy als das, wo's hüt mit sym Brächt in ere Monteren agluegt gha het. Es het ihm fasch ds Härz abdrückt i sym Unglück inne, drum het es ds Liecht wieder abglösche. Es het ja für sy einsami Hochzytsnacht nüt bruche z'gseh. Bevor es i ds Bett gschloffen isch, het es dr Riegel gschtossen a dr Tür u erscht no dr Schlüssel umdräjt; es het's eso im Momänt düecht, bim Brächt niede syg ja allwäg o guet vermacht. Bi däm Gedanken isch ihm ds Wasser wieder i d'Ouge gschosse, un erscht, wo-n-es du i das wysse, weiche Bett ynegschloffen isch, het's es früsch wieder afah duure. Es syg doch nid rächt, het's es düecht, dass äs jitz da so alleini im ene Fürschtebett inne liegi u dä arm Brächt dänk nume so uf ere Holzbrügi müess ubernachte. Gwüss jedi Viertelstund het das Änneli ghöre schlah bis wyt i d'Nacht yne un es ändtlige i sym Eländ innen ytööset isch.

Am andere Morge, nach dr gschpässige Hochzytsnacht, isch ds Änneli wieder us sym Zimmer diche, wie we-n-es öppis gschtohle gha hätt, un isch bizyte gägem Polizeiposchten abe. U richtig, es het synen Ouge chuum trouet, dert louft ihm dr Brächt grad d'Schtägen ab etgäge.

«Muesch nid wieder yne?» isch em Änneli sy erschti Frag gsy.

«Fertig», seit dr Brächt u het dr Chopf gschüttlet.

«Gottlobunddank», süüfzget sys Froueli u seit drufabe: «Chumm afe da vo däm Huus furt, mi cha nüt wüsse, gob sie si öppe nid no andersch bsinne!» E chly wyter ewägg fahrt es du furt: «I ha mr die Sach dä Morgen uberleit. Vergiss du das u bis rächt mit mr wie vorhär, de sägen i o niemere nüt, u drmit weiss e ke Möntsch öppis vo der ganze Gschicht. Jitz gange mir eifach ueche gah z'Morgen ässe, wie we mr grad mitenandere vom Zimmer abecho wäre. Weisch, Brächt, i ha hüt am Morge früech dys Bett o no verporzet; es cha o dert niemer nüt merke.»

Jitz het's em Brächt gwohlet. «Weisch», het er gseit, «grad das het mr am meischte z'dänke g'gäh. U guet isch o no gsy», erzellt er du schpäter, «es isch guet gsy, dass i's grad mit däm Polizischt zsämepreicht ha u nid mit emene andere. Das isch ja dr Turnyse gsy, dä, wo da gloub a dr letschte Olimpiade, oder wie me däm seit, im Ringe schynt's eso alls uberdonneret u obenuus gmacht het; we-n-es äbe de nid grad dä gsy wär, hätt i allwäg de jeden andere buschiltet u vertryschaagget. Aber drfür wär i de jitz no nid dusse. Mit so eim dr Chürzer z'zieh, wie mit däm Turnyse, isch ömel de ke Schand. Dä Polizeioffizier, wo mi dä Morge uber alls usgfragt het, het mr ömel o gseit, i söll's de nid eso uf die schwäri Achsle näh, sie heige daniede mängisch scho nöbleri Herren ubernacht gha.»

Es het ömel du wytersch niemer nüt gmerkt, weder bim Morgenässe, no dr ganz Vormittag nid. U wo deheim i dr Bächmatt die bettlägerigi Mueter dr Brächt gfragt het, wurum dass er all Pott eso nes griesgrämigs Gsicht machi, seit du ds Änneli gschwind, es müess gwüss vo däm viele süesse Dessärtzüüg sy, wo sie z'Bärn inne g'gässe heige; es syg em Brächt die ganzi Nacht nie rächt wohl gsy un ihm sälber o nid grad am beschte.

Aber die unagnähmi Hochzytsnacht het doch o ihri gueti Syte gha. Es paar Wuche schpäter isch dr Schtryt Brächt wieder eso langsam i sys alte Fahrwasser ynecho. Är het nadisnah ume dr Uhund füreglah u isch am ene schöne Tag druff u dra gsy, sys Froueli i d'Finger z'näh. Du wohl, du isch aber ds Änneli uf die Hindere gschtande u het agfange: «We d' nume no einisch däwäg tuesch, Brächt, so packen i zsämen, gah hei uf ds Sunnrainli ueche, u wüsse muess mr's de alls wyt u breit, wie's dr i dr Hochzytsnacht g'gangen isch u wo de gsy bisch!»

Das het em Brächt e Schlag g'gäh, wie we men ihm mit emene Vorschlaghammer hätti uf e Poli ghoue.

«Nei, Änneli, mach das nid, gäll», het dr Brächt afah bitten u bätte, «i will's nümme mache, myner Läbtig nid», u het's vo dert ewägg o nümme probiert.

Aber sys Froueli het vo dert ewägg gar e donnersch gueti Handhäbi i de Fingere gha u het se-n-o gwüsst z'bruuche. Im Schtillen isch es froh gsy uber sy einsami Hochzytsnacht u het drby dänkt: «'s isch ke Schade so gross, isch doch gäng e Nutze drby.»

Jugenderinnerungen eines Stadtberners
Wilhelm König (Dr. Bäri)

1.

Wär bsinnt sich z'Bärn vo de ältere Lüte nid a Papa Flügel, dä fründtlich gross Ma, wo geng schön gscheitleti, längi Haar, e chestenebrune Rock u e höche Zilinder treit het u däm d's ganz Jahr d's sydig Fular hinde zum Rockfäcke usegluegt het? I gar mänger Familie ist er Huusarzt u nid bloss als Dokter de Lüte lieb gsi. Me het ne i mänger Familie no lieber gha als d'r Unggle, u zu d'm Huusfründ rächt Sorg treit. Mir Buebe hei ne de bsunderbar guet möge. Im Früehlig u im Herbst sy mer ihm aber geng chly us Wäg, vo wäge da het er üüs de regelmässig, heig üüs öppis gfählt oder nid, Opiate verschribe u Haberchärnebrüje. Me het de für die Operazion drei Tag Urleb gha u so gruusam ist er nie gsi, dass sich di Laxierete hätt müesse ufe Samstig u Sunntig richte. Er het derzue am liebste der Mändig, Zystig u Mittwuche gnoh, will me de am Zystig ufem Märit het chönne ga Öpfel chauffe, wenn me keini me het im Chäller gha. D'r erst Tag het me müesse d'Opiate schlücke, es chlys Häfeli voll us der Studer-Apoteegg. Jede Apoteegger het uf die Zyt geng es paar Dotze so Häfeli grüstet gha. D'r zweut Tag het me müesse Gärsteschlym oder Haberchärnebrüje nacheschwänke u am dritte Tag, juhe! da het me de halb Öpfel mit Rosynli u Zimmet übercho.

Ach dä guet Herr Dokter! Am Sylvester ist er jedes Jahr cho luege, wie's gangi, u d'Mamma het de, derwyl er ist by-n is gsi, gschwind d's Vreneli, d's Züseli, d's Mareili, oder wie de das neu Meitli wider het möge heisse, zu d's Herr Dokters gschickt, um ne es schöns Neujahr z'bringe: Es brodierts Chüssi, es Pliang oder gar es Tappy u natürlich e schöni Gans oder e bravi Änte derzue.

Sider het de d'r Herr Dokter gseit: «Fraueli, gäbet de Buebe de nid z'vil Güezi.» D'Mamma het pärsee gseit «Nei»; aber d'r Herr Dokter het si u üs kennt u het de gseit: «Loset, für all Fäll

87

will Ech Öppis verschrybe. Willi, gang trag's grad i d'Apoteegg.» Drum hei mir de am Bärzelistag gwöhnlich so ne Purgaz müesse schlücke; es ist d'sälb Mal äbe so Mode gsi.

Dä guet Herr Dokter het d's ganz Jahr der glych chestenebrun Rock annegha mit länge, länge Fäcke. I dene het er de im hindere Sack geng es Pagetli Täfeli treit. Dervo het er de Chinder usteilt. Wenn er zu üs a d'Postgass abe cho ist, so ist d'Mamma ufem Ruebettli gsässe, das wo jitz my Brueder, der Herr Pfarrer, het. D'r Herr Dokter ist de ufe Fotöil abgsässe, wo näbem Tischli gstande ist. Er het de die Fäcke vo sym Rock von-enandere ta, het ghüestlet, d'r Mamma d'r Puls griffe, si het ihm d'Zunge usegstreckt, mir hei de mängisch o müesse, u de het er öppis verschribe, oder o nid, aber d'sälbi Zyt het's nid so vil gmacht. Es het no weniger Apoteegger gha u derfür sy si o billiger gsi u d'Dökter hei neue meist so Huusmitteli agwändet; we's de nid vil gnützt het, so het's o nid vil gschadet u het aber o nid so vil kostet. Es ist äbe no am Änd vo de guete alte Zyte gsi.

Wenn d'r Papa Flügel, es het ihm Alles i d'r Stadt so gseit, mit d'm Rezäpt ist fertig gsi, so het er de d'r Gustav agluegt u gseit: «Ja, ja, dä Bueb macht Ech Freud, dä ist geng flyssig. Chumm, wotsch es Täfeli?» Derwyl het er de i Sack greckt u het ihm eis gä. D'r Noldi, wenn er scho geng erzfuul ist gsi, het o eis übercho; aber i sälte. D'Mamma het geng öppis z'chlage gha. I sig e Säubueb, heig es uverschants Muul, oder i heig scho wider Arräst ghat. De het d'r Papa Flügel es schiefs Muul zoge u gseit: «So, so, es ist mer leid, Willi, i cha dir wider keis Täfeli gäh.»

Einisch, es ist über's Urleb gsi, so chunnt er o. I bsinne mi nümme rächt, was ig i d's Mamma's Stube ha z'tüe gha. I glaube, i heig sölle es Gellertlied usse lehre, u das het mer ume Tüner nid i Düssel welle. I bi du hinderem Bettumhang bim Nachttischli hinde ygschlaaffe. Plötzlich erwache-n i u ghöre d'r Herr Dokter. D'r Noldi ist just zur Stube uus u het am ene länge Bitz Gärstezucker gsugget, wo-n ihm d'r Herr Dokter het gä gha. Das het mi du doch schaluus gmacht; denn Gärstezucker ha-n i für mys Läbe gärn gha. Aber wie übercho? Will i d'rsälb Morge, wo-n i ufgstande bi gsi, mys Gaffeetassli verheit ha, ha-n i wohl gwüsst, dass d'Mamma wider öppis z'schmääle het u es de kei Gärstezucker git. I gseh du ufem Nachttischli d'Nagelschäri, nime se u schlüüfe hübscheli underem Bett düre u bi undere Fotöil gschnaagget, wo d'r Herr Dokter druf gsässe ist. Will d'r Rockfäcke under d'r Armlähne düre ghanget ist, ha-n ig ihm nid guet chönne i Sack recke, für ihm e so ne schöne Stängel Gärstezucker z'stybitze. I bi du hübscheli zueche düüsselet, ha d'r Rocksack erwütscht, wo-n er d'Täfeli geng dinne gha het, u haue ne ab. I ha scho wider zum Ofe hindere welle, aber dä guet Herr Dokter muss du grüslig erniesse. Er reckt druuf i Rock hindere u wott sys Fular füre näh. Aber wie läng het dä gluegt, u d'Mamma erst, wo si gseht, was er da füre zieht. Wo-n er no einisch erniesse muess, fragt si ne: «Nei, säget, was heit Ihr da für nes Dintelümpli?» Er gryfft du wider i Sack abe u fahrt mit d'r Hand i d'Luft use. Er steit du uuf u seit: «So öppis ist mer myr Läbtig no nie passiert!» u d'Mamma muess lache u fragt ne, was er für Faxe machi. Was ist es du gsi? I ha d'r lätz Sack erwütscht, dä mit sym sydige Naselumpe, u ha dä abghaue gha, so dass nume no das Zipfeli ist hange blibe, wo-n ihm geng ist use ghanget.

Gärstezucker ha-n i du keine übercho, aber e chly Haselstängeli. Am Neujahr, wo-n ig ihm du es schöns neus Fular ha bracht, het er mer's zwar verzoge, aber i die nächsti Purgaz, wo-n er mer verschribe het, het er mer doch chly meh la dry tue, als grad nötig gsi wär.

2.

E Bettsunnete ist o Öppis, was hüt neue nümme eso vorchunnt, wie zu myr Buebezyt.

Pärsee het d'Mamma schön Wätter abgwartet. Gwöhnlich isch si (nit d'Mamma, «d'Bettsunnete»), i d's Summerurleb gheit und de het me üs Buebe am Morge früech scho Schoggela statt Gaffee g'gäh, will der Schoggela besser zuunet het und si de gmeint hei, yze wärde mer doch nid scho am Zächni wider öppis cho bättle. Aber mir sy glych cho. So Buebe hei halt nume so glismeti Mäge.

Mer hei de der sälb Tag o früecher descheniert, eso ume Sächsi ume. D'Mamma het de scho lang vorhär im Huus ume poflet, Dienste ufgjagt, nache üs Buebe gweckt und d'Better abdeckt, d'Lyntüecher use gnoh und zur bschissne Wösch gleit. We me de deschenirt het gha, mer hei d'sälbisch a der Postgass unde gwohnt, hei d'Meitli d'Rosshaar- und d'Fäderematrazze, mir Buebe d'Kopfchüssi und d'Wolee ufe Rathuusplatz treit, die i der mittlere Stadt ufe Münsterplatz und ufe Chornhuusplatz, die wyter obe ufe Gasino- und ufe Weisehuusplatz und d'Spittelgässler hei se uf d's Hundsmätteli treit, da wo yze der Bahnhof zwüsche Burgerspittel und d'Heiliggeistchilche yne zwängt isch.

Mir sy de also ufe Rathuusplatz. Dert het me de die Matrazze, die Wolee und die Chopfchüssi schön a d'Sunne gleit. Natürlich het d's Chindemeitli zerst mit eme Bäse d's Gröbste am Bode müesse dänne wüsche und de het me no Lyntüecher und erst nache das tüür Bettzüüg ufe Bode gleit. Wenn de das isch zwäg gmacht gsi, hei de d'Meitli müesse hei ga ihri Lischematrazze reiche. Me het neue de Dienste nume Lischematrazze g'gäh, will d'Mamma geng bhouptet het, si chönne doch nit Sorg ha. Sider hei mir de ghüetet, hei Gschichte erzellt, hei Soldatlis gmacht und de ist es üs, lang öb es isch Zächni gsi, z'Sinn cho, mer sötte Proviant ha. Mir hei de e Patrullie zur Mamma i d's Hauptquartier hei gschickt. Die Patrullie het de dür Öpfel- und Bireschnitz, dür Zwätschge und Brod mitbracht; und het me der «Noldi» mitgschickt, so het er geng e Sack voll Zuckerbröche gstybitzt, dass mer bim Rathuusbrünneli hei chönne Zuckerwasser mache. Der «Gusti» hei mer einisch na sonere Patrullie i Arräst gheit und de nache nümme gschickt; das isch drum gar e Dumme gsi, er het nie nüt dörffe stybitze und het geng nume grad b'braacht, was ihm d'Mamma g'gäh het.

Z'Mittag isch es de prächtig gsi. Da het de d's Chindermeitli üs d's Ässe b'braacht; me het neue nie d'Chammermeitli bi dene Bettsunnete gseh, ender no d'Köchene. Die Chammermeitli hei si geng vo settige Sache wüsse z'drücke. Mer hei, o wie schön ist das gsi, de einisch im Jahr eso wie d'Holzhauer, dörfe vorusse ässe. Si hei-n üs de Härdöpfel- oder Batallie-Suppe gschickt, Eierdätsch und Salat derzue und das het üs de herrlich, prächtig dunkt. Wie hei mir da albe Alles ufbutzt! Gägen Abe het me de das Bettzüüg wider heitreit und will de die Matrazze no ganz heiss si gsi, so het me de pärsee nid guet gschlaaffe. Der Noldi und i hei aber doch gschlaaffe: Mir hei eifach d'Matrazze usem Bett use gheit und hei uf der blosse Fäderematrazze gschlaaffe wie d'Ratte. De het's am andere Tag gheisse, mir heige halt d's besser Rosshaar i üser Matrazze; und de het me de d's Rosshaar us üser Matrazze i das vo der Mamma ta und het üs ihri la zwäg mache, woruf mir nache no vil besser gschlaaffe hei.

3.

Im Winter ha-ni de d'r Mamma müesse d'r Schlupf, d'r Fuesssack, wo übere Summer bim Herr Neukomm ist ufbewahrt worde, oder gar d's «Schoffepiee» i d'Chilche trage. D's «Schoffepiee» het d'r Noldi nie gärn gnoh, will es so ne churzi Handhebi het gha, a dere me sich wäge d'r Gluet fast d'Finger verbrönnt het.

Einisch het er ömel o scho d'r Fuesssack gha u-n i ha das tüners Schoffepiee müesse näh, aber du ha-n i dänkt: Nei, das Mal verbrönnst du dir dyner Talpe nid. Aber was mache? Derwyl i drüber nachedänke, so mauet d'Chatz hinderem Ofe u du ha-n i gwüsst was. I ha das yseblächig Druckli usem Schoffepiee gnoh, ha d'Gluet i Ofe gheit, d'Chatz gfange u ha die i's Schoffepiee ypackt. Richtig ha-n i mit de Chole myni wysse Strümpf verbrämt u das het du scho wider Schmäälis abgsetzt. Derwyl mer d's Vreneli d'Strümpf putzt het, het d's Chatzli jämmerlich afa maue, u d'Mamma gseht du, dass si no kei Milch underem Ofe gnoh het. Pärsee heisst es, d'r Willi het se plaget. «Chum, Büüsseli, chum, chum, Büüsseli, Büüsseli, Büüss, Büüss, Büüss, Büüss, chum.» Aber die ist halt nid cho u i ha nüt gseit. I aller Täubi ist me du z'Predig.

Wo-n i d's Schoffepiee ha treit, ha-n i's geng e chly gschüttlet u grüttlet u das ist guet gsi, vo wäge d'Chatz het si du still gha.

I d'r Predig ist zerst Alles guet g'gange; aber chuum het d'r Pfarrer Bay sy Täxt verläse, so het di wüest Chatz agfange maue, dass es nümme schön gsi ist. Alles het geng gluegt, wohär es chömi, u d'Mamma ist furibund worde u het mir eis Mal über d's andere geng chüschelet: «Jitz häb di still, wottsch di still ha, du Säubueb!» Si het gmeint, i maui; aber z'letst het si's du gmerkt.
    Was du daheime gange ist, chönnet Ihr Ech dänke!

4.

Einisch ist d's Nähjer-Mareili by-n is uf der Stöör gsi; das ist gar es ordligs alts Mareili gsi, das scho mängs Jahr u geng ame Mittwuche ist cho Strümpf umelisme u öppe üs Buebe cho Hose blätze u mängisch es Kummissiönli cho mache. Mir hei's Alli gärn gha. Es het eim gwüss z'Gfalle ta, was es eim a de Auge abgseh het. Der Papa ist der sälb Abe mit der Mamma u üs Buebe i d's Theater; me het d'Tüfelsmüli gspilt. Öb mer furt sy – d's Mareili ist no i der Ässstube gsi – so seit ihm d'Mamma: «Mareili, säg de dem Käpheli, dass es mer d's Bett wärmi, aber vergiss es nit, du weisch, me muess ihm alles zwue Mal säge.» – «Bhüetis nei,» seit d's Mareili, «i mach es ja lieber sälber.» – Mir sy du i d's Theater. Was hei mir Buebe für Freud gha! Im Zwüschenakt hei mer de es Schmelzbrödli übercho; i ha de nid chönne warte, bis der Umhang wider ufe und das Stück furt gspilt worde ist. Der Noldi dä het de aber fast nid chönne warte, bis der Umhang wider abe ist u er wider es Schmelzbrödli übercho het.
    Zletscht ist das Stück ömel usgspilt gsi u mir sy wider hei. D's Käpheli ist üs mit der grosse Visitelatärne cho reiche, me hett halt no kei Gaasbelüchtig gha. Unterwägs seit das Käpheli: «Aber was heit Dihr o dänkt, Frau Doktere, das dem Mareili z'säge; i hätt Ech ja ds Bett scho welle wärme.» D'Mamma het da druf nume gseit: «Das ist Gstürm, das ist öppe glych.» D's Käpheli het aber der ganz Heiwäg der Chopf gschüttlet u geng u geng öppis brummlet.
    Wo mer hei cho sy, ist me no i d'Ässstube, het no e Tasse Thee gnoh u du enander guet Nacht gwünscht. Mir Buebe hei

danket u wider einisch versproche, mir welle de derfür rächt lieb sy. Das hei mer doch mängist versproche.

Der Papa ist i sys Gabinet übere, d'Mamma i ihri Stube u mir Buebe i d'Chinderstube. Mir sy aber no nid im Bett gsi, su faht d'Mamma afa lütte, wie der Siegrist i der Nydegg unde. Me ist du ga luege, was es g'gäh heigi. Was ist es gsi? Wo die guet Mamma der Bettumhang vonenandere zoge het, chönnet Dihr Euch dänke, wie die erchlüpft sy mag, denn was het si gseh? E frömde Möntsch im Bett inne – und wär ist es gsi? Üses guet Nähjermareili. Das het eso guet gschlaaffe, das me's fast nit het chönne wecke.

Pärsee het si du das arm Mareili use gmusteret, het d'Matrazze la chehre u d's Bett früsch azieh. D's Mareili het grüselig briegget u eis Mal über d's andere gseit: «Dihr heit's ja so welle ha!»

Zerst het me gmeint, das guet Mareili heig öppe e Fläsche Wy erwütscht u heig e Tips gha; aber es het du gseit: «Frau Doktere, Dihr heit ja befohle, i söll nit vergässe, Euch d's Bett z'wärme; d's Käteli vergäss geng Alles. D's Käteli het mer geng gseit, was i o tüi; aber i ha ömel o welle tue, wie Dihr befohle heit.»

5.

Einisch bi-n i bi de Buebe Schärer a der Nydegg unde yglade gsi. Die hei im Pfarhöfli Chüneli gha. I hätt du o gärn so liebi Tierli möge; aber d'Mamma het nüt dervo welle. Der Chühjer het's aber guet mit mer chönne, er het mi ame Namittag zue sich hei i d's Wankdorf use gnoh und verehrt mer zweu schneewyssi Chüneli, e Bock un es Wybli. Die hei mer e grüsligi Freud gmacht und dem Noldi o. Aber wo mer sy mit hei cho – mer hei d'sälbemal no a der Postgass unde gwohnt, gägenüber dem undere Brunne – da ha-n i du nit rächt gwüsst wohi mit, wäge mir hei's drum der Mamma nid dörfe säge. D'Köchi het mer versproche, si well is scho Abzüg gnueg gäh, aber mir sölle se versteke.

Im Saal het d'Mamma e Schiffoniere gha, mit füf oder sächs Schublade. Die drittundersti, i dere si süsch geng ihri Brodierete het gha, ist ömel d's sälbisch grad lär gsi, villicht wil der Papa jedesmal gschmält het, wenn eine vo üs Buebe es Loch im Strumpf het gha, de het er allimal über das Gschnurpf brummlet u de het d'Mamma lang nüt meh brodiert.

Also die Schublade ist lär gsi u wil i wohl gwüsst ha, dass si se so bald nid bruucht u me im Saal am wenigste dra dänki, hei der Noldi und i üser liebe schneewysse Chüngle i die Schublade bettet, ne chly Strou dry ta, Säuchrutt u ime Chacheli Wasser u ime läre Cigarrechistli Härdöpfel u sust Züg.

Niemer glaubt mer, was mir Buebe für ne Freud a dene Tierleni gha hei. Vorem Descheniere, na'm Ässe u vorem i d's Bett gah, sy mer geng hübscheli i Saal yne düsselet, hei se gfueteret u öppe hie u da d'Schublade chly use gmistet; hinde i der Wand hei mer Löcher dry bohret gha. D'Mamma het scho lang gmerkt, dass öppis gangi, aber si ist ömel es Zytli nid drüber cho.

Einisch hei si e Suaree gha u me het zu mym Schräcke im Saal afa Tisch decke, statt i der Ässstube. I ha mi geng zueche gmacht u ha di arme Chüngle welle us der tüners Schublade näh, wil es mir wie vor ist gsi, es chönnt chrumm use cho und e wüesti Gschicht absetze. Aber wo-n i geng bi da umgstande, um der guet Momänt abzpasse, het mi d's Chammermeitli use gjagt, i syg nume im Wäg u verhei gwüss no Öppis. Was ha-n i welle, i ha müesse folge.

Es sy du vil Lüt cho, zwo alti Gusine Sprüngli, gar liebi Töchtere, e Schülie und e Luise, zu dene mer geng eso gärn gange sy; si hei im Huus vo der Jumpfer Wild gwohnt u hei e höche, schmale Schaft voll Gfätterzüg gha. D'Jumpfer Wild ist o cho, si ist gar intym mit de Eltere gsi, und ihre Brueder, der Herr Dokter. Vo dem erinnere mi ömel no, dass er allimal, wenn es Feeteli gsi ist, gseit het, wie d'Lüt z'Bärn sich mit de Güezi der Mage verheie u wie alles Warne vorem Güezi-ässe nüt nützi. Aber är sälber het Ech einzig chönne e Pyramide ufbutze; weder wüsset Er, er het de o flyssig sys Glesli glärt derzue, er het nie z'trochnem müesse schlücke.

Me het üs Buebe de sälb Abe o widerume gseit, wenn mer rächt ordlig sige, so überchöme mer de o Öppis. Mir hei gwartet u gwartet u wo üs Niemer nüt het welle bringe, het üs d's Chindemeitli i d's Bett gmusteret. Mir hei scho glaubt, der Noldi und i, es sygi alles guet g'gange; aber plötzlich ghöre mer se lache, schmäle u poltere u d'Mamma lut uuf na üs Buebe rüefe. Was het's g'gäh gha? Wo si am beste am z'Nachtässeli si gsy, so seit der Dokter Wild zur Mamma: «Fraueli, Dihr heit Müüs da inne». D'Mamma het das nit welle la gälte, u du seit der Herr Dokter: «So loset doch!» Da si si du Alli ganz still gsi u hei gloset. D'Gusine Schülie wird aber plötzlich totebleich u chrydewyss u seit der Mamma: «Sessile, Du hest der Totewurm; hie stirbt öpper im Huus u zwar villicht hinecht no; so bohre u chlopfe ha-n ig's myr Läbtig nie ghört.» Der Mamma syg es süttig heiss übere Rügge abe gloffe; aber der Doktor Wild het no nit gnueg gha u wott der Gusine Schülie erst rächt Angst mache u seit: «Ja, ja, da hinder Euch i der Schublade macht es eso».

Herr Jemine, die ist i d'Krämpf gfalle, d'Mamma het müesse Odeglonnje füre gäh, und derwyl dass die Fraue sich mit der Jumpfer Sprüngli abgäh hei – me hätt dörfe meine, so ne Metzgers Tochter hätt öppe chly stärkeri Närve gha – so seit der Herr Dokter Wild dem Papa: «Säg Chüng, lue Du, was ist dert inne?»

Der Papa het a nüt Bösses dänkt, geit u tuet uuf und dermit gumpet eine vo de Chüngle use. Keis het syne Auge trauet. Ja, um Gottes Wille, was ist das! Und d'Mamma u der Papa und alli die Wisite hei gmeint, der Herr Dokter hei welle es Sürpryseli mache, springe u d'Schublade zue, rysse se besser uuf und pumps, gumpet der ander Chüngel o use. D'Mamma chunnt mit der Lampe, lat se fast gheie, wo die das Züüg u die Rumorig i der Schublade gseht, u seit: «Aber um d's Herrewille, was söll das sy, das het kei Gattig!» D'Jumpfer Lombach, o so ne älteri Drucke, zieht du die andere zwo Schublade füre u i dene hei weiss Gott d'Chrägli u d'Schemisette vo der arme Mamma nümme schön dry gseh.

Der Papa ist du abe cho, und wo's du überobe still worde wär, hei mir du müesse brüele, bis die Töchtere Sprüngli sy cho säge: Nei, leut's jiz guet sy, die Buebe hei jize ihri Straf übercho.

Dass da druf der Noldi und i keini Räste vo dene Chueche hei übercho, das bruuche-n ig Ech chuum z'erzelle. Hingäge öppis Anders – u eigetlech hei mer's verdient gha.

D'Grabe-Lütli

Hermann Hutmacher

Är het nüt gha un äs ds Halbe meh, aber nüüschti hei sie gmeint, d'Wält gieng unger, we sie nid so bhäng wi mügli chönnti hochzyte. Res ischt Chnächt gsi bi Tannehubel-Peteren u ds Vreneli vom Haaghüsi am glychen Ort Jumpfere. Bedi hei am liebschte galööret u zsäme gliebäuglet. Aber das het's weder em Meischter no der Meischterfrou bsungersch guet chönne. Die sy drum bedi no vo der alte Rasse gsi u hei ggloubt, we men am Wärche syg, so tüei me wärchen u nid nume ganggle wi die chlyne Ching, süschtert verricht min i Gottes Namen yche nüt. Sie hei dene zweine Junge mängisch d'Chuttle putzt derwäge; aber es het nüt battet. Res u Vreni hei eifach der Narre gfrässe gha anenangere. Ganz lieb läng Tage, we sie alleini nöjis hätti sölle grützen u grad niemer angersch i Wehre gsi ischt, hei sie zsäme gstürmt u dumm ta. Der Tag ischt ume, un es ischt nüt uberort cho. We de Peter u Bäbi ufbegährt hei u ne ds Mösch putzt, de isch es gar schröckeli übelggange, u die bede Junge hei ta, wi we ihne weiss der Heer wi wüescht uberscheh wär. Längs Zyt hei sie de nachhär de Meischterlüte e Mouggere gmacht wi sibe Tag Rägewätter u nüün Schnee. Hei se Peter oder Bäbi z'Red gstellt, warum dass sie settig Suurniblen ufsetzi, so hei sie gar grüüseli chönnen ufbegähre, es syg ja ihne mit Schyn lieber, we sie zsäme choldéri, als we sie zfride wäri u lacheti.

Wo sie umen einisch däwäg täubbelet hei, isch bim Tannehubel-Chüejer, wo doch süschtert der freinscht Schlufi gsi ischt, we men ihm e chly der Trapp gwüsst het, Heu gnueg ache gsi. «We dihr zwöi nid angersch chöit, als zsäme Narreteie trybe, u we men ech es Wörtli seit, eim derewäg der Chopf ufsetze, so luegit de uf ds Neujahr, wo dr'sch besser heigit!» het er ne Reprosche gmacht, «I ma nümme so derby sy, u der Muetter isch es o erleidet. Mir hei jetze bedi lang gnueg gschlückt, u wägen euch wei mir üs nid der Mage vertüffle!»

97

Jetze hei die zwöi gwüsst, was Gattigs. Aber nid, dass sie si öppe das z'Härze gno hätti. Ds Widerspil, es het se nume glächeret. Die heige se-n-jetzen afe lang gnueg kujoniert u ne's nid möge gönne, dass sie enangere gärn heige, hei sie erachtet. Aber die wärde de no bärtig, ob lang vergang, u chömi vor ne cho anne chnöie. De chönne sie ne de lang wölle cho die Heilige vom Himel ache verspräche; lieber gienge sie de der Bundesbahn nah ga rossmischtele, als hie no lenger um enes settigs Lumpelöhndli z'wärche, wo me ja allpott müess still stah, we men a Lohn däich. U we me de no einischt begähr Lohn vorzzieh, so syge sie gar schuderhaft hingerhäägg. Peter reck nie töifer i Sack, als er grad müess. Mi merk es n-jedersch Mal, wi nen es jedes Föifi reu, wo-n-er ds Jahr düre müess usmünze. Am Neujahr, wen er mit eim usrächni, so pass er geng uuf wi ne Häftlimacher, dass me ds hingerscht Föifi uf d'Kasse tüei u ja nid öppis zruggbhalt für Sackgält. Die meini, mi sött geng vo eir Tagheiteri bis zur angere chrüpplen u si o gar nüt gönne.

Z'luege, ob sie amenen angeren Ort chönni dinge, ischt Vrenelin u Rese bi wyt u fern nid ygfalle. Nei, sie sy rätig worde, die ryche Chüejer sölle numen anger Chnächten u Jumpferen ussugge. Sie zwöi sygen alt gnueg, für zsämen z'spannen un afa z'hüsele. Res het scho sider zwene Monet d'Jahr gha, u Vreneli ischt o tuusig Wuchen alt gsi. Da het ne niemer meh gha z'befäle, ob sie dörfe hochzyten oder nid. Es geit ja öppe schier emene n-jedere glych. Ischt e Bueb vom Herre, so muess e Stumpen i ds Muul, dass me gsei, er heig de d'Schuelbuebehose verwachse. Het er d'Jahr, so muess e Frou zueche, für z'zeige, mi syg de nümmen e junge Schnuufer, wo me mit ihm chönn mache, was me wöll.

Am nächschte Sunndig ischt Res scho um ene Bhusig uus. Er het ghöre gha lüte, ds Grabehüttli wärd läärsch. Im Grabeweidli nide het Innebärg-Sami es paar Guschtli gsümmeret. Für zu dene z'luege, het er es Wärchmandli agstellt. I de grosse Wärchene het er ihm de alben uf e Innebärg müesse cho hälfe. Derfür het er dert niden e Bhusig gha un es Mätteli, wo-n-er chly öppis het chönne pflanzen u Fuetter mache, für nes paar

Geisse dürezwintere. Res ischt angänds einig gsi mit em Innebärg-Chüejer. Uf Martistag ischt ihm das Wäseli aggange. Er hätt ja richtig guet chönne warte bis zum Neujahr, wil er der Winter düre notti nüt versuumt hätt im Grabe nide. Aber, wil sie vom Diene gnueg gha hei bis obenuus, sy die bede rätig worde, sie wöllen im Grabe nide dürewintere.

Die zwöi sy fei gäggels gsi, wo ihne so gleitig öppis Schickigs agloffen ischt, u sie hei d'Finger gschläcket bis zu den Ellböge hingere, wi we sie Napoliöndli us emene Hunghafen use gfischet hätti. No der glych Abe hei sie Tannehübelersch der Bündtel vor d'Türe gheit u gseit, sie warte de nid, bis ds Jahr ume syg, u gangi scho uf Martistag furt. Weder, we sie grächnet gha hei, die sygen jetze de wi vom Himel ache gheit, we sie ärscht machi mit em Furtgah, so ischt ne der Schuss wüescht hingeruse. D'Meischterlüt hei nid emal öppis derwider gha, wo die zwöi gfragt hei, ob sie ds mornderischt dörfi ga ds Hochzyt agä. Wi die bede si o verfasst gmacht gha hei, sie wölle de ufbegähre, we ne Tannehübelersch öppe wette der Gottswillen aha, sie sölle ne doch nid grad so us em Jahr loufe, es syg de mit em Chündte nienehalb so ärscht gmeint gsi, es het kes vo de Meischterlüten e Wank ta, für se zrugg z'bhalte. Chly duuret het se das scho, wil me se nid meh gschetzt het. «Aber jetze», hei sie für seie sälber däicht, «die wärde de scho no zum Chehrumtürli cho un ygseh, was sie a üs verchachlet hei. Wi wette die no chönne wyterchüejere, we mir einischt nümme da sy!»

Scho zytig sy die bede Tannebode-Dienschte ds mornderischt em Dörfli zue gstögelet, für zum Ziviler. Sie sy fei e chly im Theber gsi, wo sie d'Schattsyten uus pfoslet sy. Es het se düecht, all Lüt sötte nen agseh, was sie vorständs heige, un es het se gmüet, wil se nid alls ischt cho stellen u frage, wo uus un a. Wo nid emal der Gmeinschryber mit ne het es Gheie gha u grüehmt, so nes tolls Paar heig er no nid hurti zsämeggä, sy sie ganz schabab gsi. Es het ne nid rächt wöllen i ds Gürbi passe, dass me se nid meh ästimiert het u ne dürhar Ehr ata.

Uf em Heiwäg sy sie no zum Schnyder u zur Näjere ga d'Alegige bstelle. Die hei se fei kurlig gschouet u ggloubt, es syg allwäg Muess uber Suppe, wil sie mit ihrne Hochzytchleider so pressiert hei.

Du hei sie zsämegrächnet, wi wyt dass ihrersch Vermögeli öppe no möcht glänge. Für i d'Hushaltig hätte sie o schier nöjis gmanglet azschaffe, un es Geissli hätt doch o i Stall sölle. Für gross Sprüng z'mache het es nümme glängt; aber sie hei si das nid z'fescht z'Härze gno.

Ab em Uecheloufe hei die zwöi zsämen afa hushaschten u brattige. No eh sie uf em Tannehubel gsi sy, isch die schönschti Weid i der ganze Gägni, der Sunnsytebode, ihre gsi. Res het ganz Wäld verdinget umzholzen u derby Gält verdienet, dass er si schier gschämt het, settig Wüschen aznäh. Alls ischt ne ggange, besset nützi nüt. D'Geisse hei Milch ggä, dass me schier drinnen ertrouchen ischt u het chönne Geissanke mache, meh weder nume gnueg. Härdöpfel het es ggä i däm Grabe nide, dass d'Lüt d'Häng uber em Chopf zsämegschlage hei, we ne die Tütschi z'Gsicht cho sy. U we de alls no nid hätt wölle batte, für der Sunnsytebode z'choufe, so het Vreneli e rychi Gotte gha z'Änetbach, wo schier nid gwüsst het, was mache mit em Gält u ne's nume so ufzwängt het, dass sie-n-ihm los wärd. Aber leider sy das alls ume Luftschlösser gsi, u wo sie uf e Tannehubel cho sy, ischt alls zsämegheit, wi nes Windspil, we der Luft nahlat.

Uf Martistag sy die zwöi im Grabe niden yghüselet. Vil hei sie nid gha z'zügle. D'Trögli hei Rese der Buggel nid möge gchrümme, wo-n-er se gäg em Grabehüttli ache gräfet het. O Vreneli het nid schwär gha z'tragen a sym Trossel, wo's vo deheimen ubercho het. Es blätzets Lynetuech un e bösen Azug het es i der Schöibe gha. Das ischt alls gsi, wo d'Muetter het chönnen etmangle.

Für ne rächti Husräuki z'choche het es Vrenelin o dürhar gmanglet. Vom Tannehubel här ischt es se gwanet gsi, wen es nid rächt gwüsst het was choche, afe der Chuchischaft z'erschnouse. Hie wär das e Kunscht gsi. Zumene Chuchischaft het ds Gält nid möge glänge. Res ischt afen i Stall use ga ds Geissli strupfe. Aber die tuusigs Gybe het nid wöllen yschäiche, gäb wi-n-er ere gchüderlet u gchrättelet het. Bösdings es Gaffeechacheli voll het er usebrunge. Vreneli het das Tröpfli gwellt u chly mit Brunnewasser gstreckt, dass sie nid grad müessi troches Brot ache wörgge.

Ds mornderischt ischt Res scho bizyte buschber gsi. Bis jetze het es ihm no zu kem guete Verding möge glänge. Er ischt froh gsi, dass er Innebärg-Samin het dörfe ga hälfe holze. Es syg ömel besser als nüt, hei die zwöi zsämen erchennt. Mit der Zyt laj si de scho ne Schick vüre. So ischt er ab der Choscht cho, u Vreneli het sälber chönne hushaschte mit gwässereter Milch u trochenem Brot. Wo Res furt ischt, het ihm d'Frou no gseit, er söll doch uf em Innebärg luege für nes Bündteli Härdöpfel. Er chönn die de mit em Chüejer verrächne, wen er der Lohn ziej. So ohni Härdöpfel syg es doch de es uschickigs Choche.

Am ungwahnschte het es em Grabe-Wärchme ta, wo am Sunndig kes Chydeli Fleisch ischt uf e Tisch cho. Das isch richtig de uf em Tannehubel, usgno a der Uuffert, wo ja dürhar Ankebocktag gsi ischt, nie vorcho. Aber er het es paar Härdöpfel meh gschundte, un am Änd ischt sy Magen o volle worde. We me der Sunnsytebode wöll verdiene, het er si gseit, so müess me halt i allne Teile huslige sy.

Aber uf d'Längi isch es doch nümme ggange, ohni es Föifi Gält i Huus u Hei. Res het erchennt, ds gschydschte wärd sy, wen er afe e chly Lohn vorziej, dass me si chönn chehre.

Sie hei du ömel chönne dürewintere; aber vo Gält uf d'Syte tue, ischt vo wyt u fern ke Red gsi. Res ischt mängischt e chly wunderlige worde, we alls Huse nüt het wölle nütze; aber d'Frou het ne geng gwüsst ufzchlepfe. «Häb doch e chly Geduld, u wirf nid grad d'Flinten i ds Chorn!» het sie ne tröschtet. «Jetz het doch d'Gybe gitzelet, u ds nächschte Jahr hei mir scho zwo Geisse! Derzue het mer d'Muetter verwichene Sunndig versproche, sobal dass sie es brüetigs Huehn heig, wöll sie mer'sch zueha. Wen ig Gfehl ha mit de Hüehndschi, chöi mer villichtert no Eier verchoufe. Das möcht de der Gäldseckel grad einisch gspüre.»

Nam Ypflanzet ischt Resen ugsinnet es guets Verding aglüffe. Er het em Lochsyte-Chüejer i der Weid chönne schwändte. Us de Stude het er Schweliwedele gmacht. Die sy gar verwändt bsüechig gsi u hei e schöne Prys ggulte. Vo eir Tagheiteri bis zur angeren ischt Res im Strick gsi u het gwärchet, was ihm numen ischt mügli gsi. Vreneli het ihm ds Zimis i d'Weid use brunge, dass er nid öppe Zyt verlämeli u hei müess cho ässe. Wo d'Wedele verchouft gsi sy, hei sie fei e chly nes styfs Schübeli Gält binenangere gha. Aber die tuusigs Batze hei kes Blybe gha im Grabe nide. Hie hei sie Platz tuuschet mit emene Bitz gar tillersch schönem Fürtetuech, dert hei sie es Zwöierli oder Halbeli begährt z'luege. Bal het e Husierer für gar chätzigs e schöne Haarpfyl es Schübeli ygsacket un en angere für nes gar hellisch es schöns u schickigs Phyffli es Wüschli us em Grabehüttli use glökt. O mit em Ässe het d'Frou e chly meh agwängt, u so isch das Gältli verfloge, mi het nid gwüsst wie. Derzue isch der Heuet vor der Türe gsi. Res het umen i Innebärg müesse ga hälfe, u mit em Verdienen isch es e guete Rung verby gsi.

Wo der Heuet verubere gsi ischt, het Res im Innebärg änen e Bitz verdinget, für z'lischne. Aber es het nid wölle vo Läder gah. Es ischt sälbs Jahr e Südelsummer gsi, u da het men i Gottes Namen yche nüt chönne verrichte. So het es mit em uf-d'Syte-tue umen afa harze. Da hei die zwöi alben amenen Abe lang chönne vor em Grabehüttli usse hocken u zsäme brattige, wi-n-es de einischt uf ihrer Weid müess här u zue gah; der Herbscht ischt cho, un es ischt no kes Föifi für nen Azalig uf der Syte gsi.

Jetz het o Vreneli alle Muet verlore, wo sie nach emene Jahr no nüt hei chönne vürmache, trotz allem Wärchen u Bösha. Es het gseh, dass sie's angersch müessi agattige, we sie einischt zu öppis Eigetem wölli cho. Du sinnet's, mi chönnt doch afen einisch gschoue, was d'Gotte derzue säg. Das syg e rychi Witfrou, heig kener Ching, u mit ihm heig sie's geng gar schröckelig guet gmeint. We sie de gsej, wi sie zur Sach luegi, so wärd sie scho öppen es Gleich tue.

Ds Grabe-Froueli het der Gotte gschribe. Gar grüüseli fründtlich het es ihre die Sach darta. Sie söll doch afen einisch zue ne cho luege, was sie machi, u wi sie si im Grabe niden yghüselet heige. U d'Gotte het nid lang la a ren ume battere. Einischt, amene schöne Wymonetsunndig, het sie im Grabe niden aghoschet, ganz ungsinnet, dass die zwöi si nid öppe verfasst machen u se hinger ds Liecht füehre. D'Gotte ischt e ke untani Frou gsi. Sie het settige Lüte, wo hei gwüsst z'wärchen u z'huse, gärn unger d'Arme griffe. Aber sie het ihrersch Vermögeli o gnueg müesse verdienen u nid so mir nüt, dir nüt wöllen i Dräck use gheie. Im Grabe nide het sie alls gnau visidiert, un ihrne sächzgjährigen Ougen ischt nüt etgange. Dass die zwöi wärche, das het sie no grad einisch gseh; aber wäg em Huse het sie ne minger trouet. Sie het äbe scho z'mängischt erläbt, dass es so junge Lüte geit wi vollblüetige Rosse, nid zsämezellt. Solang dass me se-n-im Strick het u nid z'fascht haberet, cha me se bruuche für i alli Spil; aber we me ne de chly zvil Haber i d'Chrüpfe schüttet, so fa sie afa boghälsele, schla hingeruuf, un es ischt nümme mit ne z'gattige.

Am Abe, wo sie ume furt wölle het, seit sie: «Es het mer nid schlächt gfalle by-n-ech. Dihr chöit hie billig sy u wärdit's scho zu öppisem bringe, we dihr Sorg heit zur Sach. I will nid säge, dass ig ech nid chly wett niete, wen ig gseh, dass es öppis nutz ischt. Nume, passit mer uuf! Wen ig sött merke, dass es für nüt wär, de wett ig mer nid d'Finger verbrönne. Da heit dihr afen öppis. I ha Vrenelin nüt z'Hochzyt ggä. I will luege, ob dihr'sch verdienit, dass ig ech wyter hälf!» Dermit drückt sie der junge Frou es Seckli i d'Hang.

Die zwöi Grabe-Lütli hei vor Stuune kes Wort zum Muul use bracht. Vor luter Freud hei sie der Gotte ganz vergässe z'danke. Erscht, wo die scho ne Blätz obe gsi ischt, hei sie gwagt, das Seckli ufztue u druber z'luege, was eigetlich drinne syg. Da hei sie den Ouge schier nümme dörfe troue. Luter lötegi Napeleöndli sy vüre cho. Es isch dene zweine vorcho wi ne Troum, dass sie ungereinischt so rych worde sy. Vor Uberigi hei sie afa i der Stuben ume tanze. Erscht jetzen ischt Vreneli i Sinn cho, dass es ganz vergässe heig z'danke. Gschwing ischt es no nachegsprungen u der Gotte schier um e Hals gfalle. Aber die het abgwehrt. «Tue nume nid z'ubersüünig! I ha no jedem

Gotteching es Zeiche ta, wen es ghürate het, aber schier bi allne schlächt Erfahrige gmacht. Dank mer de, we de zeigt hesch, dass du mys Guetmeine weischt z'schetze!»

Sälbi Nacht hei die zwöi im Grabe nide nid mängs Oug voll gschlafe. All Häck isch ds einten oder ds angeren uuf ga luege, ob si die Guldvögeli no still heigen im Schaft inne, oder ob ds ganzen öppe numen e Troum gsi syg. Aber die gälbe Schybli hei ke Wank ta, für ume der Dewang z'näh.

Am Morge, wo sie gseh hei, dass ne kes vo dene gälbe Vögeli ertrunne gsi isch, hei sie afa rateburgere, was sie jetze mit ne wöllen afa. Se uf d'Kasse z'tue, das hätt se groue. Sie hätti ja speter nüüschti nümme die glychen ume zrugg ubercho, u de hätt d'Gotte chönne höhni wärdi, wil sie re das Guld nid höcher ygschetzt gha hätti. Aber da so ne Huuffe Gält deheimen im Schaft innen ybschlosse z'ha, dass es nüt abtrag, hei sie si doch o nid rächt trouet. Wi lycht wi lycht hätt das öpper chönnen i d'Nasen ubercho u ne se wölle cho stäle! Ändtliche sy sie rätig worde, sie wölle das Gält zwüsche de Matratze verstecke, dert syg es ihnen am sicherschte.

Aber mit däm sicher-sy isch das e chly ne merkwürdegi Sach gsi. Wen eis oder ds angere nachts numen e Muus het ghören uf der Bühni ume tanze, de ischt es scho i den Ängschte gsi, es chönnt en Ybrächer i Wehre sy u ne ds Gältli wölle cho stäle. Ke rüejegi Stung hei sie meh gha. Ischt Res i Stall use ga d'Geiss fuettere, de het Vreneli i der Chuchi usse d'Röschti la abränte, wil es geng umen i d'Stuben ychen ischt ga luege, ob nid öppen eine zum Pfäischter y cho syg, für ne ds Gältli z'bhärde. Het d'Frou zum Brunne hingere müesse ga Wasser reiche, de isch der Ma Poschte gstangen u het ufpasst, dass ke Schelm i d'Stuben yche chöm. So ischt es richtig mit em Verdiene nid vüretsi ggange, u doch hätt me Gält gmanglet. für öppis azschaffe. Erscht jetze, wo sie chly bi Gält gsi wäre, hei die Grabe-Lütli gmerkt, wi sie-n-ihm äng drinne sy. We sie de mit ihrem Gräbeli uf ene eigeti Weid hätti söllen ufe zügle, was hätt das für ne Falle gmacht! Öppe so ne Chuchischaft sött doch afen agschaffet sy, het Vreneli erchennt – u syner Chleider, es dörf si ja bal nümme drinne zeige! Wen es öppis

Grächtsygs hätt, es wär scho längschte gärn umen einisch z'Predig; aber so dörf me doch nid unger d'Lüt. Syner Chitteli heigen alli nume bös uf bös, nid emal d'Hochzytchleider gseje no nach öppis uus. O Res het erchennt, syner Chleider syge nüt minger als gherrschelig, un öppen uf e Heimethandel dörft er de so nid. Da müess me so ne Huuffe Gält goumen u louf derby desume wi ne Vagant. Das syg doch nid rächt. Derzue sött doch ein chünds sy, was Chouf u Louf syg. We men einischt en eigeti Weid heig u nid wüss, was ds Veh gält, de chönnt me de wüescht bschisse wärde. Drum hei die beden erchennt, sie wölle zsämen am Chalte Märit ga Langnou u dert chly ga d'Gwungernase fuettere. Derby chönne sie de öppis i Chleiderruschtig aschaffe, richtig nume so, was grad am nötigsche syg.

Am nächschte Märit sy die zwöi Grabe-Lütli fei grossi z'Langnou uf em Märit ume gstüpft. Zerscht hei sie gluegt, was öppe für schickegi Waar uf em Vehmärit syg. Nid dass Res im Sinn gha hätt, öppis z'choufe. Afe hätt doch die Guldvögeli de nid so wyt glängt, u was hätt er mit emene Chuehli söllen afa, we ds Heu fascht nid glängt het für sy Gybe! Notti het er schier um enes n-jedersch Stückli gfragt u disersch un äis drannen usgsetzt, wi wen är weiss der lieb Heer wi kennige wär im Veh ume. Nachhär sy sie zsämethaft uf e Rossmärit hingere trappet, für dert ga der Sänf derzue z'gä, zu dene Rosse, wo sy ufgfüehrt gsi. Zletscht het no der Säumärit müesse dra gloube. Uf e Schaf- u Geissemärit sy sie nid. Derigi Ruschtig wölle sie uf ihrer Weid nid ha. Die Chätzere gschängi vil zvil, u d'Geisse, die Uflät, huse de mängischt im Wald, dass es e Gruus syg.

Gäge Mittag sy die zwöi ga luege für öppis unger d'Zäng. Richtig nid numen öppen in e Chüechliwirtschaft, nei, we me de scho mit Napeliöndli cha ufwarte, de muess scho Säubrägel oder süschtert öppis Hebligs häre, wi-n-es emene guet ungersetzte Buur wohl asteit. Nam Ässe sy sie de Stänge nah ga ychoufe. Gfeligerwys ischt Innebärg-Sameli mit emene Wurf Färli z'Märit gsi, u Res het ne gfragt, ob sie-n-ihm ab em Heifahren öppis chönni uflege. Dä het nüt derwider gha. Sys Säugstell ischt läär gsi, un öppis meh oder minger, das het der Fuchs scho möge zieh.

Esischt fei e chly ne Poschterig gsi, wo die zwöi i Innebärg-Sämis Gstellwägeli verfünkt hei. Derfür isch der Gältseckel scho ordli windsche gsi, u z'chummere, dass nen öpper ihrer Guldvögeli chöm cho stäle, we sie ume deheime sygi, hei sie nümme bruucht. Vreneli het gar schuderhaft chönne rüehme, wi guet sie hütt ygchouft heige. Da gsej men umen einischt, wi die Chrämer im Dörfli niden eim uf all Wys u Wäg luege z'tschööple. Fasch d'Hälfti meh hätt me dert schier für nes n-jedersch Stückli müesse gä, u de hätt me de no bi wyt u fern nid die War ubercho, wi hie uf em Märit. Derby heige die Dörflimuttine nume dere grobiänische Ruschtig, wo eim schier Blätzen abrips, we me's nume wöll alege. I dene Chleider dörf me nid unger d'Lüt, ohni dass es heiss, die sygen allwäg dert deheime, wo d'Hasen u d'Füchs enangere guet Nacht sägi. Öppe so als Tannehubel-Jumpfere syg das ggange, aber als angehendi Chüejere müess me Chleider ha, dass me si unger de Lüte dörf zeige. Die Mätilüt chömi halt meh umenangere u wüssi besser, was si öppe schick.

Ab em Heigah sy Grabehüttlersch schier bimene n-jedere Wirtshuus ygchehrt u zu de Chüejer ghocket, wi we sie scho sit Jahre nie öppis angersch gmacht hätti als gchüejeret u weiss der lieb Heer was für nes Senntum hätti. D'Chüejer hei se richtig fei gross gschouet u nid rächt gwüsst, was i se gfahren ischt. Die einte hei g'ahnet, sie heigen öppen amenen Ort es Schübeli chönne erbe. Anger hei ne nid grad ds beschte zuetrouet u däicht, ob sie öppe läng Finger ubercho heige, dass sie so chönni der Pintechehr machen emene ryche Chüejer z'Trutz.

Es ischt scho ordli spät gsi, wo die zwöi Grabe-Lütli sälben Abe gäge heizue gjogglet sy. No bis spät i d'Nacht yche hei sie ihrer neue Chleider aprobiert. Fei stolz ischt Vreneli vor e Spiegel, wo-n-es o vo Langnou gchramet het, gstangen u het si gmuschteret. Bal het es si linggs dräjt u bal rächts, für sy Alegig ömel rächt chönne z'bewundere. Geng u geng ume het Res müesse der Sänf derzue gä, wi-n-ihm disersch oder äis chöm, u was es ächtert söll alege für am nächschte Sunndig z'Predig. Dass es syner Chleider i ds Dörfli vüre wöll ga spienzlen u luege, was d'Lüt derzue sägi, das ischt für ihns en usgmachti

Sach gsi. O Res, wen er scho sider dass er vom Herre gsi ischt, si nie meh zeigt gha get i der Chilchen als sälbischt am Hochzyt, het wölle ga uf ds Schältwort lose, wi-n-är si mach als zuekünftige Chüejer. Was der Pfarrer sälbe Sunndig für ne Tägscht gha het, hätt am Mittag kes vo dene zwöine Grabe-Lütli chönne säge. Sie hei z'tüe gnue gha, si z'achte, was anger Lüt für Chleider anne heige. Vreneli het der ganz lieb läng Namittag ganz Stämperete gwüsst z'erzelle, was d'Lochete-Chüejere für nes myggerigs Schirbi vomene Huet heig anne gha, u d'Bühl-Setten e Chittel, wi me se no zu Urgrossmüettis Zyte treit heig. Aber de erscht die unghamplete Schueh vo der Bode-Trine, wo gchlepft heige, dass es eim ganz drab heig afa gruuse! U de d'Schwang-Beth, dass die si nid gschämt heig, imene derig abgschossne Jaggli unger d'Lüt z'gah! Aber derig Lüt heige gar kes Schämdi u chömi derhär, dass me si ganz müess bsägne. – We me d'Grabe-Frou gfragt hätt, was sie hütt für ne Psalm gsunge heige, de wär sie am Haag anne gsi.

Ds Holzen isch du nah-di-nah umen i Gang cho u Res hätt o sölle gah. Aber das het ihm nümme rächt i Chratte passt. Wen es chly mügli gsi ischt, so het er'sch gluegt z'verminggmänggele. Als angehende Chüejer da no so zu angere Lüte ga holze, das het ihm's gar nid chönne. Vil lieber ischt er deheimen uf em Ofetritt ghocket u het mit syr Frou gchüejeret. Nume, wen er'sch gar nid angersch het gwüsst abzschüssele, so ischt er hin u wider es paar Tag i Wald. Aber es isch de Lüte no grad einischt lieber gsi, wen er gar nid cho ischt. We men ihm de afe der Tuusiggottswille het agha, so ischt es ihm gar nid drum gsi, i Chnebel z'bysse. Öppen e chly befälen u Kunzyne gä, wi-n-es sött gah, das het er chönne; aber i d'Finger spöien un agryffe, wi der ehnder Winter, das het er nid möge. Mi het ne du o gar nümme gfragt u deheime la uf em Ofe hocke.

Am Sunndig ischt Res de syner Chleider ga zeige. De het er ds Pfyffli gstellt wi ne Has d'Ohren u der Stäcke gschlungge, wi wen es uf e Handel gieng. Nid dass er öppen alls lybs Sunndig z'Predig wär. Däm, wo der Pfarrer brichtet, zuezlose, das ischt ihm z'längwylig gsi; aber im Pintli obe het er si jetze schier all

Sunndig zeigt. Gar grüüseli wichtig ischt er dert oben am Tisch ghocket, het ds Chini uf e Stäcken ufgstellt un uf ds Schältwort glost. So bhäng dass en angeren öppis brichtet het, ischt er mit syr Meinig usgrückt u het gmeint, d'Wält gieng unger, wen er nid o sy Sänf derzue gäb. Ischt es de öppen es ungrads Mal einischt vorcho, dass der eint oder der anger uf ihn glost het, de ischt er si vorcho wi nen usdividierte Chüejer, u sofort het e Halbe vom Besseren uf e Tisch müesse.

Öppis het de Grabe-Lüt Gedanke gmacht. Ds Gältli isch di längerschi meh i d'Schwindsucht cho, u d'Gotten ischt si no nüt cho chündte. Es het seje düecht, d'Probierzyt wär de nächschtes verby, u d'Gotte dörft cho luege, wi sie si miechen als Chüejer. Nach ihrem Erachte het ds Urteil nid schlächt chönne usfalle. Ds Gält, wo sie ubercho gha hei, isch doch gwüss nid i Dräck use gheit gsi. Mi het dermit vorgwärchet gha uf das, wo nache cho ischt, dass sie ihrere niemer het bruuche z'schäme.

All Schiiss het jetze Vreneli der Gotte gschriben u derzue grüehmt, wi sie da im Grabe niden im Chlee syge. Sie söll doch umen einisch cho luege, wi sie si zwäggla heige. Aber Antwort ischt keni cho.

Ändtlige, z'Hustage, wo scho die erschte Himelblüemli d'Ougen ufgschlage gha hei, isch d'Gotten agrückt. Res u Vreneli hei re schier d'Häng unger d'Füess gleit u re gar schröckeli grüüseli gflattiert un ungere gluegt. Sie hei ihrer Sache vüre gchramet u der Gotte darta, was sie mit em Gält alls agschaffet heige. Aber wi meh dass sie vüretischet hei, descht missmuetiger isch d'Gotte worde. Wo si ändtlige gnueg gseh gha het vo all däm Firlifanz, meint sie: «Es isch ds letschtemal, dass ig probieren öppere zwäggzhälfe! Vo euch hätt if de grad nid erwartet, dass dihr myner Hoffnige z'Schange miechet. I ha grächnet, dihr sigit jetze da ja abläge, dass ke Gfahr syg, ds Gält so liederlig z'verputze, un jetze muess ig das erläbe! Anstatt wyter z'hüselen u z'wärche, wi dr'sch vorhär gmacht gha heit, het ech der Hochmuetstüüfel i d'Chlauen ubercho. Statt es n-jedersch Hälmli z'Ehre z'zieh, dass dr hättit chönnen es Chuehli choufen u dürewintere, heit dr gmeint, dihr sygit jetze scho vil z'rych, u ga z'taune wär en Unehr für ech. Drum heit dr afa hoffährtele u ds Gältli verputze. Jetz chöit dr ume vo vor afa u luege, wi dr'sch zu öppis bringit!» Dermit isch d'Gotte zur Türen uus u het die zwöi Grabe-Lütli alleini gla. Es ischt fei e chly nes Rüngli ggange, bis sie gmerkt hei, was sie eigetlich chönnti verfählt ha. Der Vollmond het scho nes Wyli i d'Stuben yche zündtet, u die zwöi sy geng no uf em erchalteten Ofetritt ghocket u hei zsäme grateburgeret. Aber nah-di-nah sy sie doch zur Ysicht cho, dass sie mit ihrem Grosshansen u Hoffährtele meh tüeje verchachlen als erobere.

Es ischt se-n-im Afang gar schröckelig hert acho, si umen i allem heizzieh u dürhar ga z'hälfe, wen e Halbbatzen ischt gsi z'verdiene. Ömel Rese het es weh ta. Er ischt si scho vil z'fascht als ryche Chüejer vorcho gsi. Aber vo jetzen a het Vreneli ds Heft i d'Hang gno, u we der Ma nid rächt het wöllen agryffe, so het es ihm um d'Nasen ume gribe, was sie alls verdummet heige. So ischt es bi ihne langsam afa obsig gah.

Hütt hei Vreneli u Res es eigets Wäseli. Richtig nid der Sunnsytebode, nei, so wyt het es bi ihne nid glängt. Aber im obere Guschtiweidli tüe sie Winterschzyt drü Chuehli stallen un im Summer sy d'Bure, wo ne ihrer Dingguschti gä z'sümmere, o geng gar wättigs guet mit ne zfride. Vreneli luegt zum Gvicht, u Res geit geng no de Taglöhne nah, dass sie öppis a ihrem Wäseli chönni abzale. Es ischt richtig no meh als es dotze Jahr ggange, bis sie hei chönnen us em Graben ueche zügle, u we sie si du dert nide nid so guet gstellt hätti, so wär allwäg Innebärg-Sameli chuum gsi z'ha, für ne zwäghälfen u z'ungerschryben als Bürg. Dass d'Gotte o dert no geng derhinger gsteckt ischt u Samelin het der Uftrag ggä, für se-n-im Oug z'bhalte, das hei Res u Vreneli erscht vernoh, wo d'Gotte gstorbe gsi ischt.

Ds Gruebers Ferie
Paul Eggenberg

Es het schützlech viel ggä z'prichte, bis Vatter und Mueter Grueber ihri Ferieplän bereiniget und uf em Schlitte gha hei. Vor fasch zwölf Monet isch es vierzg Jahr här gsy, dass se der Pfarrer zämeggä het. Vierzg Jahr – e schöne Teil vom Läbe! D'Glückssunne het die beide Lütli i all där Zyt neume nid apartig bruun bbrönnt. Umso meh hei si ds Gfüehl gha, si dörfe sech ändlech einisch öppis Bsunders leischte, äbe richtigi Ferie, wie's tuusigi landuf landab ou tüe. Si hei's quasi zum Jubiläum vorgha und schones paar Monet vorhär flyssig dervo prichtet. Aber es het nid greckt, und der Vatter Grueber het mängisch afe neuis vo «Feriegstürm» bbrummlet. Sy Frou, wo sowiso der grösser Teil vom Jahr d'Hose anne het, isch dermit no lang nid abgfertiget und gschweigget gsy.

«Du bisch gäng der glych Längwyler!» het si gwäffelet. «We's uf di aachäm, so würdi natürlech der ganz Plan beärdiget. Aber nüt isch! We mer de scho vierzg Jahr hei müesse warte, so chönne mer jitz ou no grad warte, bis mer öppis Gfreuts gfunde hei!»

Ob däm Suechen und Ratiburgere isch du die schöni Reise- und Feriezyt vorby ggange; der Vatter het wyter hie und dert uf eme Bouplatz ghandlangeret, und d'Mueter isch mit Flyss ga Büro putze. We si's het chönnen errangge, es paar Fränkli zerhuse, so isch si tifig mit uf d'Bank. Mit jedem Sparbatze hei ihri Ferieplän meh Form aagno.

Nu, im Summer druuf isch's also ändlech so wyt gsy. D'Mueter het hie und dert imene Reisebüro-Prospäkte greicht gha und schliesslech erklärt: «So, jitz isch usgstudiert. Mir göh ga Ascona, punktum! Das isch prezis, was i scho längschte gsuecht und mer vorgstellt ha.»

Der Vatter het vorläufig zu däm Bscheid nüt gseit. Nid öppe, dass er sech keiner Gedanke derzue gmacht hätt, o nei. Weder er isch sech nid gwöhnt, sy Meinig gäng lut zsäge, und zum andere het er äbe e chli länger, sech öppis zäme zbrattige, als die meischte Lüt. Erscht wo d'Mueter ds zwöit- oder drittmal zungefertig vo däm Ascona prichtet het, isch er mit syr Meinig vüre grückt: «Öppis Cheibs eso! Das isch ja im Tessin unde!»

D'Mueter isch froh gsy, dass er ändlech Wort gfunde het. Sofort het si yghänkt: «E äbe ja, grad das wei mer. Entwäder mache mer's rächt oder löh's la blybe. Und überhoupt si die Junge ou scho dunde gsy. Weisch nümme, wie's ne gfalle het?»

«Scho, weder mir si nid die Junge, und das choschtet allwäg en unerchannte Schübel.»

«Das la nume my Sorg sy, i weiss, was mer hei und vermöge.»

Der Vatter het wider e Rung gschwige, bis er es neus Hääggli gfunde het: «Wie wosch de mit däne Tschingge parlare? Emel ig chume de da nid z'Rank. Weiss der Gugger, was du gäng Verruckts i dym Gürbi hesch!»

Aber ou vo däm Argumänt het sech d'Mueter nid la yschüchtere und inegi gha: «Das isch nid halb so wichtig. Zletscht und am Änd si mer dört unde gäng no i der Schwyz, und we mer rächt dütlech Bärndütsch rede, so wärde die eim wohlöppen ou verstah. Süsch wär's de mi Tüüri afe truurig!»

Der Vater hätt eigetlech zum voruus chönne wüsse, dass er – wie gwöhnlech – wird der Chürzer zieh. Bis z'letscht isch ihm richtig nüt anders übrig blibe, als ja und ame zsäge. Und scho am Tag druuf isch d'Frou Grueber i d'Stadt gschuenet, für imene Reisebüro die Sach grad ga i d'Gredi ztue. Jitz, wo si ändlech isch entschlosse gsy, het si kei Zyt meh welle verliere.

Mit stäckegradem Rügge isch si i ds Büro yne und het ihri Absicht verwürklechet.

«Ehm ja, mir wette äbe i d'Ferie, ga Ascona, öppe vierzäh Tag.»

«Schön, schön», seit dä Herr, wo se bedienet, ruumt es paar Briefordner wägg und fragt: «Heit dihr ächt schones Hotäl usgläse?»

«Nei, no nid, i ha dänkt...»

«Ja, da wärde mir scho öppis finde. Was für ne Kategorie darf's ächt sy?»
«Emel öppis Rächts, aber nid grad zvürnähm u zchöstlig.»
«Gärn, ja. – Da chäm vilicht ds ‹Basilea› i Frag. Das war 54 Franken im Tag, Trinkgäld und Taxe inbegriffe.»
«Das wär jitz no nid übel», het d'Mueter Grueber gfunde.
«Vierefüfzg Franken im Tag für beidi zäme, das liess sech...»
«Ja halt, ne nei, nid für beidi zäme! Sövel choschtet's pro Person!» isch si sofort korigiert worde.
«Pro Person? – Potz stäcketööri! Nei, gwüss gwüss nid öppe! Das isch ja gstole. Nüt isch! Chunnt nid i Frag! Was meinet dihr ou, mir finde ds Gäld nid uf der Strass. Heit dihr nüt Billigers?»
«Hotäl eigetlech nid. Aber Pensione wäre no verschideni.»
«Guet, zellet einisch uf.»
«Da wär also d'Pension ‹Dolce far niente›...»
«Wie heisst die?»
«‹Dolce far niente›.»
«Nüt. Das isch e zkomplizierte Name. We me später gfragt wird, wo me gsy syg, cha me's nidemal rächt säge.»
Dä guet Herr het en Ängelsgeduld gha und syr wunderlige Kundin wyter ufzellt: «De chäm vilicht d'Pension ‹Collina› i Frag.»
«‹Collina›? Das chönnt mer's jitz no», het dFrou Grueber gfunde, het sech nach Prys, Standort und mängem andere erkundiget und schliesslech für vierzäh Tag es Doppelzimmer la reserviere. Si het no grad d'Rundreisbillett bstellt, via Gotthard für abe und dür ds Centovalli zrügg. Die Junge hei's ou so gmacht.
Vo sälbem Tag a het sech d'Mueter meh um ihri Toilette kümmeret als i ihrem ganze vorhärige Läbe. Und es het ere gwüss meh weder einisch schiergar der Schlaf gno, bis si gwüsst het, was alls i d'Gofere söll cho, wo ihre die Junge bborget hei.
Em Vatter Grueber isch die ganzi Sach afen uf ds Gäder cho. «Wienes sturms Huen tuet si!» het er bbrummlet.
Nu, der Reisetag isch cho. Mit Träne i den Ouge het d'Frou

Grueber am Bahnhof vo de Junge Abschid gno. Und wie's so üblech isch, si re no im Ysebahnwagen inne e ganze Huufe wichtig Sachen ygfalle, wo gschwind hei müesse gseit sy.

«Ds Meiezüüg, Rösi, vergiss em nid Wasser zgä!» rüeft si zum Fänschter uus, wo der Zug scho fahrt. «Aber de Kaktus nume jede dritte Tag e Sprutz, gäll Rösi. Und los...» Aber da het der Zug scho der Rank us der Bahnhofhalle use gno.

Für ds erschte isch jitz d'Mueter no räschligi gsy. I eim furt het si gha z'frage: «Hesch disersch, hesch das? Hei mer ächt ds Gas abgstellt? Bisch ganz sicher, dass ds Liecht im Chäller nid brönnt? Lueg, mach d'Äsche vom Stumpen ab, aber i Äschebächer, und pass gwüss uuf, dass si der nid uf die grangschierte Sunndigchleider gheit.» –

Du het si angänds d'Billett us der Handtäsche gno, i der Hand parat gha und wie gspanyflet, öb ächt der Kundi kei verwunderete Blick uf si zwöi tüei, will si im Sinn heige, so wyt zreise. Woner se knipst, ohni mit ere Wimpere zzucke, etwütscht ihre d'Frag: «Chöme mer ächt hüt no abe ga Locarno? Mir sötte äbe de no wyter.»

Bhüetis, d'Mueter Grueber het der halb Fahrplan im Chopf gha. Aber es het se eifach dünkt, ander Lüt dörfte gwüss o wüsse, was si zwöi für Waaghalse sy. Drum het si gfunde, wo der Kundiktör nume so troche zrügg ggä het: «O, das wird's scho gä!», das syg jitz emel e gstabiochtigen und ufrüntlige Gsell! Dä heig wääger nidemal gluegt, wohi si müesse fahre.

Schon e Halbstund nach der Abfahrt isch du ds Stimmigsbarometer ungsinnet und schnäll gsunke. Der Mueter het's welle vorcho, si heig allwäg doch öppis Uverständigs aateigget mit där Feriereis, und e ganze Brätsch Sorgen und Sörgeli sy uftoucht und hin und här tischet worde. Si het zwar die Sachen alli für sich bhalte und nachere länge Pouse nume la verlute: «I bi ja de scho froh, we mer heil und ganz wider daheime i üsne vier Wänd sy.»

Der Vatter het «mhm» gsürmet, und das isch für ihn scho viel gsy. Er het sech jitz wyter nümm hert gsorget, het yfrig zum Fänschter usegluegt und sech gachtet, wo und was öppe bbout wird, und derzue zfriden am Stumpe zoge.

Chuum isch der Zug zLuzärn zgrächtem us em Bahnhof use gratteret gsy, het d'Mueter i der grosse Handtäschen aafa nuusche.

«Chum, Vatter, mir wei aten öppis asse, susch wird's is de no gschmuecht vo där länge Ysebahnfahrerei.»

Dermit het si Brot, gschwellti Eier, Salz und Schachtelichäs uf d'Schoss bige.

«Mir wei doch lieber useluege», git der Vatter zrügg.

«Gsehsch dert äne dä Hoger? Das isch allwäg der Pilatus.»

«Mynetwäge lueg use wär well. I ha's nid nötig. Mir gseh de no Sache gnue, drum wott i mer nid jitz scho der Chopf fülle.»

Das isch Mueters Aasicht gsy, und drum het si ohni Umständ aafa Znüni näh. Dermit isch si ou wider uufliger worde und het ihrem Maa für Unterhaltig gsorget.

ZGöschene het für beidi Neuland aagfange. D'Ufregig isch gwachse. Am schlimmste isch si gsy, wo die zwöi z'Ascona vor der Poscht us em Böss usgstige sy. Da het si gwüss fasch gfährlech Forme aagno. D'Mueter Grueber het ihre Maa gmüpft und zoge, hin und här puschiltet, het kommandiert wie ne Fäldherr, was er jitz z'tue heig, und derby het si sälber die gröschte Ängscht usgstande, si chönnte d'Pension «Collina» nid finde.

Zum Glück isch ringsum i däm Lütegstürchel zur Houptsach Dütsch gredt worde. Das het gwürkt wienes Beruehigungspülli. Jitz isch si wider mit der alte Entschlosseheit uf eine zue, wo gmüetlech däm Cho und Gah zueglugt het, für zfrage, wo's ächt düre göng zur Pension «Collina».

Si het Glück gha und die nötigi Uskunft grad übercho. Sofort isch der Vatter Grueber i där Richtig dirigiert worde. D'Mueter isch voraggange, i der einte Hand die grossi, i der andere die chlyni Handtäsche. Und wie pressant het sie's gha! Der Vatter het mit der schwäre Gofere chuum nache möge. Das chätzers Strässli isch ou gar stotzig ufeggange. Em Grueber isch's uf all Fäll gly einisch vorcho, er heig böser als uf em Bouplatz. Drum het er nachere Viertelstund abgstellt und isch uf d'Gofere ghöcklet, für zverschnuppe.

Aber ohä, d'Mueter het ne hantlig drab glüpft: «Du bisch

jitz no ne Stürmi! Du dänksch ou nid naseläng. D'Gofere geit doch kaputt, we du druf plütterisch! De hei mer de dBescheerig! Allez, chum du lieber, so chönne mer uspacke, bevor my wyssi Bluse ganz verrumpfet isch. I cha de hie nid glette.»
DJagd isch wyter ggange, und vor luter Pressiere hei si du die richtigi Abzweigig verpasst und e ghörige Umwäg müesse mache. Aber item, schliesslech sy si doch vor der Pension ‹Collina› gstande,' mit güggelrote Chöpf, der Vatter bachnasse. Ds Schilee hätt er scho längschte billig ggä.
«Potz mänt, lueg, Vatter, das gseht nid schlächt uus! Gäll, i ha guet usgläse? Jä, mi cha me scho la mache.»
«Vo mier uus hätt's e Pänsion wyter unde ou ta...» Hie het sech der Vatter Grueber bsunne, dass ds Meggere gfährlich isch, und het gschwige.
«Das isch dumm pladeret!» wird er prompt abputzt. «Marsch, nimm dGofere und chum äntligen yne. Aber mach nid so ne längwylige Lätsch. Nimm di zäme und zeig, dass mer ou öpper sy. Zrede bruuchsch nid, das übernimen i scho.»
A paarne Palme vorby sy si em Huusygang zuegstüüret und dert vo der Frou Ritter, der Bsitzere, empfange worde.
«Herr und Frou Grueber?» fragt die bhäbigi Frou früntlig.
«Ja, die sy mer, vo Bärn», bscheidet d'Mueter.
«Das freut mi! Syt so guet. Ds Zimmer isch parat. Hoffentlech gfallt's ech bi üüs! – Anneli!» rüeft si ds Huus uuf, «chum, trag gschwind die Gofere i ds Achtzähni.»
Da het d'Mueter wider yghänkt. «Nüt, nüt, die söll my Maa nume sälber ufe trage. Das isch für ihn e Chlynigkeit.»
So sy si du vo der Frou Ritter i zwöite Stock zu ihrem Zimmer ufe gfüehrt worde.
«Öppen am sibni ässe mer Znacht», vernäh si no. Nachhär hei si Zyt zum erchuele und sech umeluege. Für d'Mueter het das Umeluege us ere Inspäktion bestande.
«Es macht gwüss e gueti Gattig, vo inne ou. Gsehsch, der Boden isch früsch gwichst, und under de Bett gseht me kei Stoub. Suber aazogen isch. – D'Fänschter sötte wider einisch putzt sy, aber süsch isch nüt zsäge. Sogar Bettvorlage sy da und fliessends Wasser und e Spiegel – prezis wie imene Hotäl.»

Der Vatter het chuum Notiz gno vo däm ganze Schwall. Er het sech uf eme Stuel gsädlet und bedächtig sy besseri Tubakpfyffen aafa stopfe. Me het ihm völlig aagseh, wie froh er isch, dass sech d'Frou fürnes Zytli alleini het chönne vertörle mit em Uspacken und em Schaftyruume. So het er wenigschtens fürnes Stündli Rueh und Fride gha.

Es het vor em Znacht nümme zu grosse Sprüng greckt, nume no zumene Rundgängli im Garte. Da het d'Mueter gfunde, es sött gsprützt wärde. Es syg ja alls chäfertroche, die Blueme chönni eim nume tuure. «Keis Wunder, dass niene es Gmüesbett zgseh isch. Sövel Garte und keis Gmües! We das my Pension wär, wohl Mähl, das müesst ggänderet sy! Weder äbe, we me sech nid ma müeije...»

Jitz het me im Huus der Gong ghört. Sofort het d'Frou Grueber ihre Maa am Ermel gno und kehrt gmacht. «Chum, me söll zum Tisch!»

Si het sech no gschwind chli d'Haar grangschiert, em Maa dGrawatte zwäg zogen und i dMitti grückt, und nachhär mit feschtem Schritt ds Spyssääli eroberet. Es isch no läär gsy. Ei grossen und i den Egge es paar chlyni Tischli hei's usgfüllt.

«Wenn i jitz no wüsst, wo mer üs sölle sädle», seit d'Mueter und luegt desume. Zum Glück chunnt du grad d'Frou Ritter derhär.

«Heit dihr ech guet yghüselet?» fragt si, ohni en Antwort zerwarte, und fahrt sofort wyter: «Weit dihr so guet sy? I han ech da am grosse Tisch zwöi Plätzli reserviert. D'Suppe wird im Ougeblick serviert.»

Dermit isch si i der Chuchi verschwunde. Gruebers hei Platz gno, d'Mueter usse, meh uf der lingge Kante vom Stuel, prezys wie daheime, wo si es Dotzemal vom Ässe springt, für no gschwind disers oder das zrichte.

Sobal die erschte Gäscht sy ynecho, isch d'Haltig vo der Frou Grueber no um ne Idee styffer worde, der Rügge greder. Nume die linggi Achsle het si es bitzeli la hange – wie gäng. Das isch halt vom viele Wüsche und laht sech nümme la korigiere.

Zum Glück hei die Gäscht alli dütsch gredt, erscht gäge

Schluss sy nones paar Wältschi ynecho. So het d'Mueter Ussicht gha, de mit däne Lüt chönne aazbändle. Und doch, uf der andere Syte het es se e chli gstoche, dass so vieli die grossi Reis bis hie abe zstand bbracht hei.

Für en Aafang het si no nid gwagt, zgrächtem ufzluege oder sech sogar in es Gspräch yzmische. Es isch ou meh als gnue ufzpasse gsy, dass der Vatter sech comme il faut benimmt. Meh weder einisch het er e Fuesstritt oder e giftige Blick übercho, wenn er öppis glätzget het. Ds Mässer zum Byspiel isch ihm vo der Mueter diräkt i d'Hand ddrückt worde, won er mit der Gablen alleini het welle ässe und d'Fuesstritte nüt bbattet hei.

Grueber het du nach alter Gwohnheit sofort nach em Ässe ds Göhni vüre gchnüblet und aafa stopfe. Aber ohä, das het tifig en unmissverständleche Stupf a ds Schinbei abgsetzt, und Mueters Ouge hei völlig mit Funke Befähle gmorset. Jä, si isch im Bild, was der «Comment» verlangt. Zletscht und am Änd het si de nid für nüt syt über zwänzg Jahr näbem Büroputze ou no imene Dokterhuus die gröberi Arbeit gmacht.

Am Vatter Grueber isch das ganze Manöver gäng meh uf d'Närve ggange, und er het die längerschi sehnsüchtiger a sys eifache Bhusegli zrügg ddänkt. Das cheibe nobel tue, ää, das geit ihm eifach wider e Strich. Und e so söll das jitz vierzäh Tag lang, die ganze Ferie düre, wytergah? Was es de erscht no Gäld choschtet, suur verdienets und eranggets Gäld!

Ändlech het's Ufbruch ggä. Gruebers si ehnder hungrig als überfuetteret vom Tisch, we scho no ordli uf de Platte blibe und d'Sach rächt gsi isch. Aber vor luter aaständig- und fasch e chli vürnähm tue hei si Gable und Mässer z'früe uf e Täller gleit.

Si si du nones Spaziergängli ga mache. Nid wyt, nume dür die nächschte steipfläschterete Gässli. Der Mueter het's mordsmässig gfalle, und will me jitz hie und dert italjänisch het ghört parliere, het si d'Ohre gspitzt. We's grad so zmache wär, wett si scho gärn es paar Broche leere. Me weiss ja nie, öb's eim nid ungsinnet chummlig chunnt. Nume das Steipflaschter het eres nid chönne. «Da gnepft me ja desume, wie wenn me voll wär. Wie liecht, wie liecht chönnt me none Fuess verderbe.»

Der Vatter het zu allem wenig und nüt gseit. Bi ihm isch sälb Aaben es schlächts Viertel aabroche, und es het sech i de nächschte Tage fasch nume denn e liechti Ufheiterig ghündtet, wenn er vor eme Boccalino Nostrano ghöcklet isch.

Am andere Vormittag hei die grössere Entdeckigsreise aagfange. Scho bizyte hei sech üser beide Gäscht vo der Pension «Collina» uf e Wäg i ds Stedtli gmacht. Es isch gäbig warm gsy, gwüss scho am Morge. Drum het der Vatter Grueber ds Schilee am Chleiderbügel la hange.

Wo si du dür ds Stedtli uus a See abe bummlet sy, het si gly einisch gmerkt, dass da ander Lüt no meh Chleidigsstück daheime lö.

«Eh du myn!» het d'Mueter eis über ds ander Mal zum Vatter müesse säge. «Lueg du dert das Pfiiri! Halbblutt louft das i der Stadt desume, dass me schier nid darf häre luege. – Und dä Gali dört i de churze Hösli. Dä meint gwüss, syner haarige Bei syge schön. Derby isch er scho fasch e Silberchüngel. Eh, so öppis! Nei also, das isch ja verruckt! Hesch jitz vori grad das dicke Wybervolch gseh? Eifach gschämig, sech imene settigen Ufzug under de Lüt zzeige! Gschämig, me sött's nid für müglech halte! – Und die Mähne vo däm dert uf der andere Strassesyte! Dä isch my armi Tüüri wenigschtens zwöi Jahr nümme bim Coiffeur gsy!»

Der Vatter het gäng pflichtgetreu der Chopf i der Richtig dräit, wo ihm d'Frou mit ihrem spitze Chini aaggä het. Er het sech ou mänge Gedanke gmacht, aber se für sich bhalte. E ja, bim Radio bruucht me ja i eir Stuben inne ou nid zwe Lutspräcker!

Viel, unerchannt viel isch zluege gsy. Gäng wider het's gheisse: «Dür das und dür disers Gässli wei mer de ou no, bsinn di de, Vatter!»

Item, bis z'Mittag hei si scho ne schöne Teil vo Ascona uskundschaftet gha und sy mit müede Bei für nes Viertelstündli fridlech zämen uf eme Bänkli am See unde gsässe, hei de Bootli, de Pedalo und de Fischer zuegluegt. – Ja, die Fischer! Jitz het sech der Vatter früsch ume hei gsehnet, won er sech mit der Fischruete der lieb läng Tag a Wohlesee abe chönnt verzieh, anstatt wie gstoche müesse desume zstorzen und allpott Ermahnige entgäge znäh wie: «Steck d'Händ nid gäng i d'Chutteseck, du spannisch se ja ganz uus!» – Pass uuf, chum nid a där Muur a, süsch machsch d'Sunntigchutte schmuslig! – Lueg wo de loufsch, dass d'Schue nid z'Mittag scho wider dräckig sy!» Ja ja, ds Läbe cha schuderhaft kompliziert wärde! – Der Wäg zur Pension «Collina» ufe isch wider zure ghörige Schwitzkur worde, und der Vatter wär am Namittag am liebschte underne Struuch usgibig ga pfuuse. Aber d'Mueter isch mit eme andere Programm ufgrückt. «Nüt isch», het's gheisse, «schlafe cha me daheime! We me scho so wyt i d'Ferie geit, so muess men ou öppis dervo ha. Jitz wei mer ga d'Läden aaluege. Mit müesse doch de Jungen e Chlynigkeit us em Tessin hei chrame.»

«Das het wääger no alli Zyt!» wändet der Vatter y. Aber ou das laht sy besseri Hälfti nid la gälte.

«Me muess sech zrächter Zyt umtue, we me günschtig wott ychoufe. Chum nume, chansch de hinecht bizyte i ds Huli.»

Da het's nüt meh ggä zwiderrede. Drum het sech der Vatter Grueber gfüegt, isch massleidige hindenache trappet, het ghulfe Zoccoli, Boccalini, Strouhüet, gflochteni Stroufinke, Keramikvaseli und settigi Sache aaluege. Es het ihm zletscht gschine, d'Mueter sygi vom glyche Fieber befalle, wie albe zur Zyt vo de Usverchöuf, wo si wienes ghetzts Reh vo Lade zu Lade rennt.

Und am Aabe sy si doch der Hoger uuf gchychet, ohni öppis gchouft zha. So isch also d'Garantie derfür da gsy, dass sech das Spiel wird widerhole.

Ou für die nächschte paar Tag het d'Mueter ds Programm feschtgleit gha. Us em Wunsch, sech under ne schattige Boum zlege, es Nückli znäh oder zuezluege, wie d'Flöigen uf em Nasespitz landen und starte, isch nüt worde. Einisch isch me mit em Schiff uf d'Isola Bella gfahre. Dert het d'Mueter e Glaschugle gchouft, wo drinne i wunderbare Farbe ds Bildli vo der Insel isch zgseh gsy. Het me d'Chuglen gschüttlet, hei sech ganz Hüüfe Schneeflöckli aafa uf d'Isola Bella sänke.

«Ds reinschte Wunderwärk!» het d'Mueter gfunde. «Das chunnt de hinder d'Glasschybe vo üsem Buffet.»

Der ander Tag isch Locarno hindertsi und vüretsi erforschet worde. D'Hitz isch zwar mörderlech gsy. «Uf keim Bouplatz wärchet me sech i ne settige uflätige Durscht yne», het der Vatter bbrummlet und grad zwöi Boccalini Nostrano hinderenand düre erlächnete Hals abegläärt. Das isch du fasch gfährlech worde. I die mordio Hitz yne isch das zviel gsy und het em Vatter Grueber d'Zunge glöst, wie me's a ihm nid isch gwöhnt gsy. Er het der Huet i Äcke hindere gschobe, allne Protäschte ztrotz d'Sunntigchutten uf en Arm gno, d'Ermel hindere glitzt und gly einisch resolut erklärt: «So Froueli, fertig, Schluss! Kei Schritt chumen i wyter. Ehnder schwümmen i für e Räschte vo de Ferie imene volle Wyfessli umenand. I bi nid verruckt und wott's nid wärde. La gseh, wo isch ds Poschtouto? I wott zrügg i Pänsion und ga lige. Für was zahlt me süsch all Tag es settigs Heidegäld, we me nüt dervo het?»

Der Frou Grueber het's für ne Rung der Aate verschlage. Settig Tön isch si nid gwöhnt gsy. Nid öppe, dass si sech grad hätt gschlage ggä. Potz tuusig nei! Das het no ghörig gchätzeret, zum Goudium vo de viele Passante. Aber bis zletscht het si für dasmal doch der Chürzer zoge – emel bis si daheime i ihrem Zimmer gsy sy. Dert het du der Chare gchehrt, und zwar gründlech! Drum isch Grueber scho am Tag druuf wienes gfölfigs Hundeli hinder ihre här ga Ronco ufe gschuenet.

Aber merkwürdig, i mene Eggeli het doch der Mueters Feriefreud und Feriestolz aafa bröchele. Fryli het si no under zwöine Male de Jungen e Charte gschriben und wie grüemt, wie's ihne gfalli und guet tüei. Aber i Tat und Wahrheit isch's ou bi ihre langsam anders worde. Wohl het si mit disne und äine Gäscht vo der «Collina» aabändlet gha, het gwüsst, wieviel Chind d'Frou Brügger het, was d'Frou Kuenz für ne bösi Geburt het müessen erläbe, dass der Herr Mäder e Beamte vom Stüürbüro und letschts Neujahr befördert worden isch. Churz, si isch über alls informiert gsy, und der Gsprächsstoff isch ere nie usgange. Aber gäng flyssiger het si sech ertappt, dass ihrer Gedanke daheime gsy sy. Si het müessen a ds

Meiezüg dänke, a ihre chlyne Pflanzplätz, het gstudiert, öb ächt ds Doktors zschlag chöme, we si so lang usblybt, und mit jedem Tag het es se meh ddünkt, si sött ändlech wider einisch öppis chönne wärche, d'Händ chönne bruuche. Es so ne Dummheit, nidemal e Lismete mitznäh! Si het aafa bugeren über die vile fule Lüt, wo da im Stedtli umenand schlürme, scho am Vormittag i de Wirtshüser gruppe, ohni sech zschäme, und de no vorusse a de Tischli, wo se cha gseh wär wott. Schliesslech het si ihrem Maa gstande: «I bi gwüss de regelrächt froh, we die vierzäh Tag ume sy. Es dünkt mi eifach, i stäli hie em Herrgott ei Tag um en anderen ab.» Wohl Mähl, das isch Wasser uf Vatters Müli gsy! Drum het er hantli yghänkt: «Prezis eso han ig's ou. Und – i meine ja nume – me chönnt schliesslech ou zwe – drei Tag früener heizue. Oder nid?»

Aber da isch ihm wider abgwunke worde. «Nüt, jitz sy mer da und blibe da, und zwar bis hindenuse. Schliesslech hei mer's verdienet, einisch in ere Pension z'sy. – Weder äbe, i ha Chummer, d'Gruppli uf em Pflanzplätz göngi mer kaputt, bis mer heichöme», het si doch no aaghänkt.

Am Aabe, im Bett, het d'Mueter no einisch das Thema ufgriffe. Em Vatter het's welle schyne, si sygi für sy Vorschlag scho ordli zuegänglecher. Und glych het er's du am nächschte Morge schiergar nid chönne chopfen und gloube, wo si erklärt het: «Du, i ha mer's die Nacht no einisch überleit. I gloube doch, mir fahre morn hei – we de nüt dergäge hesch.»

Der Vatter Grueber het gstrahlet. Er het sech scho mit der Fischruete am Wohlesee unde gseh Würm bade.

«Vowäge! No so gärn! Uf das hi wei mer hüt no einisch es ‹Baggalino› Nostrano – oder wie me däm cheibe Tassli seit...»

«Boccalino, du Längwyler!» belehrt d'Mueter. Aber der Ton isch gar nid giftig. «Eh, was i no ha welle säge: i gange's dänk der Frou Ritter grad ga mälde, dass mer morn abreise.»

«Mach das! Aber gäll, mir fracke mit em erschte Zügli ab, wo müglech isch?»

Es het klappt. Gruebers si gwüss zwänzg Minute zfrüe bi der Poscht unde gstande und hei uf ds Poschtouto gwartet.

Vier Tag früener als planet sy si nachhär dür ds Centovalli gutschlet. Ds Rüttle und Holpere het ne beidne nüt usgmacht. Es isch ja heizue ggange.

«Stäcketööri, morn chan i wider ohni Chutte, ohni Chragen und Grawatte desume loufe», het der Vatter gfrohlocket, und d'Mueter het aaghänkt: «Ja, und ig cha de am Morge grad es chlys Wöschli mache. Es isch höchschti Ysebahn. Und am spätere Namittag muess i uf e Pflanzplätz. D'Bett sött i allwäg ou no grad sunne, we d'Felläde so lang si zue gsy.»

Z'Domodossola het der Vatter i syr Freud no ne Guttere Chianti erstande. D'Mueter het zwar gfunde, är hätti Wy gnue gha. Es wär jitz ohni ggange.

«Los», het der Vatter zrügg ggä, «dä ‹Schianti› stelle mer de de Jungen uuf, we du ne vo üsne Ferie verzellsch. Und gäll, ds nächscht Jahr blybe mer de...»

Er het nid chönne fertig prichte. «... blybe mer de wider daheime», fahrt d'Mueter wyter. «Me isch halt dert doch gäng no am wöhlschte, und i muess scho säge, mys Bett daheime isch mer de gäng no wytuus ds liebschte. Da chan i numen i mys Huli lige. De weiss i woni bi und dass i wohl bi.»

Zügle!

Walter Morf

Es isch im Horner gsi. D'Sunne het scho fei-n-e chly Chraft gha, und der Schnee isch vergange wie Anke i der heisse Pfanne. Es het Südere und Glungge gä und es Gflotsch, dass es nümme schön isch gsi uf Schtrasse und Wäge. Das het aber grad de Bursch gfalle. Si hei d'Gybe und d'Schlitte la schtah und heis du meh mit däne Süderete und Glungge gha als mit dem Schnee, wo a de schattige-n-Orte no kei Wank ta het für z'vürgah. Wo ds Gflotsch isch am ergschte gsi, sy d'Chind mit Holzböde und Läderschueh drinn ume gschlarpet, bis es im Schuehwärch het afah gluntsche. Mit däne Gluntschischueh sy si i Schnee yne, und de het's de schöni, saftegi Schtogle gä. Di Schtogle het me de gmacht z'flüge. Si hei de öppe ds eint oder ds ander breicht, und druufabe het's es Brüel und es Dischpidier gä, dass me ds eige Wort nümme verschtande het.
Im tiefschte Schnee isch Bärtischs Ernstli muetterseelenalei uf mene Schlitte gsässe und het briegget. Syni beide grössere Brüeder hei sech nüt um ne gchümmeret; si hei am wüeschtischte ta i de Süderete und Glungge-n-ume und hei di gröschte Schtogle i der Luft umebängglet. Der Ernstli het no ne zytlang zurbrigget, und wo-n-ihm alls Briegge nüt g'nützt het, het er du mit syne Beinli der Schlitte mache z'gah und isch us dem Schatte a ds Schtrassebord i d'Sunne use gruederet. Der Schlitte isch aber du i Louf cho, het der Schtürma mitgnoh über ds Bördli ab und het ne dunde i ne Süderete yne la rütsche. Wie ne Frösch isch der Ernstli i där Süderete i ds Schwadle cho und het afah brüele, wie wenn me ne amene Mässer hätt. Jitz isch es syne Brüeder i Sinn cho, si heige no-n-es Brüederli, wo o no am Läbe syg. Si hei-n-ihm uf d'Bei ghulfe und heis dür ds Bördli ufe g'schleipft. De hei si-n-ihm g'chüderlet und d'Bäckli gschtrychlet.
Der Ernstli het g'jammeret: «Wei hei gah, wei hei gah!»
«Ja, ja, mir gange de scho», het der Fritz gseit und het ne afah troche rybe mit sym nasse Naselumpe.

Der Kari het dänkt, är syg da fürig und isch wider dür ds Bördli abezybet i d'Glungge-n-abe.

Der Ernstli het afe-n-e chly heiterer drygluegt, wo-n-ihm aber der Fritz mit dem nasse Lumpe über ds Gsicht g'fahre-n-isch, isch ihm ds Eländ wider z'Sinn cho, und är het wider es Brüel agschtellt, dass es dem Fritz ds Bluet i Chopf g'jagt het.

«Gang hei, du Gränni!» het er ufbegährt.

«Hei gah, hei gah!» het der Ernstli g'jammeret, und het der Fritz bim Chuttefäcke gha.

«Ja, ja, mir gange de gly, Ernstli; aber bisch jitz nume no-n-e chly schtill! Gäll, du bisch no-n-e chly lieb? Weisch, d'Öpfel sy drum jitz no nid bratet daheim im Ofeloch; aber de gly, gly! Mir gange de gly zum Muetterli! Das wird de-n-e Fröüd ha! Weisch, wenn's de Früehlig isch, de zügle mer de i-n-es anders Hus; dert isch es de schön! Gäll, Ernsteli, du wottsch de o mit is zügele?»

Jitz het der Ernstli nümme briegget, und wo der Fritz gmerkt het, dass sys Brüederli afaht uftoue, het er wytergfahre: «Weisch, Ernstli, dert hei mer de-n-e grossi Terasse, wo mer i d'Bärge gseh und wo mer märmele chönne. I nere Schtube isch e glänzegi, guldegi Lampe, wo me ufe- und abezieh cha, und es Badschtübeli isch o, Ernsteli, mit mene Badchaschte! Drinne cha me de schiffele und chösele! Wottsch de o chösele, Ernsteli?»

Ja, ja», het der Ernstli gseit und het mit dem ganze Gsicht glachet.

«So blyb jitz no-n-es Bitzli da!» meint der Fritz und isch wie ne Wätterleich dür ds Bördli abezybet und dunde in ne Glungge ynegfahre, dass es höchuf gschprützt het. Der Ernstli isch uf sym Schlitte gsässe wie ne Fürscht. Uf jedem Bäckli het er es Tränli gha; aber schtillvergnüegt het er syne beide Brüeder zuegluegt. Es isch du no-n-es Cheerli gange, bis di Buebe gäge hei zu sy. Chnütschblau sy si gsi, und Chleider hei si gha zum Uströje. D'Frou Bärtschi het se i ds Bett gmuschteret.

«Scho wäge de Chind bi-n-i froh, dass mer gly zügle chönne!» het si zum Ma gseit, wo-n-er isch heicho. «Da chönne ne si eim us de-n-Ouge, mi weiss nid wie, mi het nid ds chlynschte Plätzli um ds Hus, wo me cha säge, das ghör eim! Geng i der Schtube cha me die Fäger o nid ha! Im nöüe Logis isch emel de-n-e Terasse, die isch guet füfzg Fränkli wärt! Wie froh wär me hütt gsi über-n-es Badschtübli! Die Bursch hätt me grad i-n-es warms Bad chönne tue, wo si däwäg dürfrore heicho sy! Grad nüt het me da, o nid ds Gringschte, wo me-nöppe di dräckigi Wösch chönnt versorge! Dert isch e trochene, grosse Chäller, e grosse Eschtrig, e Chammere, wo me wie-n-e Schtube rächne cha, und sünsch no mängs Gäbigs. Hie het me nüt als im Summer Flöh, wo eim fascht frässe, und im Winter isch es chalt, wie inere-n-Yschgruebe! Wenn's nume scho nache wär zum Zügle!»

«Bis im Meje muesch scho no warte!» het der Herr Bärtschi gseit. «Bis denn wird de dä Nöübou, wo mer wei ynezügle, wohl öppe z'Grächwyl sy. Schöner, als es hie isch, isch es de dert scho um hundert Prozänt. Derfür choschtets de dert o 150 Fränkli meh!»

«Heh nu», meint d'Frou Bärtschi, «es isch de o guet 150 Franke meh wärt! Jitz wärde d'Chind geng grösser und grösser und müesse Platz ha! Hie i där alte Hütte chönne mer so wie so nid ewig blybe; es faht afe alls a verlottere! Es wird nüt gmacht, bis ei Tag di ganzi Musig usenander geit!»

«Mir wei hoffe, denn syge mer de i üsem nöüe Logis», het der Herr Bärtschi gmeint und het d'Lache nid chönne verha.

Ei Tag um der ander isch verby; d'Frou Bärtschi het fascht nid möge warte, bis me d'Vorfänschter het chönne abnäh. Em erschte-n Aprille het si zum Ma gseit: «Jitz no-n-e Monet und de heimers erläbt!»

Der Ma het nüt druuf gseit und het a de Vorfänschter ume g'chnorzet. D'Frou het ne am Chuttefäcke gha, dass er nid öppe ds Übergwicht überchömi.

«So», het si gseit, wo alls guet abgloffe-n-isch, «jitz hänk de die Hudelfänschter a wär wott, i ha mi afe lang gnue g'ergeret i där Hütte-n-inne! Was mer no grad z'Sinn chunt, hesch eigetlech e Möbelwage bschtellt?»

«Es isch i der Ornig!» meint der Herr Bärtschi hässig und isch im Gängli usse über ne halbypackte Wöschchorb gschtolperet. Im Gschtolper het er e längi Bodebürschte und es halbs Dotze Umhängschtange mitgnoh. «Wenn nume di ganzi Züglete bim Tüfel wär!» het er us emene-n-Egge-n-use brummlet. Im Aprile het's du no rächt g'schtrubhuset. D'Frou Bärtschi het gmeint: «Wenn mer jitz dablybte, so müesste d'Vorfänschter no einisch dar; aber Gottlob, muess es nid sy!»

I der zwöite Hälfti April het's i der Wohnig vo Bärtschis schtrüber usgseh als duss im Aprilewätter. Das het e Rumorete gä, und d'Frou Bärtschi isch umenander gschosse wie ne Wätterleich. Usgseh het si wie-n-es Haaghuuri. D'Buebe sy geng im Wäg gschtande und hei d'Muetter fascht z'hinderfür gmacht. Isch der Ma heicho, so isch es nid rächt gsi, will er niene het welle Hand alege. Isch er furt gsi, isch's no einisch nid rächt gsi, mi hätt ne chönne bruuche für das und dises z'mache. Dem Herr Bärtschi isch es afe niene meh wohl gsi, und syr Frou het alls uf e Mage g'schlage. Nume de Buebe isch es wohl gsi wie de Finke im Hanfsame. Si hei gly gmerkt, dass d'Ufsicht mangelhaft isch. I der Chuchi usse hei si ne Rutschbahn agleit. Si hei der Glettlade bim Schüttschtei agschtellt. De sy si druufufe gogeret und sy sitzlige z'dürab. Gly isch ne di Rütscherei z'weni gleitig gange. Der Fritz het der Wasserhahne ufträit und het mit dem Schlüüchli, wo dranne gsi isch, di Rutschbahn gschprützt.

«Jitz isch es schön glatt», het er gseit, «wenn eine jitz ysebähnele wott, so muess er öppis gä! Du bruuchsch nüt z'gä, Ernstli!» het er wytergfahre, wo ner gmerkt het, dass das Brüederli Ougewasser überchunnt.

Jitz isch der Ernstli ufegogeret und isch wie ds Bysewätter z'dürabpfylet. Geng wider use und z'dürab isch er, und der Fritz isch o nie müed worde, di Bahn z'schprütze. Der Kari het bi der Chuchitür glüsselet, göb öpper chömm.

Da geit plötzlech d'Hustür und im glyche Momänt isch der Muetter i der Schtube-n-inne im Gjaucht e Lampe etwütscht. I der Chuchi uss isch o-n-es Ungfehl passiert. Der alt Wasserhahne het's obe-n-abgschprängt, will der Fritz das guet agmachte Schlüüchli im Chlupf fescht zuedrückt het. E zünftige Wasserschtrahl isch a d'Dili ufe gschosse und het der Ernstli vo obe-n-abe bschüttet, wo-n-er grad uf d'Rutschbahn gogeret isch. Är het afah Gabriole mache und het fascht der Ate verlore. Der Glettlade isch i d'Chuchi use grütscht, und der Ernstli isch i Ghüderchratte abedätscht. Mit syne düregribsete Höseli isch er i ne Räschte Chöli z'sitze cho. Vo obe-n-abe isch er bschüttet worde. Wie-n-es Hämpfeli Eländ isch er uf däm Chöli gsässe. Syni Brüeder hei um so wüeschter ta, mi hätt chönne meine, d'Wält gang under. Jitz isch der Vatter mit emene Schirmschtänder am Chuttefäcke i d'Chuchi cho z'schiesse. Hinder ihm isch d'Mamma mit dem Lampegschtell vo där ungfehlige Lampe erschine. Mit emene Ruck het der Papa sy chlynscht Bueb us syr Folterchischte-n-erlöst und het ihm es paar saftigi Brätsche gä uf dä Chöliräschte. D'Mamma het ds Lampegschtell wie-n-e Bächer über dä verunglückt Hahne gha, und der Papa isch du i Chäller abe gschosse, für der Houpthahne zuez'mache.

«Use, us däm Hudellogis, je schnäller je lieber!» het du d'Frou Bärtschi zu ihrem Ma gseit, und der Ma het ere bygschtimmt.

Em erschte Meje em Morge früech isch e Möbelwage vor dem Hus gschtande. D'Buebe sy scho em Sächsi wach und buschber gsi. D'Mamma isch ne schnäll mit emene nasse Hudel über ds Gsicht gfahre, und mit der Chleiderbürschte, wo grad isch ume gsi, het si ne-n-e Schtrich über d'Haar gä. Amene jede het si-n-e Bitz Brot abghoue, wo me dermit es Ross hätt chönne z'totschla, druuf het si drei Tasse Milch platschet voll ygschänkt.

«Machet, machet, hütt ha-n-i nid derzyt uf ech z'warte! Mach, mach, Ernstli, mach! Papa, gang doch uf, es isch di höchschti Zyt! E, du myn Gott, was isch das hütt für-n-es Gchniep!»

D'Buebe sy dür d'Schtäge-n-abe, wo der Papa ufgschtande-n-isch und d'Sunntigschueh gsuecht het, wo ner vor-n-es paar Tage inere Chischte versorget het.

Dunde sy di drei Buebe im Plamper vom Zügelwage

verschwunde und hei afah rytigampfe. D'Zügelmanne hei nüt dergäge gha, will si dänkt hei, es chönnt ne amänd öppis vom Z'nüni oder vom Trinkgäld abga, wenn si däne Buebe ds Rytigampfe nid gönnte. Si hei i der Chuchi der Wy und der Chäs scho gschmöckt gha.

«Dir heit läbegi, gsundi Buebe», het der eint und der ander zu der Frou Bärtschi gseit.

Das het guets Bluet gmacht bi der Frou Bärtschi, und di paar Gleser Wy hei däne Zügler o guet ta, wo-n-e di gäbegi Frou druufabe ygschänkt het.

Eis Möbel um ds andere isch us der Wohnig verschwunde. Wo ds letschte Stück isch im Wage versorget gsi, hei d'Zügelmanne ds Nüni gnoh vom Zähni bis em Elfi.

Ändlech sy si mit dem Wage furtgfahre. D'Frou Bärtschi het no mit ere Putzfrou gha z'rede, und der Herr Bärtschi isch afe mit syne drei Schtammhalter dem Wage nache i ds nöüe Logis.

Dert hei di Buebe-n-öppis z'luege gha. I eir Schtube hei d'Bodeleger afe der Bode yneg'macht, und inere andere Schtube sy d'Maler dranne gsi, d'Tapete z'rüschte für a di blutte Wänd z'chleipe. Sünsch wär so zimlech als i der Ornig gsi i däm nöüe Logis bis a d'Chuchi, wo d'Maler no g'handiert hei.

«O du verdammti Bassgyge!» het der Herr Bärtschi gseit, wo-n-er di Beschärig gseh het. «Buebe, chömet mer niene-n-a, es isch ja no nüt troche!»

Das hätt er aber scho früecher solle säge; di Buebe hei scho grüeni Ellboge gha. Der Herr Bärtschi het dem gröschte Bueb eis welle hinder d'Ohre gä, isch aber uf mene Bitz Jebs etschlipft. Es het ihm zum Glück nüt wyters ta, nume sy breit Rügge het di glychi Farb agnoh, wie d'Ellböge vo syne Buebe.

Wo d'Frou Bärtschi cho isch, het's es Wäse gä i däm nöüe Logis. Ds Bärtschis, d'Zügelmanne, d'Bodeleger u d'Maler hei alli mitenander öppis gwüsst z'säge. D'Bodeleger hei über d'Maler gfutteret, d'Maler über d'Bodeleger und d'Zügelmanne über d'Maler und d'Bodeleger. Mi het d'Möbel und d'Sache i ei Schtube, i Eschtrig und i d'Chammere müesse schtelle und byge.

Di Zügler hei ds Herr Bärtschis luege z'tröschte und hei gmeint, es gangi halt mängisch eso, wenn d'Maler und d'Schryner schtreike, es müess de halt alles drunder lyde, es chömm de alls i Hinderlig, dem Mieter, däm gangs de no am bösischte, aber z'mache syg halt bi nere so ne Sach nid vil, als sech äbe so guet wie müglech luege dry z'schicke.

Im Schtägeabegah hei de die Zügler richtig e chly anders gredt: «Wenn d'Lüt verrückt sy, so faht's ne im Gring a. I paarne Jahre zügle si i di blutte Bachschteimuure; es isch ne de glych, wenn ne d'Schtärne i d'Näschter yne schyne.»

«Myn Gott, wie sy mer jitz i-n-es Züüg yne cho!» het d'Frou Bärtschi g'jammeret.

Der Herr Bärtschi het nööme nid vil gseit, aber was er dänkt het, het me-n-ihm em Gsicht chönne-n-abläse. D'Buebe hei sech düscht und sy uf ere Matraze gsässe, wie wenn si ds Öl verschüttet hätte, wenn der Papa isch i d'Nechi cho.

Us dem Schlafe het's i där erschte Nacht im nöüe Logis nid vil drusgä. D'Mamma isch z'ufgregt gsi derzue, und der Papa het alli halb Stund es Zündhölzli azündtet, für a der Sackuhr z'luege, göbs nid gly dem Morge zuegangi. Vo de Buebe, wo uf ere Matraze am Bode gläge sy, isch der eint oder ander öppe-n-albe-n-einisch uf e Bode g'chruglet. Der eint het im Schlaf no welle rytigampfe und het d'Füess amene Bluemetischli agschtellt. Das het aber ds Aschtelle nid verlyde möge und isch mit syne Graniumschtöckli uf ene Schpiegel tätscht, wo das Tätsche nid het möge verlyde. Jitz het's es Gchessel gä und druufabe-n-es Brüel i allne Tonarte. De isch es wider es Cheerli rüejig gsi, bis e-n-andere Bueb im Schlaf d'Terasse gsuecht het. D'Terasse het er aber em Schtubebode unde nid gfunde, derfür e Chachle mit Wasser, wo d'Mamma het vergässe gha z'lääre. Der Bueb het se du g'läärt, und wo ner g'schpürt het, dass er öppis Dumms gmacht het, het er nüt g'wüsst z'mache als z'brüele.

«Was müesse mer no alles düremache!» het d'Mamma briegget.

«Alles was mer agschtellt hei mit däm verrückte Zügle!» het der Papa brüelet und het e Cherzeschtumpe uf em Ofe-nazündtet. De het er e Zygarre afah roucke und het e-n-alte Zytigsfätze düreglöse. Wo's du ändlech het afah tage, hei alli nöüme-n-e chly verschtoberet drygluegt. Der Tag düre isch niemer guet z'schpräche gsi.

I-n-es paar Tage sy du di andere Schtube o nache gsi, dass me se het chönne möbeliere, und wo du alles a sym Platz isch gsi, isch Rueh und Fride i ds nöü Logis yzoge.

Wo's du dem Winter zue gange-n-isch, het sech der Parquetbode in zwone Schtube afah chrümme. Di schöne rote und blaue Tapete hei sech a de Wänd glöst, und i de Schtube-n-egge und i de Schäft het's gnüechtelet. D'Helge a de Wänd sy us de Rahme, und vo der Dili isch Jebs obe-n-abe cho.

Dem Herr Bärtschi isch es nümme heimelig gsi daheime, und är isch amene-n-Abe nümme vil daheime gsi, vowäge im Café zur Harmonie het's nid gnüechtelet wie daheime, schtatt dem Jebs het's e eichigi Holzdili gha, wo nid obe-n-abe cho isch, und dä guet Walliser het eim bi mene guete Luun bhalte.

D'Frou Bärtschi isch nümme z'fride gsi mit ihrem Ma, und är het sy Frou z'schuld gä, dass all's so ganz anders syg als früecher, ihm syg's sälber o nid geng wohl derby.

«I bi-n-e-n-armi Frou!» het d'Frou Bärtschi g'jammeret.

«Und i bi-n-e Lööl, dass i uf di glosst ha wägem Zügle!» het der Herr Bärtschi gseit.

Aber sy Frou het ne doch duuret mit ihrem ewige Rüüme, wo si i där nasse Chuchi ufgläse het und wo nie het welle bessere.

«So cha's nümme gah!» het er ei Tag gseit, wo-n-ihm e grosse Wassertropf vo der Chuchidili uf d'Nase-n-abe g'fallen-isch. Är isch i d'Schtube-n-yne, het e Boge Schtämpelpapyr gnoh und het es längs Schrybe a d'Gsundheitspolizei ufgsetzt. Ds Herr Bärtschis hei vergäbe uf ne-n-Antwort gwartet. Der Husmeischter isch o nie daheime gsi, wenn me zue-n-ihm het welle, und ei Tag isch der Bricht cho, ds Hus ghör jitz amene-n-andere, mi chönn de der Huszins nume zum Herr Notar Yseschmid a d'Chuttlegass bringe.

«Jitz isch gnue!» het der Herr Bärtschi gseit und het schriftlech der Mietvertrag vo däm schöne Logis kündet. D'Frou

Bärtschi het zu jedem Wort, wo ihre Ma gschribe het, mit dem Chopf g'nickt; säge het si nüt chönne, si het keis Wörtli fürebracht wägem Chyschter.

Em erschte Mei sy ds Herr Bärtschis wider züglet, i-n-es Logis, wo's nume Tanneböde het gha, wo kei Badschtube-nisch gsi, keis Gas zum Choche und Liechte, keini Tapete mit Bluememuschter und kei Terasse; i-n-es Logis, wo's halt nid so nöümödisch het usgseh wie im vordere. Uf der Holzschtäge isch eim öppe-n-es Huehn ebcho, wo dem Husmeischter undenyne ghört het. Sünsch isch me ungschtört gsi i däm nöüe Hei, und der Herr Bärtschi isch gärn wider daheime blybe. Uf mene breite Ofetritt het er sech verta und het gmeint: «I pfyf uf alli nöümödische Logis, die ghöre-n-i glyche Chratte mit däne ufgschtrüblete, agschtrichene Wybervölcher, wo hüttigstags d'Luft verpeschte mit ihrem Patschuli! I ha myr Läbtig gnue vom Zügle!»

D'Glogge vo Nüechterswyl
Rudolf von Tavel

«Und fertig isch's, es git eifach kener Wunder meh,» het ds Weihermädi, d'Bürsch-Schnydere vo Nüechterswyl, gseit, e Näthlig gwichset und wieder afah arbeite.

«Das hesch jitz afe mängisch gseit», antwortet ihres Meitschi, ds Gritli, «es isch grad, wie wenn du no uf öppis Bsunders wartetisch, Muetter.»

«Uf was wett' i warte? Emel afe hienide warte-n-i gwüss uf nüt meh, weder öppe-n-uf nes säligs Änd.»

«Ach, Muetter!»

Ds Gritli het ganz rächt gha. Es hets wohl usegschmöckt, dass d'Muetter uf öppis blanget het, uf öppis ganz anders no als nume nes säligs Änd. Aber um kei Lieb het si mit der Schprach welle-n-userücke. Dem Gritli isch uf d'Längi ufgfalle, dass d'Muetter settig Sache fascht jedesmal gseit het, wenn si z'Nüechterswyl äne glütet hei. Das het me gwöhnlech nume ghört, wenn ds Wätter het welle-n-ändere, wenn der Moosluft gange-n-isch. Das isch aber o öppis ganz eiges gsi. Da het, wie grad hütt, di ganzi Wält z'ringsetum grad no einisch so schön usgseh als sünsch. Alles isch eso dütlech fürecho. Am änere-n-Aarebord hei di alte Wydebüsch der Reihe na silberig gflimmeret, wie wenn e-n-unsichtbare-n-Ängel würdi drüber wäg schtryche. A de-n-uralte Burehüser het me düre Schatte vo de Vorschärme jedes Träm a der Huswand möge-n-underscheide, und uf de Schtroudecher hei d'Mieschpflaartsche glüüchtet wie heitergrüene Sydesammet. Am Bärg hinderem Dorf isch mänge Chamme-n-und Chrache fürecho, wo me sünsch gar nid g'achtet het. Und uf der Aare het sech e tiefblaue Himmel gschpieglet. Es hätti wahrhaftig wyter nüt bruucht, so het me-n-i sym Härz e Längizyti gschpürt na öppisem, me hätti nume nid rächt chönne säge, na was. Die, wo gnue hei vo de Lüte, säge-n-albe-n-i settige-n-Ougeblicke, si heigi Längizyti nam Himmel. (Es muess also z'zytewys uf där arme Wält doch o no chly na Himmel usgseh.)

Was aber hütt dem Weiher-Mädi Nachedänke-n-erscht rächt hindertsi dräiht het, das isch äbe ds Chilcheglüt vo Nüechterswyl gsi. Bald het me's nume so schwach ghört, wie ds Ruusche vo de Wyde-n-änet der Aare, bald hets voll und mächtig tönt, wie wenn amene-n-Ort, höch i der blaue Luft obe, e hundertschtimmige Sängerchor der Ton agäb, schön, weich und fründlech. Warum aber di Musik ds Mädi derzue bracht het z'säge, es gäbi keini Wunder meh? – Da muess me halt scho ds Mädi's Verwandtschaft mit dene Glogge kenne. Mädi het e Vergangeheit gha. Ja wäger, wenn me-n-ihms scho nid agseh het, so wenig wie dem Weiherguet sy Name. Di eltischte Lüt hei sech nämlech nid möge bsinne, dass dert umenandere-n-öppis wie-n-e Weiher gsi wäri. Und ds Mädi sälber het o kei andere gwüsst als öppe dä vom möntschleche-n-Eländ, wo-n-es flyssiger drinne badet het als sünsch irged imene Wässerli. Ds Mädi isch es subers Pärsönli gsi und het äbe grad das für sech gha, dass es a sym inwändige Möntsch bsunderbar suber us der Träneschwemmi vo syne junge Jahre-n-usecho isch. Was hets derfür chönne, dass es eis vo de hübschischte Meitscheni z'Gydischtorf obe gsi isch und dass Niemer rächt Sorg gha het zue-n-ihm? Da hets du halt einisch öppis Lätzes gä, und das Meitschi da vor ihm, wo mit ihm gschnyderet het, hätti bi mene Haar sy Läbesreis z'früech aträtte, für der ehrlech Name vo sym Vatter i Reispass z'übercho. Das arme Mädi het du gar grusam hert düre müesse, und gäb wie-n-es sech underzoge-n-und yzoge het, di Schynheilige z'Gydischtorf obe hei's so lang für nes rüdigs Schaf agluegt, bis es nam Tod vo sym Ma zsämepackt und i Weiher bi Nüechterswyl abezüglet isch. Grad öppe gar liecht gmacht hei si-n-ihms ja dert o nid; aber es het sech nüt drum gkümmeret, ds Läbe tapfer vorne-n-agfange-n-und sy Wäg gmacht. Die böse Müüler hei nüt a-n-ihm gfunde, gäb wie si na ds Mädi's Leumund gschnellt hei. Wenn me so als Hüürlig under alte Hechte läbe muess, isch es geng besser, me machi nid vo sech z'rede, weder im Böse no im Guete, vowäge me cha sicher sy, dass di liebe Mitmöntsche-n-o hinderem Guete, wo-n-e vo früecher här verbrüelete Möntsch öppe tuet,

133

no öppis Schlächts sueche-n-und gwöhnlech o finde, sintemal üsi Grächtigkeit es uflätigs Chleid isch. Das het ds Mädi wohl gwüsst, und drum het es sech schön schtill gha. Aber es git Lüt, wo's nidemal möge verlyde, wenn sech öpper schtill het. Da syn-ere gsi, sie hei's dem Weiher-Mädi nid gönnt, dass es ohni Schpändkassier het möge gschlüüfe. «Der Tüüfel, weiss, was da geit», hets öppe gheisse. Wo me du aber o uf d'Längi nüt Uguets am Mädi gfunde het, hei si du e-n-andere Ton agschlage. «Die?» hets du gheisse, «die verdient schön Gäld, me muess de öppe dra dänke, wenns nache-n-isch, für ds Schtüürregischter z'revidiere.» Und so guet, wie der Moosluft dem Mädi albeneinisch e Schwall Chilcheglüt zuechetreit het, so guet het er ihm o hie und da so nes Wülkli Pfäfferschtoub zueblaset.

Aber einsami Böum wachse grad. Und so isch o i ds Mädi's Wäse mit der Zyt öppis cho, wo mänge Schtaatsma chly meh dervo chönnti bruuche. Nid nume het es d'Lüt la schwätze, es het e gwüsse Trotz i sech treit. Vor mene schwyzerische Schtaatsma hets o das vorus gha, dass es Zyt und Schtilli gnue gha het zum Nachedänke. Und da het es albe, wenn der Böswätterluft gange-n-isch, i sech yne deklamiert: «Hab ich das Haupt zum Freunde und bin beliebt bei Gott, was kann mir tun der Feinde und Widersacher Rott?» Us där sichere Position use het es sech under de Lüte ganz frei bewegt und sech vor niemerem gförchtet, nidemal vorem Gmeindsschryber, wo doch gmeint het, vor syr Amtswürdi sötti so-n-es Wittfroueli froh sy über ds nächscht bescht Muusloch, zum dryschlüüfe.

Jitz hets du di Jahr einisch gheisse, me mangleti z'Nüechterswyl es neus Chilcheglüt. Di einti vo de-n-alte Glogge het e Schpalt gha und het tschäderet, und eini allei la z'lüte hätte sech d'Nüechterswyler nid derfür gha. Im Chilchgmeindrat isch me-n-eis worde, mit dem Herr Diräkter Mohr vo der Ysehütte-n-im Lohn usse z'rede. Wenn me doch so ne Fachma i der Gmeind heigi, so müess me dervo profitiere. Praktisch und hushälterisch, wie si gsi sy, hei si dänkt, wenn me di Glogge dert chönnti la giesse, so überchäm me ds neue Glüt ume halbe Prys. Aber der Herr Mohr het gseit, uf das syg är nid ygrichtet, me müessi grad zu mene rächte Gloggegiesser, är welli d'Sach scho a d'Hand näh, wenn si-n-ihm der nötig Kredit gäbe. Wo der Devis cho isch, hei di einte Gmeindsmanne gfunde, das wäri neue wohl viel Gäld, aber di andere sy der Meinung gsi, jitz müess einisch öppis gah, und wenn die z'Glüüsslige-n-äne drei Glogge vermöge heige, so vermöchte si z'Nüechterswyl sauft viere. Das gangi nid wägem Platz im Gloggeschtuehl, hets du gheisse; aber dreie müesse sy, und das de derfür grösseri als die vo Glüüsslige. Der Herr Mohr het däm z'Bescht gredt und verschproche, es gäb de ganz e-n-apartigi Harmonie. Vo Es und Des und Fis und Gis und Dur und Moll het er e gschlagni Halbschtund lang gredt. Der Chrume-Bänz hätti gärn gfragt, ob sech nid ufem Gwicht vo där Ruschtig öppis liess erhuse, aber er het sech doch nid rächt trouet. Am Sunntig druuf het er du ufem Heiwäg vo der Predig der Schuelmeischter drüber usgfragt, und dä het du gseit: «Nei, aber öppis Silber ghörti i ne rächti Gloggeschpys, wenns es schöns Glüt gä söll.» Er het du wyter erzellt, i alte Zyte heige-n-albe di fromme Lüt bim Gloggeguss vo ihrne Choschtbarkeite-n-i ds Metall gworfe, und das heig de de Glogge-n-erscht rächt der Ton gä. «Das wird öppe scho so sy», het der Chrume-Bänz gseit. Är und der Schuelmeischter sy frommglöubigi Manne gsi und hei dänkt, so-n-es Opfer chönnti wohl dem Glüt e guete Klang gä. Aber äbe, hei si Beidi gfunde, wenns hüttigstags nid scho sünsch am Gloube fählti, so würde sech d'Lüt doch uf alli Fäll no bsinne, gäb si vo ihrne Choschtbarkeite dra schtiftete. Settig Lüt syge jitze dünn gsäit.

Wie all Sunntig, so het o ds Weiher-Mädi der sälb Tag der glych Wäg gha wie di beide Manne. Es isch vor ne här gange, und will der alt Lehrer afange chly hert ghört het, hei si beidi lut gredt, und ds Mädi het alles verschtande. Wo sech ihri Wäge trennt hei und äs gäge Weiher abboge het, isch es scho eis gsi mit sech, es well dem neue Glüt vo Nüechterswyl zu mene gottgfellige Klang verhälfe. Und es het o scho ganz beschtimmt gwüsst, wie und was. Baars Gäld i d'Gloggeschpys, das het ihm nid gfalle; aber Choschtbarkeite – das scho ehnder. I sym Trögli isch z'underscht unde no ds Göller vo syr schöne büürsche Meitschitracht gläge, e letschte Räschte-n-us syr übermüetige Jugedzyt. Di schöne, schwäre Chettene hei sys Bsinne-n-a di unglückleche Tage bunde, wo-n-es sech vergässe het. Bis jitze het es se geng no dänne ta, will es dänkt het, es chönnt' einisch i der Not de no schön drus löse. Aber jitz ischs ihm klar und dütlech gsi, wo das Silber highöri, und im Gedanke-n-a das Opfer het es scho ganz ufgläbt, so dass ds Gritli gfunde het, so heiter heig es d'Muetter de scho lang nümme gseh. Wohär das cho isch, het es sech nid rächt chönne-n-erkläre, es het halt dänkt, d'Muetter sygi ume-n-e chly besser zwäg als e zytlang.

Warum ds Weiher-Mädi syni Göllerchetteli het welle-n-i der Gloggeschpys ha, isch niemer nüt agange. Der Einzig, wo's het sölle wüsse, het ja gseh, was es macht. Es het a mene schöne Sunntignamittag ds Meitschi zu Nachbarlüte gschickt und du sy Silberschatz füregnoh. Wo-n-es di schöne Hafte-n-i der Sunne set gseh glänze, het es d'Chettene nes paarmal vo eir Hand i di anderi la rünne-n-und derby a di alte Zyte dänkt. Da isch eis um ds andere wieder a-n-ihm vorbygange, mängs leids, aber doch de o wieder so mängi schöni Schtund, und es isch rächt truurig worde-n-obem Gedanke, dass di harmlosi Freud so ring über d'Schträng schlat und, wenn me se nid z'rächter Zyt bändiget, i ds Verderbe füehrt. Und wie wenig bruuchti's doch eigetlech, für ufem guete Wäg z'blybe! Aber da dänkt Eis äbe nid geng dra, und dernah muess es de syr Läbtig dranne chrääze. Im Dorf äne hets juscht drü glüet, und vo Zyt zu Zyt isch e Ton vo der gschpaltne Glogge-n-über di herbschtbruune Matte cho z'flüge. Z'erscht hets ds Mädi nid g'achtet. Aber einisch, wo's grad e chly luter tönt het, ischs ihm du doch wie-n-e Mahnruef ygange. «S'isch wahr», hets gseit», «was gscheh isch, cha me nümme-n-ändere, und alte Sünde nache-z'plääre treit nüt ab. Mer wei es anders aschtimme.» D'Chettene geng no i de Hände, het es i bleichblaue Himmel ufe gluegt und derby dänkt: «Da hesch se. Füre reinere Ton muesch Du luege.» Und du het ds Mädi sys Göller i nes subers Päckli bunde-n-und i mene Briefli derzue gschribe:

«Lieber Herr Pfahrer! Habe vernohmen, Ihr suchet Silber für in die neüen Glogen zu tun, für dass sie besser tönnen. Bin eine arme Witfrau. Gebe, was ich habe, Möchte Hern Pfahrer bieten, so gut sein und es in die Schmelzi tun. Ischt nicht viel, aber Freüde ist im Himelreych über einen Sünder, wo Buse thut. Und wenn alle Nüechterswyler, wo etwas auf dem Gewüssen haben, ihres Silber darbringen thäten, so gäbe es genug, für dass man eine ganze Gloge aus lötigem Silber könnte giessen. Müsste tönnen wie Harpfen Zions.» Underschrift hets keini gmacht.

Der Opferschtock i der Chilche vo Nüechterswyl het es Muul gmacht wie-n-e hungerige Hecht, scho lang bevor me vo neue Glogge gredt het. Dert het dem Mädi sys Päckli guet yne möge. Aber chuum isch es düre Schlund abegrütscht gsi, het sech ds Mädi gfragt, ob ächt dä Opferschtock vorem jüngschte Tag no einisch gläärt wärdi. Es isch e-n-altersgraue-n-eichige Wandschtock gsi, mit Bschleg, wie me se sünsch nume-n-öppe-n-amene sogenannte Mörderchaschte gseht. Am Änd isch da i der ganze Gmeind niemer meh gsi, wo mit dem Schloss Bscheid gwüsst het. Öppe vierzäche Tag het ds Mädi dem Gluscht gwehrt, der Sigerischt ga z'frage, wie mängisch dä Opferschtock gläärt wärdi, da überchunt es ganz ungsinnet Antwort vo der Chanzle-n-obe-n-abe. Es het ihns dunkt, es müess undere Chilcheschtuehl undere schlüüfe, wo der Pfarrer der Tägscht list: «Ich sage euch; also wird auch Freude im Himmel sein über Einen Sünder, der Busse tut, vor neunundneunzig Gerechten, die der Busse nicht bedürfen.» Z'vollem i sech zsämegschrumpfet isch es du aber ob der Yleitung vo der Predig. Het nid der Pfarrer ds Mädi's Briefli vorgläse! Und du het er syr Gmeind zuegredt, wie das schön wär, wenn d'Nüechterswyler ihri Buessfertigkeit so rächt i di neue Glogge-n-yne leite, dass es alli Sunntig vom Gloggeschtuehl i blaue Himmel ufe tönti: «Ich will mich aufmachen und zu meinem Vater gehen.» Ja, s'isch fey e chly-n-e Predig gsi. Dem Pfarrer isch es ab der Seel grunne, wie no nie, und agrüehrt hets mächtig. Wo nahhär d'Gmeind usenandere-n-isch, hei si ufem Chilchhof enandere nume-n-ablinzlet; aber wo di verschidene Trüppeli vor ds Dorf use cho sy – vo Nüechterswyl sy uf alli Syte-n-use Schtrasse-n-und Wäge gloffe, wie d'Bei vo mene Wäberchnächt – da isch überall gfragt worde, wär ächt das Witfroueli sygi. Di Einte hei gfunde, es sygi doch schön, dass es hüttigstags no settigi Lüt gäbi, wo di rächti Hand nid löje la wüsse, was di linggi tüeji. Und de syg de so-n-e handgryflechi Buess nahdischt öppis anders als nume so-n-es Pläär. Mängs het sech im Schtille-n-überleit, öb es nid öppe-n-amene-n-Ort no ne-n-ungültig wordene Silberbatze-n-oder öppis anders vürigs hätti, wo me sünsch nüt dermit wüssti az'fah. – Lachet nume, liebi Läser, aber wie ganz anders würde-n-im Bärnerland d'Glogge töne, wenn me besser begriff, dass ds Abschütte bloss vom Überlouf no kei wahri Härzerliechterung bringt! – Anderi Nüechtserswyler hei gseit, das Witfroueli müess e schöni Ladig ufem Gwüsse ha, dass es däwäg gangi ga abtrage. Item, i de nächschte Tage sy doch du no Eint-und Anderi im Pfarrhus agrückt und hei öppis Silberigs bracht für i d'Gloggeschpys. Nid dass si apparti öppis abz'büesse wüsste, hei si gseit, aber wenn es sech doch grad schicki, dass me dermit däm Glüt chönni nachehälfe, so wette si das nid versuumt ha. Es ganzes Cigarre-Druckli voll het der Pfarrer bi-n-enandere gha, und ganz sicher isch mängs ufrichtigs Opfer derby gsi. Der Pfarrer het sech e-n-Ehrepflicht drus gmacht und dem Giesser gschribe, er möchti derby sy, wenn de di Glogge gosse wärde.

Ds Weiher-Mädi het sech sit dem sälbe Sunntig no meh hindere gha als scho vorhär, und es het rächt gha, sy doch Lüt i der Gmeind gsi, wo sech a de Finger abzellt hei, wie mängi Wittwe-n-i der Chilchhöri wohni und weli dervo s'chönnti gsi sy.

Wo-n-es nache gsi isch, het sech der Pfarrer, der Chilchgmeindratspresidänt und der Lehrer uf d'Reis gmacht i d'Giesserei.

D'Bueche hei ds allerletschte dürre Loub abgschtosse gha, und a de hilbe Plätzli het sech di neui Läbesluscht i-n-allerhand Chrut und heimelige Blüemleni kund gä, aber hütt isch se niemer ga luege, vowäge der Wätterluft het usgfägt und e nütnutzige Schnee über ds Land wäggjagt. Da hei sech di drei Delegierte vo Nüechterswyl ufem Bahnhof zsämegfunde, für ga z'luege, wie di neue Glogge wärde. Ihri Reis isch nid läng gsi. Ufem Bahnhof vo Chalchbrünne het se der Gloggegiesser erwartet. Das isch aber nid öppe-n-e herkulische Meischter im Schurzfäll gsi, wie me se-n-im Helgebuech gseht. A däm chlyne difige Mandli mit dem schwarze Schnöuzli und der guldige Brülle-n-uf der Nase hätt's nid viel gä z'male. Schtatt dem Schurzfäll het er e schöni schwarzi Jaquette-n-annegha und uf em Chopf es sogenannts Cocöfeli. Vo wytem het me-n-ihm agseh, dass sy Arbeit sech ufem subere Zeichnungstisch und am Schrybpult abgschpielt het und nid zwüsche-n-Öfe-n-und Formgruebe. Me het ihm «Herr Diräkter» gseit. Düre Schneeschturm sy üsi drei Manne – der Herr Pfarrer mit sym Cigarrechischtli underem Arm – hinder ihm här gloffe-n-und hei ihri Chöpf gäge Luft gheltet, für nid di ganzi Zyt müesse mit der Hand der Huet z'ha. Änet dem Schtedtli sy si no ne Bitz wyt uf der Landschtrass gloffe-n-und du a nes Holzgatter cho, wo's gross dranne gheisse het: «Giesserei A.-G. vormals Schmürzeler Sohn». Zwüsche Bärge vo altem Ysegräbel und mächtige Sand- und Cholehüüfe düre het se der Herr Diräkter, vormals Schmürzeler Sohn, uf sys Bureau gfüehrt und se gheisse sitze. Für se chly z'erwerme, bevor si i di heissi Giesshütte gange, het er ne nes Glesli Madeira ufgschtellt und ne derzue ne längere Vortrag über Schalltechnik ghalte, wo si weder Gyx no Gax dervo verschtande hei. Besser begriffe hei si's, wo der Herr Diräkter mit dem Husschlüssel über nes paar ufghänkti Metallschtäb gfahre-n-isch und gseit het, ds Glüt vo Nüechterswyl wärdi de ping pang päng mache. Wenn me's aber i der andere Grössi gnoh hätti, so hätt' es de pang pong pung gmacht. Der Pfarrer het geng dänkt wie's ächt de machi, wenn de der Inhalt vo sym Opferchischtli no derzue chömi, und uf nes Loch im Vortrag passet, wo-n-er de mit sym Anlige zwüscheyne chönnti. Aber erscht ganz z'letscht isch er du dermit acho und het ganz schüüch gfragt, ob ächt d'Zuegab vo däm Silber öppis a der Schtimmung würdi ändere.

Der Herr Diräkter het z'erscht e chly uschlüssig drygluegt –

so hets emel der Chilchgmeindratspresidänt dunkt – isch du aber grad druuf ygange-n-und het mit mene ganz ärnschtfromme Gsicht g'antwortet: «Das änderet gar nüt, Herr Pfarrer. Wusset Sie, ich mäine-n-a der Schtimmig. S'git bloss en ganz e fyns Nuänceli i d'Klangfarb. Für e ganz e scharfs Öhrli wirds wahrnähmbar, die andere merkid nüt devo.»

Der Pfarrer het ihm du no welle-n-erkläre, wie's d'Schpänder vo däm Silber gmeint heige; aber der Diräkter het ihm grad gseit, ja das wüss är scho, das chömi ja viel vor, und di frommi Gsinnung müess me-n-achte. Er söll de di Sache nume dem Giessmeischter gä und chönni de sälber luege, wie-n-ers ynetüej.

Uf das hi sy si du i d'Giesshütte gange. «Potz Million!» het der Presidänt gseit, «das macht guet warm da inne.» Im hindere Teil vo der Hütte-n-isch der Ofe gsi, und dervor zueche, i dreine Gruebe, sy di gmuurete Forme für d'Glogge gschtande. Es paar Arbeiter hei am Ofe hantiert, anderi hei höch obe, uf mene-n-ysige Grüscht e Loufchatz zwäggmacht, Chettene-n-ufzoge-n-und Giesstigle draghänkt. Der Herr Diräkter Schmürzeler het der Giessmeischter Häggi häregrüeft und ihm gseit, di Herre heige da no Silber für i ds Metall. Er sölls grad no ylege. Der Meischter Häggi, e junge difige Kärli mit läbige graugrüene-n-Ouge-n-und mene chruse schwarze Bart, het dem Herr Pfarrer sys Druckli abgnoh und der Silberschatz uf ne längschtieligi Schufle gschüttet. Wo dem Weiher-Mädi syni schöne Göllerchetteli uf ds Hüüfli grunne sy, het er se no mit der Hand ufzoge-n-und zum Pfarrer gseit: «Muess das o dry?»

«Ja ja,», het der Herr Pfarrer gseit, «allwäg muess das o dry, grad das vor allem andere.»

Der Giessmeischter het der Chopf gschüttlet. Dass er ufem Wäg zum Ofe zu mene-n-Arbeiter gseit het: «Hätt lieber ds Meitschi, wo derzue ghört, aber das tät i de nid i Ofe», het der Pfarrer nid verschtande. Er het nume gseh, dass der Arbeiter und der Meischter mitenand glachet hei. Der Arbeiter het am Ofe griglet und öppis ufta. Es het e bländige Füürschyn gä, so dass die drei Nüechterswyler unwillkürlech d'Ouge zueta hei.

E-n-ysigi Türe-n-isch gschletzt worde, d'Arbeiter sy vom Ofe-n-ewäg und hei wieder amene-n-andere-n-Ort hantiert, während der Diräkter üsne Gmeindsmanne-n-erklärt het, wie de der Guss vor sech gangi. Bald druuf het der Giessmeischter dem Diräkter brichtet, es wäri nache. «Also los!» het dä g'antwortet und syni Gäscht a nes sichers Plätzli gschobe. D'Arbeiter sy mit dem erschte Tigel zueche gfahre, hei der Ofe-n-ufta, und du isch di wyssglüejigi Masse cho z'schiesse. S'het ein dunkt, di ganzi Hütte sött i Füür ufgah, und di drei Nüechterswyler hei sech nume gwunderet, dass d'Arbeiter i däm Glascht nid umcho sy. A länge-n-ysigi Gableschtange hei si der Tigel uf d'Form greiset, und mit mene dumpfe schwäre Ruusche-n-isch der Gluetbrei drin verschwunde. Der Füürschyn isch vo Dili und Wände gwiche-n-und het der chalte Tagheiteri wieder Platz gmacht.

Der Chilchgmeindratspresidänt wär für sy Gwunder mit däm zfride gsi, er isch scho tropfnass gsi vor Schweiss; aber di Andere hei-n-ihm nüt gschänkt. Erscht nam dritte Guss het me sech verabschidet. Der Giessmeischter het es grosses Trinkgäld übercho, er söll de mit dene-n-Arbeiter e gueti Fläsche ga ha.

Tags druuf het der Herr Pfarrer e Brief vom Diräkter übercho, der Guss sygi de guet grate, d'Glogge wärde jitz no usgschaffet, und wenns nüt anders gäbi, so chönne si am Oschtersunntig d'Predig dermit ylüte.

Bis dahi isch richtig no mänge Riselschturm de Jurabärge na gfahre, aber ändlech hets d'Sunne doch möge, und d'Oschterwuche-n-isch under mene heiterblaue Himmel yzoge. Di eltischte Lüt hei sech nid welle bsinne, dass me so ne schöni Oschterwuche-n-erläbt heigi. «Nei, wie das jitz emel o gruenet», het me-n-überall ghöre säge, «es düecht ein, me gsej's wachse.» Und wenn me scho nid grad viel Wort gmacht het, so hei äbe doch di chlyne heimelige Blüemli, d'Schneeglöggli, Veieli, Läberblüemli, Anemone jedes Härz erfreut. Ja, ds sältmal het es uf de Matte-n-umenandere-n-öppe no grossi gääli Gloggeblueme gä. Da sy jitz d'Chinder ganz bsunders druffe gsi, vowäge dobe, ufem Dorfplatz, isch e mächtige Brügiwage gschtande, und dert druffe hei i der Morgensunne

141

zwüsche Mieschchränz mit Gloggeblueme drei nigelnagel neui Glogge glänzt. D'Buebe sy nid dervo wägz'bringe gsi, sy eis mal über ds andere druuf ufegogeret, und der Sigerischt het scho weiss kei Möntsch wie mängisch gscit: «Abe jitz, Burscht, dir heit däich o nid Ruehw, bis dass es öppis dumms git.»

Dobe, ufem Chilchsturm, hei Zimmermanne-n-überem Gloggeschtuehl es Grüscht über d'Muur use bouet, für der Fläschezug dra z'hänke, und am Namittag het me de welle d'Glogge la ufzieh.

Di alte Glogge sy schwarz und trüebsälig uf der Rampe vo der Schtation unde gschtande, und kei Möntsch het ne dankheigisch gseit für di treue Dienschte, wo si der Gmeind sit mängem Jahrhundert hei gleischtet gha. Nume der alt Lehrer het sech so syni Gedanke gmacht derby.

Chuum isch es eis vorby gsi, so sy d'Lüt vo allne Syte cho. Me isch z'trüppeliwys umenandere gschtande-n-und het mit de Händ i de Hoseseck gwartet und gluegt und gluegt und gwartet. Die vo der Gloggegiesserei hei im Bäre zsäme gjasset, wie wenn der Tag hundert Schtunde hätti. D'Chinder sy i länge Zylete-n-uf der Chilchhofmuure gsässe-n-und hei d'Füess la abeplampe. Jungi Meitscheni sy paarwys ufem Chilchhof umenand träppelet und hei Schprüch und Chränz agluegt, ohni sech derby viel z'dänke. Der Pfarrer het i der Schtudierschtube hinderem Umhang füregluegt, für nid ufem Dorfplatz sy Gwunder müesse z'verrate.

Ändlech hei si ihre Jass us gha und sy – prezis im Tämpo wie albe d'Chüe, wenn si am Abe zur Tränki usem Schtall chöme – Ma um Ma zur Wirtshustüre-n-usecho. Erscht wo si hei gseh, wie viel Lüt da uf se warte-n-und sech für ihri Arbeit interessiere, hei si e chly gleitiger gmacht. Der Meischter Häggi het sech emel no Zyt gnoh, die Meitscheni rächt az'luege. Derby het ihm eis mit luschtige chruse Blundhaar bsunders i d'Ouge gä. Jitz hei sech o di gwichtigere Lüt hübbeli zuechegla, der Herr Diräkter Schmürzeler im Cocöfeli, d'Gmeindsmanne-n-und zletscht o der Pfarrer i mene grosse weiche Filzhuet, wo a allne Kante düre gsi isch.

Überem Gloggewage-n-isch e grosse dreibeinige Galge

gschtande. Da het me jitze z'erscht under Byschte-n-und Bärze d'Glogge-n-abem Wage glüpft, uf ne Brügi, und dert druffe hei si se mit viel viel Rede-n-uf runde Bänggle-n-a Fuess vom Turm gschobe. Dert isch scho der Fläschezug ghanget, me het nume der Haagge-n-i d'Chrone bruuche-n-yz'hänke. Du het der Herr Diräkter d'Schueljuged zsämegrüeft und nere ds länge Seili la zwäglege. Der jünger Lehrer het se-n-ufgschtellt, und der Schuelkommissionspresidänt, synes Zeiches Sattler und Tapezierer, het sech no apartig mit Ufschtelle vo de Buebe-n-abgä. Er het geng ei Hand am Seili gha, isch für-n-und hinderen-und het befohle, s'het eigetlech niemer rächt gwüsst, was und wäm. «Achtung!» hets gheisse. «Afasse!» – «Afasse!» het der Tapezierer repetiert. Wie ungeduldigi Rössli sy d'Buebe zwäggschtande. D'Freud het ne-n-us allne Pore zündtet, und wär di luschtigi Zablete gseh het, isch sälber läbig worde, öb alt oder jung.

«Ganz langsam azieh!» het der Diräkter befohle, und der Kommissionspresidänt het nacheghulfe: «Langsam azieh! – Langsam, langsam, langsam!» Aber langsam isch o im Bärnerland e variable Begriff. Di längi Riglete-n-isch natürlech i Trab cho. «Ho, ho ho!» het der Presidänt brämset, geng mit der Hand am Seili, und isch hindertsi mitgange, für z'luege, wie d'Glogge-n-am Turm ufegange-n-isch. Undereinisch hets z'ringsetum es Glächter gä. «Oha, Gläis, wo hesch ds Matratzli?» het me-n-öpper ghöre frage. Der Herr Schuelkommissionspresidänt isch hindertsi über ne Bänggel z'Bode cho. «Chöit dr nid luege?» het er di Buebe-n-abrüelet, «uwatlig Galine, was dr syd!» Schtatt aller Antwort isch ds ganz Heer über ihn wäg gschtürchlet. Der Fritzli Binggeli, wo ds Näsi o gärn i der Luft het gha, isch ufe Presidänt trohlet und het du a syne zündtrote Haare für di ganzi Schuel müesse darha. «Weisch jitze wie der Tapizierer Rosshaar rupft?» het er sech vo denn ewäg alli Bott müesse la zäpfle.

Ho! – Ho! – Halt! hets undereinisch gheisse, und du: «Hänge!» Si sy scho z'höch obe gsi mit der erschte Glogge. Wundervoll het si da obe-n-am Turm glänzt, i der glahrige

Sunne. Es het ein ganz duuret, dass si dür ds Schalloch yne het müesse verschwinde.

Di zwöiti Glogge hei d'Meitscheni dörfe-n-ufzieh, und di dritti, di gröschti, hei allizsäme mit vereintc Chrefte-n-ufebracht. Dermit isch der Juged und der Gmeindsbevölkerung ihri Mitwürkung a der Arbeit erschöpft gsi. Der Räschte vo der Arbeit, ds Ufhänke-n-am Gloggeschtuehl und ds Ybinde vo de Challe, het me de-n-Arbeiter vo der Giesserei müess-n-überla. Aber d'Gmeindsmanne hei gfunde, das chönne si de z'morndrisch mache. Wenn me no chly welli luschtig sy mitenand, so sötti das hütt no gscheh, am Donschtig, vowäge-n-am Abe vor Oschtere chönnt es sech de nid schicke. Der Chilchgmeindrat het d'Lüt vo der Giesserei und wär sünsch no ghulfe het, i «Bäre» zu mene Glas Wy botte.

Der Schuelkommissionspresidänt isch nid e herthölzige gsi, im Gägeteil ehnder elaschtisch. Drum het er du dänkt, er verwüschi sys hüttige-n-Ungfell am beschte, wenn er d'Schadefreud vo der Schueljuged dür ne-n-anderi Freud i Schatte schtelli. Di Bursch, het er erklärt, verdiente-n-o nes Glas Wy. Di gröschti Arbeit heige si ja gleischtet. Und wie's de so geit, d'Gmeindsseckle möge no so läär sy, d'Budgets no so wüescht übcrmarchet, sobald es de albe drum z'tüe isch, de Machthaber ihres Prestige z'rette, so findt me – gloubet mers oder nid – no irged i mene Ghüderegge nes vergässes Kreditli, für der Sach der Rank z'gä. Und wenn me keis findt, so «schpricht» me-n-eis. Item, z'Nüechterswyl hei si emel der sälb Tag o der Rank gfunde, und di ganzi Schueljuged isch o i «Bäre» bschickt worde. Me het se mache z'singe, und us der Oberschuel hei wahrhaftig ihrere-n-es paar müesse losgä: «Feschtgemauert in der Ärde ...», bis keis meh wytergwüsst het.

Öppis dumms mache het richtig niemer welle. Me het no usdrücklech befohle: «A mene-n-iedere nes Glas u de fertig!» Aber der Tüüfel isch neue no geng umewäg gsi, wo me probiert het, öppis glychlig under d'Möntsche z'verteile. Und so isch es o hie gsi. Natürlech hei es paar findigi Buebe's gwüsst z'reise, dass si meh übercho hei. Mit schturme Chöpf sy si hei gschländeret und hei underwägs allne mügleche Lüte ds bös Muul aghänkt.

Di eltere Lüt sy no bis schpät i d'Nacht yne bine-n-andere blibe. Der Gugger weiss, wie das gange-n-isch, aber der Schuelkommissionspresidänt het z'mondrisch e wüeschte blaue Pflaartsch ob em einte-n-Oug gha. Er het sech nid la usrede, me heig ihm i der Fyschteri nes Seili übere Wäg gschpannet gha. Aber die, wo mit ihm vom «Bäre» furt sy, hei gseit, er verwächsli das. Das mit dem Seili syg am Namittag gscheh, aber da syg er uf die Syte trohlet, wo ander Lüt keini Ouge heige, nume sünscht öppe Hornhut.

Item, es isch guet, sy no zwee Tag derzwüsche gsi. Am Oschtermorge-n-isch z'Nüechterswyl alles a sym Platz gsi, d'Lüt und d'Glogge. So wyt me ds Glüt het möge ghöre, isch alles ei Freud und eis Lob gsi. Ganz wundervoll het es über di früsch grüene Matte-n-us und bis a Buechewald übere tönt, wo's ein dunkt het, der Gloggeruef bringi di junge Tribe zum Ufschpringe. Me heigi eigetlech gar nümme gwüsst, wie wohl eim es rächts Chilcheglüt chönni tue, hei d'Lüt gseit und sy z'Schaarewys z'Predig cho. D'Gmeindsmanne hei sech gar tusigs gärn la säge, das sygi jitz einisch d'Chöschte wärt gsi, und si heige rächt gha, nid z'schpare.

Der Pfarrer het mit warmer Oschterschtimmung prediget. Da isch niemer i Versuechung cho yz'schlafe. Ganz bsunders guet het me's ufgnoh, wo-n-er gseit het:

«Viel schöner, als ich mit Worten es euch sagen könnte, haben die melodischen Klänge unserer neuen Glocken die selige Botschaft verkündigt: Freude wird im Himmel sein über einen Sünder, der Busse tut. Seht, meine lieben Nüechterswyler, wo, beschämt durch die dem menschlichen Geist unfassliche Gnade unseres himmlischen Vaters, die Menschen sich beugen und ihrer Bussfertigkeit Ausdruck verleihen durch ein freudiges Opfer, da offenbart sich das Wohlgefallen Gottes an seinen Geschöpfen, und es ist, als erfüllte harmonischer Wohlklang die sonst unter Klagen seufzende Welt.»

Me cha sech dänke, wie dem Weiher-Mädi settigs wohlta het.

Es isch doch e schöni Sach, wenn i ne Gmeind so-n-e gueti, friedfertigi Schtimmung cha yglütet wärde. Vom Pfarrer bis zum Hüeterbueb hei alli wohl gläbt dranne. Aber wo i üser arme Wält blybt öppis eso uf d'Längi ungschtört? D'Nüechterswyler hei o müesse-n-erfahre, dass der alt Freudeverderber überall derby isch. Im «Bäre»-n-isch es uscho – so-n-es Wirtshus isch geng ds saftigscht Mischtbeet für ds böse Gjät –, und vo dert isch es so gleitig wie müglech dene zuetreit worde, wo's am hertischte het müesse duure. Also im «Bäre» sy ei Abe-n-ihreren-es paar zsämegsässe, wo's im Chilchsturm endlefi gschlage het, gäbs ne lieb gsi isch. Da schtreckt sech Eine-n-und seit: «Aber schön töne tät si, üsi Schtundeglogge.»

«Die cha wohl», meint e-n-Andere, we sövli Silber drinn isch.»

«Silber?» fragt der Erscht, «das wird öppe nid so wyt här sy mit däm Silber.»

«Item, i wett, es wär mys.»

Jitz faht hinderem Tisch Eine, e-n-Arbeiter us der Ysehütte vom Lohn, afah lache, wie nid gschyd: «Heit dir das gloubt vo däm Silber? I hätti nid däicht, dass es selig liechtglöubig Tröpf gäb.»

«He z'Donner», antwortet me-n-ihm, «i weiss doch, dass si Silber gsammlet hei und dass si's mit i d'Giesserei gnoh hei.»

«Das wciss i o», seit der Arbeiter. «Aber meinet dir, das chöm' i d'Glogge?» – Das wird doch alls uf d'Syte gschaffet.»

Si hei no lang drüber dischputiert. Eine het du z'morndrisch der Chilchgmeindratspresidänt gfragt, wie das eigetlech sygi, öb si de nid sälber das Silber mit i d'Giesserei bracht heige. Der Chilchgmeindratspresidänt isch toub worde wie-n-es Bieli und het gseit, grad vor de-n-Ouge vo de Delegierte heig me ds Silber i Ofe ta. Dä Arbeiter, wo da so dumm schwätzi, söll sech nume-n-i-n-Acht näh. S'chönnt ihm sünsch de no fähle.

Das hei si du dem Arbeiter vo der Ysehütte gseit; aber dä het sech nid welle la brichte-n-und gseit, är wüssi wohl, was Bruuch sygi i dene Giessereie. Di Sach het sech umegseit und no viel gä z'rede. Der Pfarrer het mängem müesse Bscheid gä und geng nüt chönne säge, als was er gseh het, und er gloubi nid, dass öppis urächts gscheh sygi. Jedefalls het niemer der Muet gha, der Herr Diräkter Schmürzeler sälber ga z'frage.

Einisch het der Pfarrer uf nere Reis Glägeheit gha, ne Fachma z'frage. Und dä het ihm du gseit, es mögi ja sy, dass me-n-i alte Zyte Silber i d'Glogge ta heigi. Hüttzutag machi me das nümme, will me wüssi, dass es nume der Ton verderbi. Dä Bscheid het du o dem Pfarrer sy Vertrouessäligkeit gnoh, und er het nümme mit der glyche Zueversicht möge-n-Uskunft gä. Zum Glück hei d'Lüt o nümme viel dernah gfragt. Nume das unglückleche Weihermädi het ne no einisch z'Red gschtellt, was das sygi mit däm Gschwätz. Da het du halt der Herr Pfarrer gseit, so und so sygs gange; aber er müessi bekenne, dass er, wie meh dass er drüber nachedänki, doch nümme so ganz sicher sygi, dass si ne nid i der Giesserei öppis vorgmacht und am Änd d'Sach hinde-n-ume-n-uf d'Syte gschaffet heige. Es sygi allwäg gschyder, me gang nid z'gnau ga undersueche. Im Grund änderi ja e Betrug nüt a der Sach. Der lieb Gott luegi nid uf d'Opfergab, er luegi uf d'Gsinnung, und drum chönni kei Betrug der Säge-n-abwände.

Dadruuf het ds Weihermädi nid viel chönne-n-erwidere-n- und dem Pfarrer z'lieb derglyche ta, es gäb sech mit däm Gedanke zfride. Aber scho vor der Türe vom Pfarrhus sy-n-ihm syni Göllerchetteli obsig cho, und es het im Grund vo sym Härz lamäntiert, der lieb Gott vermögi wohl nid druuf z'luege, aber für ihns sygi das doch de nahdisch nid ganz eis, öb me syni einzige Wärtsache-n-a ne Glogge schtifti oder a mene «Bschysshung» vo der Giesshütte-n-i Sack jagi. Vo denn ewäg äbe het es a keini Wunder meh welle gloube. Täglech und schtündlech het es uf ne schützleche Donnerchlapf vom Himmel gwartet, wo di Schuldige hätti sölle sächs Schueh tief i Bode-n-yne schla. Und will geng nüt eso cho isch, so het es eismal über ds andere gseit: «Und es isch fertig, es git eifach kener Wunder meh.»

Nei, Donnerchlapf hets keine gä. Aber ds gröscht Wunder uf der Wält isch d'Grächtigkeit, und die geit gwöhnlech ihre Wäg, ohni Lärme z'mache.

Z'Nüechterswyl und i der Umgäged het me sech scho lang a ds neue Glüt gwahnet gha, und kei Möntsch meh het dra dänkt, dass das nid geng so tönt heigi, da het me z'Chalch-

147

brünne brichtet, i der Giesserei sygi öppis nid, wie-n-es sy sött. Wie hätts o anders welle cho? Wo-n-e Gschäftsbetrieb druff ufbouet isch, dass geng eis dem Andere dür d'Finger luegt, geits grad so lang, bis Eine meint, di Andere heige-n-im Bschysse no meh Gfell als är, und de isch es us. Afange hei scho d'Arbeiter under sich, ohni öppis la z'merke, enandere nachegrächnet, wär am beschte wägchömi. Si hei du gfunde, das machi no nüt us, aber der Giessmeischter luegi geng gar guet, dass er nid z'churz chömi. Und wo dä gmerkt het, dass d'Arbeiter ihm nümme gönne, was bis jitze «Rächt und Bruuch» gsi sygi, het er dänkt, me mangleti ne grösseri Latärne-n-az'zündte, damit me ds Liechtli vo däm übelschmöckige Tägel nümme-n-achti. Ganz süferli hindenume het er dem Herr Diräkter e Hafe-n-abdeckt, wo-n-er scho lang het dry gugget gha. Der Diräkter het öppis ghöre lüte, und will er wohl gwüsst het, wär einzig i dä Hafe het chönne luege, het er dem Meischter Häggi afah nes suurs Gsicht mache.

Der Meischter Häggi het der Unschuldig gschpielt und gseit, er wüssi nid, mit was er das verdienet heigi, so mach'är nümme mit. Mit grossem Gschrei über d'Undankbarkeit gägen-alti, treui Arbeiter het er sys Lohnguethabe gheusche-n-und d'Finke gchlopfet. Der Diräkter isch no so froh gsi. Für ne z'gschweigge, het er dem Häggi derglyche ta, es syg ihm leid um so ne zueverlässige-n-Agschtellte und ihm no der letscht Zahltag schön ufgrundet.

Dermit wär du dä, wo der Zündtschwumm underegschtoosse het, glücklech dusse gsi; aber der Herr Diräkter het vergässe d'Gluet usz'trappe. S'isch nid lang gange, so hei di beide-n-Andere-n-Aktionär vo der Giesserei dem Herr Diräkter gseit: «Säget loset» und so wyters. Es paar Tag druuf sy d'Fürschpräche derhinder gsi, und dermit isch de albe d'Sach underem Teigtröhler. D'Firma isch geng länger worde. Sie het jitz gheisse: «Giesserei A.-G. vormals Schmürzeler in Liquidation.»

Wo das under d'Lüt cho isch oder, besser gseit, i d'Zytunge, hei gwüssi Lüt z'Nüechterswyl i höchem Grad das übercho, was me di reinschti Freud heisst. E Zytlang het me wieder d'Glogge ghöre lüte, aber o uf das abe-n-isch es wieder schtill worde, und me het wieder nümme-n-uf ds harmonische Glüt g'achtet.

Der Meischter Häggi isch z'erscht ziemlech wyt ewäg vo Chalchbrünne-n-und het sech na Arbeit umta, aber geng nume provisorisch. Einisch het er sogar derglyche ta, er well übere grosse Bach. Aber das isch ihm nie ärnscht gsi. Bekanntermasse het er nid nume Freud gha a schöne Göllerchetteli, sondere no meh a däm, wo me se dra hänkt. Und wo-n-er synerzyt z'Nüechterswyl ds neue Glüt isch ga montiere, het er dert öppis gseh, wo-n-ihm no meh Ydruck gmacht het als der Schuelkommissionspresidänt.

Lang no het er sech nid rächt i d'Gmeind trouet und dänkt, syni früechere Mitarbeiter oder gar der Diräkter chönnte-n-ihm syni Bruefsmachetschafte-n-usbracht ha. Wenn er erscht no gwüsst hätti, was me da di mal im «Bäre» z'Nüechterswyl und z'gueterletscht i der ganze Gmeind ume brichtet het vom Silber i de Glogge!

Aber es isch e-n-alti Gschicht: d'Liebi macht blind. Afange-n-isch dem Meischter Häggi sys Zwüsche-n-usenäh nie als es grosses Verbräche vorcho. Diräkt z'Schade cho syg ja eigetlech derby niemer, het er sech geng wieder ygredt. Und wenn doch Silber der Gloggeschpys nume schadi, was Guggers me de da no hätti sölle dä Gräbel ga drytue? Dass der Diräkter sälber nüt druffe gha heigi, syg i der ganze Giesserei bekannt gsi, und wenn er anderer Meinung gsi wär, so hätt' er wohl nid beidi Ouge zuedrückt. So het der Giessmeischter albe-n-am Tag sich sälber vorgrächnet. Nume z'Nacht hets ihm einewäg mängisch nid Rueh gla. Aber gäb wie ne das het möge plage, so gwüss dass ihm syni Sünde z'Sinn cho sy, so gwüss isch ihm o das luschtige Meitschi mit de blaue-n-Ouge-und de chruuse blunde Haar wieder ygfalle, wo-n-er der sälb Tag ufem Chilchhof z'Nüechterswyl het gseh uf und ab schpaziere.

Mängi Wuche het das so im Meischter Häggi grumoret, und geng meh isch d'Längizyti na däm Meitschi obenuf cho. Ei Nacht het er du sogar vo-n-ihm troumet. Er isch i mene Dornegschtrüpp inne gsässe-n-und het nid drus usechönne, will ihm d'Händ mit silbrige Chettene sy bunde gsi. Da isch das Meitschi nid wyt vo-n-ihm uf der Chilchhofmuure gschtande-n-und het ihm geng gwunke, er söll doch übere cho. Rede het er nid chönne, und drum het er hülflos syni bundene Händ ufgha, bis ds Meitschi vo der Muure-n-abe gschprunge-n-isch. Wie-n-e-n-Ängel isch es cho z'flüge-n-und het ds Ändi vo dene Chettene gnoh und ne dermit usem Dornegschtrüpp usezoge. Grad het ers welle-n-a ds Härz drücke, da isch er erwachet. Jitz het er aber o gwüsst, was er z'tüe heig. No der glych Tag het er i d'Ysehütte vo Nüechterswyl um Arbeit gschribe. Und der Herr Diräkter Mohr, wo ganz guet gwüsst het, dass der Herr Schmürzeler am Häggi ne famose Giessmeischter gha het, het sech nid lang bsunne. Es isch ihm wohl bekannt gsi, was me gseit het vo de Silberopfer; aber was het ihn das gkümmeret! I nere-n-Ysehütte fallts niemerem y, ga Silber yz'lege.

I der erschte Zyt het ussert de-n-Arbeiter vo der Giesshütte z'Nüechterswyl fascht niemer öppis vom Meischter Häggi gmerkt. Er isch nid grad schüüch gsi, aber geng uf der Huet und het d'Ohre gschpitzt, wo-n-er irged under d'Lüt müesse het. Gwohnt het er bi nere schtille-n-Arbeiterfamilie, i mene subere neue Hüsi, ordli vor em Dorf usse. Wenn albe-n-amene Sunntigmorge d'Lüt ufem Predigwäg dä Ma mit sym intelligänte Gsicht im Gärtli hei gseh sitze, hinder de höche Sunnebluemeschtude-n-und de Winterrose, het sech Eint-und Andere gseit: «Wo-han-i-dä doch scho einisch gseh?» Di Wenigschte hei sech bsunne. Nume die, wo bim Gloggenufzieh d'Nase z'vorderscht gha hei, hei ne-n-umegkennt. Und ds Muul uftue gäge-n-ihn het keine dörfe. A de Sunntignamittage-n-isch der Häggi allei im Wald umenand gfahre-n-oder amene ganz einsame Plätzli a der Aare ga fische. Da het er viel Zyt gha zum Nacheschtuune, und derby isch geng meh d'Längizyti über ihn cho.

Jitz isch doch nüt natürlecher, als dass es ein geng und geng wieder derthi zieht, wo eim öppis zum erschte mal ganz bsunders i d'Ouge gä het. Wie schön het ers doch im Bsinne gha! Dä Chilchhof mit der fründleche Chilche zmitts drin, di heiteri Früehligsschtimmung, wo ds sältmal i der Luft gläge-n-isch, di Lüt, wo alli mit glänzige-n-Oue-n-uf ds Ufzieh vo de Glogge gwartet hei. Und da isch das tuusigs Meitschi geng um ne-n-ume gsi. Bald isch es mit andere-n-Arm i-n-Arm zwüsche de Greber umenandere gschpaziert, bald isch es i syr Nächi blybe schtah und het ihm zuegluegt. Und er het e chly der Ydruck gha, es interessier sech weniger für syni Fläschezüg und Hölzer als für ihn sälber. Bhüeti's wäge dessi! Es wär nid ds erschte gsi, wo n-a-n-ihm umegluegt hätti. Wo het der Meischter Häggi das Chrottli ehnder wieder chönne zu Gsicht übercho als äbe dert um d'Chilche-n-ume? – Aber äbe. Grad juscht dert het er sech nid am liebschte zuechegla. Afange het er scho sünsch nüt uf Chilche-n-und Predige gha, und de isch da so öppis gsi, wo-n-er gschoche het. Aberglöubisch – het er emel gmeint – syg er gwüss nid. Und doch wär er jitz mit ganz andere Gfüehl i d'Nächi vo däm Chilchsturm gange, als vor däm dass ds neue Glüt dert obe ghanget isch.

Und doch und doch hets ne geng wieder derthi zoge. Sunntig für Sunntig isch er, wie d'Chatz ume heisse Brei, i wytem Boge-n-um d'Chilche-n-ume gschtriche. Bald het er sech am nächschte Waldbord obem Dorf poschtiert, bald ob der Griengruebe, wo me chly über d'Hüser yne gseh het, bald hinder mene Schpycherli, wo me-n-uf d'Schtrass het chönne glüüssle. Und richtig, ei Sunntig gseht er sys Meitschi ume. S'isch zmitts i mene Schwarm vo Lüte z'Predig cho, hert näben-ihm es elters Froueli, wo-n-ihm gliche het – offebar d'Muetter. Aha, het er dänkt, das isch guet ghüetet. Wie-n-e Schtächvogel het er se verfolget, bsunders na der Predig, für z'luege, wohi si gange. Er het sogar ganz vergässe sech vor de Lüte-n-i-n-Acht z'näh und isch ne vo Wytem nachedüüsselet. Si sy i Weiher use, und er het ganz guet sech ds Hus chönne merke, wo si drinne verschwunde sy.

I de nächschte Wuche het der Meischter Häggi d'Gäged vom Weiher rekognosziert, aber gfunde, es syg dert nid guet zueche z'cho. Dä alt Schuelmeischter het nämlech o dert umenand gwohnt, wo synerzyt mit dem Pfarrer und dem Chilchgmeindratspresidänt i d'Giesserei ga Chalchbrünne cho isch. Am beschte-n-isch es geng no gsi, am Sunntig d'Chilche-n-im Oug z'bhalte. No mängisch het er am Waldrand obe gwärweiset, öb er sech ächt nid well nächer zuechela. Aber geng isch ihm no öppis im Wäg gsi. Es het ne nämlech einisch, wo-n-er währed dem Zsämelüte dert ufe gange-n-isch – er het sech gfragt, ob irged e möntschlechi Schtimm derby im Schpiel sygi – dunkt, di neue Glogge mache bim Lüte geng: «Silberschelm, Silberschelm, Silberschelm». Und wenn d'Mittagsglogge-n-alleini glütet het, so het si gmacht: «Schelm, Schelm, Schelm». Das isch so e-n-eigeti Art d'Lüt yz'lade. Lang lang hets ne möge hinderha, und mängisch isch er toub worde, er wär am liebschte-n-im Verschleikte ga d'Seili abschnyde.

Und doch – und doch! Wäg hets zum Meitschi gwüss kei sicherere gä, als dür d'Chilche. Afange hätt' ers dert vo Nachem chönne gseh, und de – das het er sech ja doch müesse säge – wenn er zu däm Meitschi z'grächtem het welle zuechecho, so het er uf irged e-n-Art mit der Chilche müesse Fride mache. Und wär weiss, wenn er das probierti, so ghörti er de dä Schpott nümme-n-usem Glüt use. Der Meischter Häggi isch no gar nid zerknirscht und buessfertig gsi über syni Sünde-n-i der Giesserei. Geng no het er sech sälber ygredt, es syg sech doch eigetlech gar nid derwärt, dadrus es Wäse z'mache. Hingäge-n-isch ihm ds Gfüehl doch afange längwylig worde, d'Lüt wüsse-n-öppis. Viellicht het er sech ja das nume-n-ybildet. Viellicht hätt' er sech usem Gsurr vo de Glogge gar nüt bruuche z'mache. Aber schtatt bi sech sälber ufz'ruume, het er d'Lüt uf d'Latte gnoh und isch i Gedanke geng parat gsi, uf di lysischti Anschpielung hi dem Erschte Beschte mit syr am Yse hert wordene Fuuscht alli Zähnd i d'Gurgle hindere z'schla.

I där Gmüetsverfassung isch er no gsi, wo-n-er a mene Sunntig ändlech ds Härz i beidi Händ gnoh het und z'Predig gange-n-isch, will ers nümme länger het chönne-n-ushalte, ohni sy Schatz wieder einisch z'gseh. Weder demüetig, no andächtig isch er der Chilche zuegschtüüret, ehnder wie Eine, wo mit niderdrücktem Chopf und dem lingge-n-Arm vor de-n-Ouge sech i ne Prüglete wott schtürze. Und er isch no meh i die Schtimmung ynegrate, will ne d'Glogge-n-us nächschter Nächi völlig so abrüelet hei: «Silberschelm, Silberschelm!»

Wo-n-er d'Chilchstüre hinder sech gha het, isch's ihm gsi, wie wenn er i ne chugelsichere-n-Underschtand ynecho wäri. Er isch i ds hinderschte-n-Eggeli näbe der Orgele, uf der Portloube ga sitze. Dert hei ne nume grad i der erschte Minuten-es paar Buebe chly gwunderig agluegt; nachhär het niemer nütmeh derglyche ta. Ds Meitschi het er erlickt. Er hets zwar nume vo hinde chönne gseh; aber es het einewäg möge grecke, für ihm e gueti Schtund z'mache. So isch di erschti Position erschtritte gsi, und ds nächschtmal hets ne scho chly weniger Überwindung gchoschtet, und er het sech du o nes gäbigers Plätzli usgsuecht, wo-n-er ds Meitschi scho chly vo der Syte het chönne-n-under Füür näh.

Vo jitz a het der Meischter Häggi zu de regelmässige Prediggänger ghört. Scho isch er derwäge-n-i der Ysehütte zäpflet worde, und er het sech wüescht müesse zsämenäh. Fascht isch es ne-n-acho, wieder vo der Chilche wägz'blybe, damit ne nid öppen-n-amene schöne Tag Eine fragi, öb er öppe welli ga Buess tue für sys Zwüschenusenäh. Aber d'Längizyti het ne scho z'fescht packt gha, als dass er wieder hätti chönne hindertsi buechschtabiere. Uf das, was albe der Pfarrer uf der Chanzle het la ghöre, het der Häggi nid grüüslech ufpasset. Aber hie und da het ne doch es Wort oder e-n-Idee interessiert. Es het sys Guete gha, dass der Meischter Häggi i der Bibel nid guet bschlage gsi isch, sünsch hätt' er gmerkt, dass der Pfarrer nahtinah gäge ds zwöit Kapitel vom erschte Buech Samuel zuegschtüüret isch, und de wär' er gwüss der sälb Sunntig nid z'Predig cho. So hingäge-n-isch er du ganz ahnungslos dagsässe, wo der Pfarrer der Tägscht liest:

«Aber die Söhne Elis waren böse Buben; die fragten nicht nach dem Herrn, noch nach dem Recht der Priester an das Volk. Wenn jemand etwas opfern wollte, so kam des Priesters Knabe, weil das Fleisch kochte, und hatte eine Gabel mit drei Zacken in seiner Hand und stiess in den Topf; und was er mit der Gabel hervorzog, das nahm der Priester davon ...»

Der Usdruck «böse Buben» isch d'Schuld gsi, dass der Häggi het afah d'Ohre schpitze, und wo-n-er der Tägscht het fertig glost gha, hets ne du o wundergnoh, was der Pfarrer jitz da derzue well säge. Bald hets ne greut, dass er hütt nid a sym erschte Platz hinder der Orgele gsässe-n-isch. Under vielem andere het der Pfarrer gseit, es chömi zwar hüttzutag nümme-n-oft vor, dass Eine mit nere dreizinggige Gable zwüschenuse nähmi, derfür gscheihs aber deschtmeh mit der füfzinggige, wo jedermann geng bi sech heigi. Jede-n-Ougeblick het der Häggi gmeint, jitz gangs de übere Silberschelm här, und wenn er nid gförchtet hätti, er machi Lärme, so wär' er usedüüsselet. Mit dem Chopf schier zwüsche de Chneue het er dargha, bis fertig. Wie me's äbe nume-n-uf Grund vo der eigete-n-Erfahrung cha, het der Pfarrer mit dene-n-abgrächnet, wo sech nidemal vor sech sälber schäme Gäld und Guet yz'sacke, wo sech Anderi abem Muul abgschpart heige, für chönne Guets z'tue. Wenn Eine so öppis über sech bringi, so chönni me ds Böschte vo-n-ihm erwarte, und gwöhnlech sygi de ds Änd vo settige Lüte-n-o dernah. Es söll sech aber niemer ybilde, er sygi sicher vor settige Versuechunge. Das faj mängisch mit ganz harmlose Missbrüüche-n-a, und wenn einisch ds Gwüsse nes Loch heigi, so wärdi das geng grösser.

Dem Häggi isch es gsi, wie wenn er e Schrotschutz i ds Härz übercho hätti. Afange-n-isch ihm es Liecht drüber ufgange, wie anders me das chönni aluege, wo-n-är für sich geng vernüütiget het. Und derzue het der Pfarrer syne Nüechterswyler no ds Urteil über settigs gscherft. Er het sech z'grächtem afah schäme-n und isch rätig worde, er well ufruume. Aber wie? Vo allne syne Schelmereie het er nüt meh gha als di schöne Göllerchetteli und Hafte. Alles andere het er verquantet gha. Das Göller hingäge het er bhalte, will er dänkt het, er findi einisch no nes luschtigs Meitschi derzue, und chönni's de dermit hääggle. Aber jitz het er sech ja müesse schäme, mit dene Chettene-n-öppis eso welle z'probiere. Si sy vo Nüechterswyl cho, emel us der Chilchgmeind. Also het der Pfarrer, wo se bracht het, müesse wüsse, wär se gschtiftet het. So het der Häggi grächnet.

Liecht worde-n-isch es ihm nid, dem Pfarrer ga z'bekenne. Er het ob däm Gedanke ds luter Wasser gschwitzt. Aber z'letscht het er sech gseit, jitz müess einisch Luft gmacht sy, so chönn' er nachhär mit suberem Gwüsse sym Meitschi under d'Ouge cho, und wär weiss, villicht tüejis de dem Pfarrer no wohl, wenn er gsehji, dass sy Predig däwäg bschosse heig. Grad wie-n-ers gmacht het, bevor er i d'Chilche cho isch, so isch er ufem Ruehbett i ds Pfarrers Schtudierschtube-n-i mene grosse Boge-n-um d'Houptsach ume, bis er ändlech mit dem Bekenntnis usegrückt isch. Vo der Giesserei und was dert der Bruuch gsi sygi und wie me da so nahtinah i d'Schelmerei ynezoge worde sygi, ohni eigetlech sech klar z'sy drüber, was me-n-unrächts tüej, het er es Längs und es Breits gredt. Der Pfarrer het der Chopf i d'Hand gschtützt und di ganzi Zyt i ne fyschtere-n-Egge hindere gluegt, für emel ja nid dür ne-n-unzwäckmässige Blick di Usläärete z'schtöre. Dem Häggi hets erscht rächt glugget, wo syni Göllerchette-n-im heimelige Schyn vo der Petrollampe-n-ufem Tisch glänzt hei.

Z'erscht het der Pfarrer nume ne länge verwunderete Blick uf die Silbersache gworfe. Me het ihm agseh, dass er über öppis nachedänkt. Ändlich schtreckt er dem Meischter Häggi d'Hand dar und seit ihm: «Dir heit rächt, dass Dir zue mer cho syd. Dir wärdets nie bereue. Es isch ds einzig Richtige, dass me sech settigs abem Härz schaffet. Nadäm, was Dir mit gseit heit, chönnet Dir sicher sy, dass Ech der lieb Gott vergä het. Und jitz wei mer luege, was z'mache-n-isch, dass Ech o die nütmeh nachetreit, wo di Sache gschtiftet het. Ganz sicher weiss i nid, wäm si ghöre. Wenn Dir mer ds Vertroue weit schänke, so will i luege, dass das i d'Ornig chunt.»

Dem Häggi het das no chly Sorge gmacht. – Und wenn de der Pfarrer a di Lätzi chäm und dermit d'Sach wyter usbrächti als nötig?

Der Pfarrer het ihm agseh, dass er Müej het, sech z'dezidiere, und het ihm nacheghulfe: «I gloub, i wüssi, wäm si ghöre. S'isch mer es Liecht ufgange.»

Uf das hi het der Häggi danket und isch gange. Der Pfarrer het ihm bis vor d'Hustüre zündtet und isch wieder i d'Schtudierschtube-n-ufe. Dert het er d'Chetteli zsämegwüscht und i nes Schublädli vo sym Schrybtisch ta. Und du het er us nere-n-andere Schublade nes Pack Briefe fürezoge-n-und gsuecht, bis er das anonyme Briefli gfunde het, wo synerzyt di Chetteli drin sy yglyret gsi. «Das fählt nid», het er gseit, «das chunt vom Weiher-Mädi. Jitz weiss i, warum es sech isch cho erkundige, öb würklech das Silber sygi gschtole worde. Di ganzi Gschicht glychet dem Weiher-Mädi, es cha chuum öpper anders i der Gmeind sy.»

Grad am andere Tag isch der Pfarrer i Weiher use. Ds Mädi het sech schier nid gwüsst z'hälfe vor Freud ob der Visite. Enanderenah het ds Gritli müesse ga nes Gaffee mache. Unterdesse hei si chly vom Wätter, vo der Frou Pfarrer und andere Sache brichtet, und du seit der Pfarrer undereinisch: «Ja, villicht hättet Dir nidemal so grüüsli Freud a mym Bsuech, wenn Dr wüsstet, warum i cho bi.» Und no gäb ds Mädi öppis dergäge het chönne-n-yrede, zieht er d'Chetteli usem Sack, leit se-n-ufe Tisch und fragt: «Loset, sy das öppe-n-Eui Chetteli?»

Da sy dem Mädi fascht d'Ouge-n-über ds Tschööpli abtrohlet. «Eh – Eh, du vorhogereti Parügge!» hets brüelet. «Jitz han-i gmeint, die hange-n-im Gloggeschtuehl obe-n-u lüte z'Predig.» Na mene Momänt fahts wieder a: «Heit Dir jitz öppe vergässe, die i d'Schmelzi z'gä? – Oder ... oder isch doch öppis nid rächts gange mit däm Silber?»

«Äbe-n-isch neuis da gange», seit der Pfarrer. Und du het er hübscheli afah brichte, was er am Abe vorhär erläbt het. Jitz chunt ds Gritli wieder yne mit dem Gaffee. Wo-n-es di Göllerchetteli ufem Tisch gseht lige, hets emel o müesse schtuune. Es wärdi doch nid öppe sy, dass der Herr Pfarrer für sy Frou chömi cho ne büürschi Bchleidig cho bschtelle, het es sech gfragt. Aber derglyche ta hets nüt. Es het du müesse lose, was d'Muetter seit. Me het nere-n-agseh, dass si füürtoub isch. «Dä Kundi», het si gseit, «ghört i ds Zuchthus. Dä muess azeigt sy.»

«I begryfe, dass es Euch ergeret», meint der Pfarrer, «aber i bi doch nid ganz Euer Meinig.»

«Wohl, wohl, Herr Pfarrer, däm ghört öppis. Wenns no amene-n-Ort e Grächtigkeit git, so sött me so öppis nid tole.»

«Grächtigkeit in Ehre! Aber es git no öppis Grössers», seit

der Pfarrer. «Dir heit mi einisch sälber dra gmahnet.» Mit däm zieht er es verrumpfets Papierli usem Sack und liest dem Weiher-Mädi us sym eigete Brief vor: «Freude ist im Himmelreich über einen Sünder, wo Buesse tuet.» – «Und wenn me sech im Himmelrych drüber freut», fahrt er furt, «so chönne mir arme sündhafte-n-und begnadigete Möntsche doch gar nid anders, als is o freue. Das heisst, mer müesse vergä.» Mit däm het er ds Mädi i d'Ängi tribe. Grad eso glatt agnoh hets es frylech no nid. Aber es het kei rächte Bscheid meh gwüsst. Der Pfarrer het ihm du no dargleit, wie schwär das für so ne Ma, wo sech verirret gha heigi, syg, wenn er sech müessi demüetige-n-und cho bekenne. Under Hunderte wäri gwüss nid mänge, wo's über sech bracht hätti. Dä, wo di Chetteli uf d'Syte gschaffet heigi, hätti ja wäge däm sech ganz guet chönne dürezieh, ohni dass me-n-ihm drüber cho wäri. Wenn aber so Eine sech wieder zur Chilche zuechelaj, so dörfe die, wo meinte, si heige-n-a Grächtigkeit öppis vor ihm z'vorus, ne nid wieder ga abschtosse.

Der Pfarrer het nid abgä, bis er dem Mädi sys Verschpräche gha het, es welli däm Ma verzieh und er dörf ne de zue-n-ihm schicke.

Ds Mädi het no nes paar Tag und es paar Necht a der Sach gha z'cheue. Aber ändlech isch es doch du mit sech eis worde, es schicki sech, dass ei Sünder dem andere vergäbi. Wo du am Sunntig druuf e schtattleche jüngere Ma vor der Türe schteit, het ds Mädi Härzchlopfe-n-übercho. Und wo du dä no gar na ihm fragt und ihm churz und bündig seit: «I wär jitz der Silberschelm vo Chalchbrünne-n-u hätt' Ech welle bätte ha, mir di Sach z'verzieh,» da het ds Mädi äng übercho im Hals. Es het nid grad ds rächte Wort gfunde-n-und gschpürt, dass o d'Himmelrychsbürgerschaft dem Möntsch Ehrepflichte-n-uferleit, wo nid geng ganz liecht z'erfülle sy. «Chömet yne!» hets du emel afange füre-bracht. Sy Verlägeheit isch aber nid numen-usem Verdruss und us der grächte-n-Etrüschtung cho. Es het da no öppis anders mitgschpielt. Ds Mädi isch nämlech i nere veraltete Vorschtellung gfange gsi. Dass es Schelme gäbi mit sydige Cravatte-n-und schwärguldige-n-Uhrechettene, het es wohl gwüsst – für das schtiehlt me-n-äbe –; aber nüt deschto minder isch sy Vorschtellung vo mene Schelm unzertrennlech gsi vo mene müglechscht schrege Gfräs und Felläde-n-i Hose-n-und Ermel. Jitz hingäge-n-isch e grangschierte Mändel vor ihm gschtande mit heitere, zuetrouchleche-n-Ouge. Vo so eim z'ghöre: «I wär jitz der Silberschelm» isch doch es gschpässigs Lose gsi. Und derzue isch es dem Mädi i sym ganze Läbe no nie passiert, dass ihm so-n-e Ma für öppis Abbitt ta het. So het du der Meischter Häggi schier d'Oberhand übercho. Er het dervo profitiert, für dem Mädi z'brichte, wie-n-är derzue cho sygi, zwüschenuse-z'näh. Und er hets eso gschickt gmacht, dass ds Mädi trotz syr eigete Rächtschaffeheit no bald hätti afah begryfe, wie me der Versuechung chönni nahgä. – Natürlech isch du zmitts währed dem Gschpräch ds Gritli, di Gwundernase, cho ynez'schiesse.

«Gang use!» het ihm d'Muetter befohle, «du hesch nüt da inne z'tüe.»

Das isch gleitig gange. Aber wenn es Hääggli i nes Häftli ghört, so bruuche si nid lang ufenandere-n-umez'rütsche. Das hätti ds Mädi scho us sym Bruef chönne wüsse. Gmerkt hets dä Ougeblick nüt. Wär aber dem Häggi syni Ouge gseh hätti und dem Gritli syni, dä hätti nümme lang drüber bruuche z'schtudiere, öb die zwöi enandere z'wider syge.

«Ja nu», het schliesslech ds Mädi gseit, «gscheh isch gscheh, es treit nüt ab länger über di Sach z'choldere. Was mi ageit, so trage-n-i Euch nütmeh nache, u füre Räschte het e-n-Andere drüber z'richte.» Eis het der Sünder doch no müesse ha.

Dem Mädi hets druuf abe gwohlet, und es isch sech bravs vorcho. Wo du aber der Meischter Häggi zum zwöite-n-und dritte Mal vorbycho isch und sech zum Hus zuechegla het, het ds Mädi gseit: «Was wott dä eigetlech o?» Nahtinah isch ihm du ufdämmeret, es schtecki nid nume luter Buessfertigkeit derhinder. Das het ihm du schuderhaft z'dänke gä, vowäge, wenn me scho öpperem verschproche het, me well ihm syni alte Sünde nümme nachetrage, so wott das no nid säge, me tüej ihm grad Tür und Tor uf. Und vor luter Nachedänke, wie wyt me amene Möntsch dörfi etgägegah, het ds Mädi nid ufpasset.

Der Schtumpe-n-isch ihm du erscht z'grächtem ufgange, wo-n-es vo nere Schtör ungsinnet früecher heichunt, als es vorgha het. Schteit da nid der Meischter Häggi i der Chuchi a Chachelbank aglähnt und het ds Gritli amene-n-Arvel! D'Nase het er ganz i di blunde Chrushaar vom Meitschi gschteckt gha und ihm neuis zuegflismet. Und si hei sech nidemal la gah, bis ds Mädi under der Türe seit: «So, isch das däwäg gmeint gsi?» Ds Gritli isch güggelrot worde-n-und hätt' sech am liebschte hinderem Chachelbank verschteckt. Aber der Häggi het ihns ganz fescht i de-n-Arme bhalte-n-und d'Muetter aglachet: «Wie wett es sünsch gmeint sy?» Ds Mädi het gseit, das chöm ihm jitz doch nahdischt e chly schtotzig. Dass aber da nüt meh z'welle sygi, hets doch ygseh. Me müesst o nid sälber einisch jung gsi sy, het es sech gseit, wenn me sech uf d'Längi dem Glück vomene Chind wetti widersetze. «So mira!» hets gmacht, und dermit hei di Junge gwüsst, wora si sy.

Im Früehlig druuf hei d'Glogge vo Nüechterswyl dene Beidne z'Hochzyt glütet und me darf säge: o ds Glück yglütet. A ds Gritlis Tschöpli het di alte Göllerchetteli im Sunneschyn glänzt, und der Pfarrer isch nid i Verlägeheit gsi, was er dene Brutlüte säge söll.

Wo si du so rächt i ihrem hüsleche Glück sy ygsässe gsi und der Muetter e-n-Abglanz dervo ufem Gsicht gschtande-n-isch, het ds Gritli se-n-einisch mit glitzerige-n-Öugli agluegt und gfragt: «Gäll, Muetter, es het de no sys Guete, wenn scho nid grad jede Wunsch, wo me-n-i grächtem Zorn tuet, i-n-Erfüllung geit. Wo wär my Jakob jitz?»

«I will Dr jitz de gly, du chätzers Meitschi du», het d'Muetter g'antwortet.

«Und wäge de Wunder, wo's nümmemeh söll gä ...»
«Schwyg nume, schwyg! I weiss scho, was d'säge witt.»

Wie mer albe theäterlet hei als Chinder

Otto von Greyerz

Mir hei am Wibermärit gwohnt und sy so rächti Stadtchinder gsi, wüsst-er, ohni e Garte, ohni Hüehner, ohni Chüngeli und nüt settigs. Nid emal e Hund oder e Chatz heimer im Hus gha. Und wo's einisch gheisse het, 's sig e Marder uf em Eschtrich obe, hei mer nit gwüsst, öb das es Tier mit Hörner oder mit Flügle sig; numen öppis vo Mörder het's müesse sy, sünsch hätt's nid Marder gheisse.

Als Stadtchinder also, wo die grüeni Natur nume vom Höflifänschter us oder vom Spazieren echlei gchennt hei, sy mer die meischti Zit, we mer nit Schuel gha hei, i der Stube gsi und i de Gängen ume gfahre und hei is da vertörlet so guet mer chönne hei. Und längwilig isch es nie gsi, was i weis. Aber ds liebschte vo allne Spiel, wo mer glehrt oder erfunde hei, isch is ds Verchleide und Theäterle gsi. Daderfür het's aber nit vil Gostüme und Saches bruucht. Es paar alti Hüet und Schale vo Papa oder Mamma, es Paar alti Glacéhäntsche, wo einisch sy wyss gsi, oder es altmödischs Sunneschirmli vo der Grossmamma nache oder es paar stockfläckigi Sideband us nere alte Trucke vüre, das isch für üs scho e ganzi Herrlechkeit gsi. Und de, nit z'vergässe, ds Glanz- und Prachtsstück vo üser Garderobe: das rotsametige Burgunderwams, wo-n-en Unggle von is am grosse Murteseschtzug heig treit gha, mit gäl- und schwarzgstreifte Lismerhose derzue, ächt «hischtorisch» wüsst er! (me het nume müesse Sorg ha bim Alege, sünsch isch me all Augeblick mit em Zäje dür nes Loch us gfahre), es het gäng Chritz gä, wär se dörf trage. Passet hei sie keim von is, vo wäge dä Unggglen isch e Goliath gsi vo Poschtur, me hätt i jedem Hosebei eis von is chönne verstecke; und we mer se-n-einisch hei anne gha, die Hose und se fascht bis under ds Chini ufezoge, so het's glych no Rümpf gä vo z'oberseh bis z'undersch und d'Fürfüess hei über d'Zäjen us glampelet wi ne läre Gäldseckel, dass me ghörig het d'Bei müesse lüpfe für nit drüber z'stürchle.

Wenn ig ech aber sött säge, was mer de eigetlech gspilt hei, so wär i am Hag anne. Öb's Märli sy gsi oder biblischi Gschichte, ob öppis us em Robinson oder us der Schwizer Heldegschicht, i weiss es nümm. Jedefalls het das i de Gostüm nit viel Underschiid gmacht. Z'ersch het me di Gostümtrucke dürnuschet und sech usgstaffiert so schön me het chönne, ds Burgunderwams und d'Burgunderhose als pièce de résistance gäng allem andere vorus; öbs jetz der Robinson oder Ruedolf von Erlach breicht heig, das isch zimlech Wurscht gsi, mir hei's mit dem Hischtorische und dem Lokalkolorit nit so sträng gno und nid lang gwärweiset, öb jetz ds drizähte oder sibezähte Jahrhundert dranne sig. Amüsiert hei mer is herrlech derbi und das isch d'Houptsach gsi.

Mängisch sy mer o vom hischtorische Genre abgsprunge und hein is im modärne Sittestück güebt, d. h. mer hei eifach ds Läbe vo de grosse Lüt nachegmacht, ds eintmal Dökterlis gspilt, ds andermal Pfarrerlis, Lehrerlis, Verchäuferlis ezätera, und die glyche paar Stüehl und ds glyche spanische Wändli, wo mer hei dörfe bruuche, sy nachenand d'Dekoration von ere Chilche, enere Schuelstube, eme Spittel oder eme Lade gsi. Oder mer hei der Omnibus vom Bärnerhof us Stüel ufbaut, eis als Gutschner vorne, eis als Portier hinen-uff, die andere als Reisendi drinn inne mit Täschen und Huetschachtlen und Sache, und der Portier het se-n-uf änglisch oder französisch oder schriftdeutsch angeredet – er het alli Sprache chönne, und die Reisende meischtens o – und ihnen gesagt, sie sollen nur keinen Kummer haben, im Bernerhof habe es brilianti Bett und die Salle à manger sei ganz neu repariert und es gebe alle Abend Glace zum Dessär. Und derfür het er de grossi rundi Blächli als Trinkgäld übercho. – Und de hei mer, wenn d'Oschter- oder d'Herbschtmäss isch cho gsi und dä Zauber is fascht alli andere Gedanke gnoh het, die halbi Schützematt i üsem Vestibül lah ufmarschiere: «Knie's Arena» und «Agostons Zauber-Salon» und später «Weiffenbachs Weltpanorama» und wie die Wältwunder alli gheisse hei, wo für üs Chindschöpf wahri «Mystères de Paris» si gsi. Der Knie het uf eme länge Chuchibank gseilitanzet, zersch mit offenen Ouge, de mit verbundene, dass's ihm sälber fasch tötterlet het, wenn er scho under em Naselumpe düre het chönne vüre blinzle; und ganz nach em Vorbild vom Meischter uf der Schützematt het er de Bediente zuegrüeft: «Die Seile langsam straff anziehen!» Und de het me die Seili (wo's niene gä het) langsam straff azoge und mit ateloser Spannung dem Chünschtler uf sini Füess gluegt, dass er emel ja ke Misstritt tüeg, vowäge er het natürlech die schwarzgälgstreifte Burgunderhosen anne gha, und dir wüsst ja, wie das dert um d'Zäjen ume glampelet het. – Und der Agoston isch mit ere wysse Cravatte und ere zybiglatte Scheitlen ufträtte, elegant und edel wie ne Fürscht. «Meine Herrschaften!» vorne und «Meine Herrschaften!» hinde und het ds Blaue vom Himmel abe zauberet, d'Füfliberblächli z'totzetewys us de Manschette la vürespringe oder se däne «Herrschafte» us de Haare zoge und de im spannende Ougeblick, wenn ds Tübeli us der Fläsche het sölle flüge, mit eme Chäpselipischtöli gschosse – gwöhnlech het's de nit gchlepft, das donnstigs! – aber die Herrschafte hei einewäg göusset und das Vögeli (es porzelanigs) isch wahrhaftig dür d'Luft gfloge und vom Diener (im-ene Frack mit Silberborte!) no ufgfange worde, bevor's a Bode tätscht isch. Und ds Panorama Weiffenbach mit den Hauptsehenswürdigkeiten der «alten und neuen Welt»! Das isch de scho e technischi Leischtung gsi, bis mer das Dotze Wassergleser uf eme Tisch i Reih und Glid hei bracht gha, dass sie äntlech still gha hei und me düre Bode düre die Helgeli het chönne luege, wo mer derhinder mit Ach und Krach hei zum Stah bracht. Me het natürlech keini Vergrösserunge gseh, wie im rächte Panorama, sondere im Gägeteil ganz winzigi Verchlinerunge, aber das het is weni gstört. O, was für wundervolli Rägenamittage hei mer doch erläbt i däm dunkle Vestibüle, mit üsne paar Stüel, üsem Chuchibank, üsem spanische Wändli und dene paar hischtorische Hudle! Da sy mer i üser Wält gsi, üser eigete, chindschöpfige, aber sälber gmachte, sälber usdänkte, wo-n-is niemer gschuelmeisteret oder usglachet het, wo nume d'Mamma öppen einisch verby cho isch und früntlech wie ne Ängel gfragt het: Chinderli, syt-er lieb? oder Chinderli, heit-er's luschtig?

Allwäg hei mer's luschtig gha, und d'Zit isch is vergange wie ne Traum. Und unerschöpflech sy mer gsi im Erfinde vo neue Sujets für üsi Theaterchünscht; jedi Mäss uf der Schützematt het neue Stoff bracht, sigs e Zirkus oder e Schiessbuden oder e Menagerie, nüt isch is z'verwoge gsi, dass mer's nid o probiert hätte mit üsne paar Stüel, üsem Chuchibank und üsem spanische Wändli. Und wo der Agoston als neuschti Sänsation uf sym Programm «The fakir» bracht het und mir das Wunder gseh hei i sym «Salon», die schwäbedi Mönschegstalt i der Luft, wo sech bloss mit em Elleboge uf ne dünne Stäcke glähnt het, da het's is kei Rueh gla, bis mer das o hei usebracht – mer hei de richtig echli nacheghulfe mit Understütze, aber herrjeh, das het dem Zauber nüt gschadt, üses Publikum isch es gäbigs gsi dert düre, es het am rächten Ort es Aug zuedrückt.

So isch das gange, i weiss nid wie lang, bis einisch en alti Tante is zur Wienecht es Theäterli gschänkt het, mit ere hölzige Büni und hölzige Coulisse, wo vorne druff e Rittersaal und hinde druff e Dorflandschaft isch gmalet gsi. Und Figure derzue us Pappedechel, wo men i hölzigi Füessli mit eme Schlitz het chönnen ystecke. Ja, das het e ganzi Revolution gä i üsem Chunschtbetrieb! Jez hei müesse Stück gfunde oder erfunde sy, wo zu däm Rittersaal und zu där Dorflandschaft passet hei, und die schwäbische Ritter und Ritterfräulein, die Buremanne und -froue hei i der Ornig Satz für Satz mit enand müesse rede; das het z'dänke gä, schwär, chan-ech säge. Aber wo mer du ds erschte Stück usebracht hei, «Das Landhaus an der Heerstrasse» het's gheisse, vom Kotzebue (dä Name het is Ydruck gmacht); wo mer das Büneli mit Cherzli hei belüchtet gha, dass es dür dä Rosa-Vorhang gschimmeret het wie ne Wienechtsbscherung, und üses Publikum mit zalte füf Centime Ytritt i gspannter Erwartung dervor gsässen isch – das isch e Momänt gsi, chan ech säge! Item, vo denn ewägg het du die höcherie Theaterchunscht ihre Lauf gnoh und der Chuchibank und ds spanische Wändli hei ihri Rolle e Zit lang usgspilt gha. Aber ganz vergässe hei mer se nid und sy öppeneis wider zu üser erschte Liebi und erschten Unschuld zrüggchehrt, aber niemeh so ganz mit der chindschöpfige Luscht und Begeischterung vo dennzmal. D'Burgunderhose hei mer no lang i me Schaft ufbewahrt, aber, wenn mer scho sider sy grösser worde und sie-n-is jetz besser passet hätte, so sy mer doch drus use gwachse gsi und hei d'Löcher besser gseh als früecher.

Der Läbchueche
Elisabeth Baumgartner

Schattsyte-Tani ischt es wärchigs, husligs Manndli gsy, wo's mit Bösha zu öppis brunge het. Mi hätt ihm nid dörfe vürha, er syg e wüeschte mit syne Lüte u gönn ne d'Sach nid. Sie hei gäng alli z'wärche gnue u z'ässe gnue gha, wi me so seit. Nume Züüg, wo nüt het abtreit, das het er nid möge verputze, das ischt ihm gäge alli Natur ggange. Das het sy Frou no grad einisch müesse erfahre, wo sie als jungs u heitersch Froueli vo der Sunnsyte dänn zu Tanin ischt a d'Schattsyte züglet. Sie het Meieschössli vo deheime mitgno gha u het si druuf gfreut, für Tanis Schattsytehüsli so rächt use z'putze u z'verkremänze, dass es o chly die fründtliger Gattig mach. Aber Tani het das sym junge Froueli ganz vernüütiget. Es söll doch nid Müej ha, es heig süscht z'tüe, es syg gschyder, es mach die Zyt öppis angersch – u de wärdi d'Pfäischtersinzle wurmschtichig vo der ewige Bschütterei. Nei, uf settigem hätt er ihm de nid vil, das wöll er ihm de grad vor un eh säge. Es syg nid in es Herehuus yche cho. Das freine Froueli het Tanin wölle z'lieb läbe u i d'Ouge diene u het gfolget u d'Schössli la verdoore. U so isch es nachhär gäng gsy – unnütze Züüg, öppis, wo na Tanis Derfürha nüt het abtreit, das ischt i der Schattsyte hingerab cho. Was itz ihns achömm, het er chönne frage, wen es das junge Froueli einisch nach eme Reisli gluschtet het. Es hätt gwüss nid wyt begährt, nume einisch e See luege hätt es möge oder süscht öppis Schöns. Aber Tani het gseit, deheime syg me doch gäng wytuus am baaschte. Er syg einisch ga Bärn yche gsy, un er chönn ihm nid säge, wi-n-ihm das dert inne syg erleidet. Un er hätt fasch e neui Sägesse chönne choufe vo däm Gält, wo-n-ihm der sälb Tag unger ds Ysch syg. Nei, uf em Furtgah un uf däm Reise heig er gar nüt. U derzue müess me ja ds Dach la unger-aschuenne.

Wo eis Ching nach em angere cho ischt, da het ds Müetti syner eigete Wünsch eine nam angere uf d'Syte gleit. Es het si nume müesse wehre, dass nid o de Chinge jedes Freudestärndli ischt erschtickt worde. Jä, Tani het no grad einisch gmerkt, dass me de Junge muess d'Hoffert u der Gluscht na unnütze Sache ustrybe, we's öppis söll us ne gä. Er wöll's nid ha, dass me gang ga Farb verchaare u Zyt versuume, für d'Eier z'färbe a der Oschtere. Die angere heigi ja prezys die glych Chuscht. Es wär uberhoupt gschyder, es miech ne e Tätsch, die gsiedete ässe sie ja wi die gschwellte Härdöpfel. Das syg vertüendlig ta. Wäg eme Wiehnachtsbäumli het er balget, wäge paarne Cherzli het er vo Verlumpe brichtet, un es Schuelreisli het ihm albe der Schlaf gno – u de Ching d'Freud dranne. Settigs syg doch en ubertribni Sach – was sie eigetlich no meh nötig heigi, sie heigi doch Härdöpfel gnue, heigi Milch gnue, heigi e warme Ofe im Winter u metzgi jedes Jahr es Säuli. We's Obscht gäb, so heige sie o. U jedes Neujahr heig me o no äxtra Chöschte mit ne, da heiss es: das muess e Chappe ha u das Holzböde, u Ringli oder Tuube müesse bache sy. Nume vil z'guet heige sie's, nume vil z'guet. We sie so nid zfride sygi, so sölle sie ja de für wytersch luege.

Das hei sie du o gmacht, chuum dass sie sy us der Schuel gsy. Sie hei nöie nid rächt Blybe gha deheime. Nume der Muetter ischt jedes aghanget, wo's ggange ischt, u het si fasch nid chönne löse vo re. Die schiessi de ihri Hörndli scho no ab, het Tani prophizeiet. E nu, das schad nüt u syg ne nume gsüngs, sie heig ne äbe gäng vil z'vil nahgla. Vor de frönde Lüte het er de chönne rüehmme, wi die Löhn verdieni; aber die heigi halt glehrt wärche deheime. Hingäge we ne de Gsüchti plaaget het, ischt er nid us em Chädere use cho: Da chönn me bös ha mit de Purschte, un alls, wo me chönn uuf- u aabringe, für sche bruuche, u we sie de sälber chönni d'Nase schnüze, so gange sie eim dervo u frage eim nüt meh dernah u laji eim alleini chrüpple deheime. Aber er wüss scho, sie heigi das Fahriwäse u das liechte Bluet chly vo ihre, so gang's eim halt, we me eini vo der Sunnsyte nähm.

Un itz ischt sie o no fählberi u ma nid mache. Er wott ja nid grad säge, dass sie tüej fandäschtele, aber unkumod isch es ömel, we me itz no sött der Chuchidraguner mache zum angere. Er weiss uberhoupt nid, was das i der letschte Zyt mit ihre ischt, sie cha z'mitts im Tag ga ablige u cha wäge jedem lute Wörteli gränne. Er wott ja nid grad säge, es fähl ere nüt; aber es miech ihm afe bal der Aschyn, sie wöll de o no eini gä, wo i der helige Zyt schier zum Hüsli uus chunnt. Är chönnt o mängisch ga uf ds Ruehbett lige, wen er der Rügge fasch nimme strecke cha. Nid dass er grad wott säge – aber ds Wybervolch meint ja de scho, mi sött sörger ha zue-n-ne weder zu me unghalete Ei. Ja mytüüri! Un itz muess er wohl oder übel i ds Dörfli vüre ga chräämmere. Es syg kes Gaffeebulver meh, u we me öppis Wysses bache wöll uf d'Wiehnecht, so müess er Salz u Presshebi reiche. Eh ja, so nes Züpfli oder es Ringli het er sälber o nid ungärn; aber er möcht zäche Wedele gmache i der Zyt, wo-n-er da verlaueret. Hässige het er d'Läderschueh agleit. D'Frou het nid vil gseit; sie het ihm ds Salzseckli zwägta un ihm no chly der Chuttechrage bürschtet, ob er ggange ischt.

Tanis Frou isch no ke alti Frou. Sie het eim nume an es Meieistöckli gmahnet, wo nid im rächte Härd ischt u drum nid z'volem i Saft u i d'Bluescht het möge gcho – oder wo i der schönschte Bluescht e ruuche Luft druber ischt. Sie het öppis Fyns a re, bsungersch itze, wo sie chrank u müed usgseht. Sie chönnt sälber fasch nid säge, wo's ere fählt, sie möcht nume ablige u briegge u briegge, dass es vilicht dä Druck furtschwemmti, wo re uf der Bruscht ligt u re der Ate nimmt. Vilicht tät es scho bessere, we d'Ching hei chämi, oder we sie ume einischt a d'Sunnsyte ubere chönnt. Oder we Tani – nei, mit däm wott sie nid afa. Tanin cha me nimme ändere, er meint's ja vilicht besser, weder dass 's eim düecht. Nei, sie wott itz nid a das däiche – es ischt ja gly Wiehnecht.

Wo Tani vom Hüsli dänne ischt, het a der Sunnsyte äne der Schnee i der Wintersunne gglitzeret, ds Schattsyteheimetli aber het itz paar Wuche lang ke Sunne. E nu – im Winter het das nid vil z'säge, da wachst ja glych nüt, u Holz het me ömel für z'heize. Sie hätt ömel nöie ke Ursach, gäng no Längizyti z'ha na der Sunnsyte.

Wo-n-er näbe der Schmidte düre ischt, het d'Schmidi grad

der Schnee vo der Bsetzi gwüscht. Sie ischt o ne Sunnsytlere gsy u no mit Syre z'Schuel. Sie het ne nie chönne näbe-düre la, ohni öppis an ihn z'bringe. So het sie o itze gfragt, was d'Frou machi, u ob die Junge hei chömi uf d'Wiehnecht. U wo-n-er i syr mutze Art het Uskunft ggä gha u wytersch schuehnne wott, fragt sie: «Du wosch däich ga ds Wiehnechtchingli bstelle, Tani?» U lächlet derzue chly kurlig u macht vürnähmi Naselöcher. Ho, dere wird er däich nid müesse säge, was er wöll ga mache. «Ja, wahrschynds», lachet er sche uus, das syg für chindtlig Lüt oder für settig, wo nid wüssi, wi sie ds Gält wölli verggänggele. Er wärd sym süscht los. «Jaba», seit d'Schmidi, «du wirsch doch gwüss dyr Frou öppis chrame! Ubermorn isch ja Wiehnecht!» Das heig er däich sälber o gseh i der Brattig, macht Tani. U wäg em Chrame – er wüsst doch nid, was er dere chraamme sött, die heig z'ässe gnue, u Chleider wärd sie wohl o ha. Das syg nume dumme Züüg. Aber d'Schmidi isch nid Sinns, ne hurti us der Hüpli z'la, sie chennt drum Tanin besser, weder dass er meint. «Eh wohl», seit sie, «chram ihm doch öppis, u we's o nume e Läbchueche wär!» Itz muess si Tani doch afe wehre, es macht ja bal Gattig, es syg ere ärscht. «E Läbchueche? Öppis Dumms – für was wär ächt itz afe das?»

D'Schmidi wartet es Momäntli, bis sie öppis druuf seit, u dernah macht sie: «Wo-wohl, Tani, es wär vilicht für öppis!» Dermit schlängget sie der Bäse ab u geit zur Hustür y, ohni Tanin no ne Blick z'gä. Hm, was söll itz das sy? Mi chönnt ja am Ton a meine, sie wett mit eim Chingelehr ha. Un e Myne het sie gmacht derzue, wi der Pfarer uf der Chanzle. Er ischt ömel em Schmid nüt schuldig, so vil dass er weiss. Er söll der Frou öppis chrame! Geit das die öppis a, die Schmidi! U het Syni öppis z'chlage? Het die afe einisch Mangel glitte? Mi het öppe Sorg gha zum Gält u 's nid z'Unnutz verta, er wär allwäg nid wyt cho, wen er ds Gält verggänggelet hätt; er hätt allwäg de nid abzalt u no es Schübeli uf der Kasse, er hätt allwäg de nid chönne la a ds Hüsli setze u neu la decke. So het er vor schi anne gfuteret u gfürsprächeret, grad wi-n-er schi gäge öppere wehre müesst, wo-n-ihm so rächt d'Levite ache gläse het. Un es isch doch nume das Wörtli gsy vo der Schmidi, wo-n-er so het i

Ate zoge u wo ne itze guslet u sticht: Wo-wohl, Tani, es wär vilicht für öppis! Es nähm ne nume wunger, für was. «Das ischt es Wybergstürm, settigs.» Bim Beck inne het Tani müesse warte. Der Lade isch voll Lüt gsy, un es isch der Reie nah ggange. He nu, das wird öppe nüt choschte, die Sach da inne chly neecher z'gschoue. A der Wang hei sie Chriseschtli ufgmacht u roti Cherzli dry gsteckt, glesig Yschzäpfe sy dranne ghanget u Fäde wi guldige Flachs drube zoge. Es chöm de Lüte afe mängergattig i Sinn, düecht's Tanin, un e Luxus wärd afe tribe, dass es ke Gattig meh heig. Un itz gseht er uf eme Brätt Läbchueche. E ganzi Zylete, gross wi nes halbs Ofetööri u eine hoffärtiger weder der anger. Är hätt eigetlich wölle näbenume luege, är däicht doch nid dra – nei, nid im gringschte däicht er dra – aber da gwahret er, dass Näme druffe sy; us luter Gwunger fat er afa läse u buchstabiere. «Hans, Anna, Liseli, Peter, Marie.» – «Marie» – dä Name isch ihm fei so aggumpet. E – Syni heissti ja no Marie! Er het's bal vergässe gha. Jaja, richtig, Marie! Deheime hei sie re Meieli gseit. Un är sälber het dä Name o bruucht, wo-n-er no als lidig i d'Sunnsyte ueche ischt, u vilicht o no dernah, wo-n-es ischt i ds Schattsytli züglet. Das ischt ja itz scho ordli lang, u sie hei erwachsni Purscht. Aber denn isch es no es luschtigs Meieli gsy, wo het chönne lache u singe wi ne Lerch. Es het si de scho veränderet, es lachet sälte meh. He, er het ihm ja öppe meh weder einisch gseit, es schick si nüt, so chindtlig u ganggelochtig z'tue, we es wäg öppis Dummem e Schütti glachet het. U ds Singe, het ne düecht, syg o nimme für ghüratet Lüt. Es wird's däich öppe chly ha i Ate zoge, es isch halt i teilne Sache chly epfindtlig.

Tani het si es Rüngli fascht chly vergässe u ischt itz bal erchlüpft, wo ne d'Becki fragt: «U du, Tani, was söttisch du ha?» Un itz seit dä Tani, wo für zwänzg Rappe het sölle Pressheba choufe: «E Läbchueche.» Er het's nimme chönne zruggnäh, wo-n-er zum Verstang cho ischt. D'Becki het ihm halt scho yghäicht gha. «Gärn», macht sie, «soso, das ischt schön», u fat scho afa vortrable u arüehmme. Sie sygi ne aparti guet usecho das Mal u sygi fasch wi vor em Chrieg. Vo welne

169

dass er ächt wöll, die mit em Bär sygi es Fränkli u die mit de Näme u de Edelwyss angerhalbs. Er het nume mit em Chini dütet: «Dä da», u scho nimmt d'Becki es gstärndlets Papyr vüre u lyret ihm der Marie-Läbchuechen y. Es wärd es Wiehnechtschrämli sy, het sie fründtlig glächlet, wo sie zletscht no es guldigs Schnüerli drum bingt un es Lätschli zwägkünschtlet. U we sie nid no gfragt hätt, ob er süscht no öppis nötig heig, hätt er janergott no d'Presshebi vergässe, so usem Züüg use ischt er gsy. Wo-n-er zum Laden uus ischt, het's ne düecht, das syg fasch nid ihn sälber. Was geit itz är da Dumms ga mache? Was ischt itz ihn für nes Güegi acho? Däwäg ga z'gänggele! Es Fränkli füfzg däwäg unbsinnt ga usegheie, angerhalbs Fränkli so mirnüt dir-nüt uf e Lade z'wärfe! U was söll er itz de mit sym chindtlige Päckli i der Hang? Er cha doch nid däwäg näb der Schmidte düre, süscht chönnt sie am Änd no meine –. Er luegt dä Läbchueche i d'Chuttebuese z'fünke u drückt der Arm zueche, er isch z'grächtem übel dermit. U was seit ächt itz de sie zu däm Chram? «Meieli», verbesseret er schi. Es sött itz grad no Meieli heisse uf em Läbchueche! Es isch de richtig gäng e schöne Name gsy. Öppis kurlig Warms ischt ihm uber ds Härz glüffe, wo-n-er das Wort no einisch chüschtiget. Es chönnt ja scho sy, dass es dä Name o no gärn einisch ume tät ghöre. Het es öppe no wäge däm gäng chly Längizyti na der Sunnsyte? Jaba – ömel süscht hätt es nid Ursach, u das hätt's nid. Er wott ja nid grad säge, dass er'sch heig ubertribe mit Nötligtue u Süessholzraschple; aber we me ghüratet het u luege muess u nüt het chönne erbe u weeneli oder nüt erwybe, cha me allwäg nid nume der Pajass mache. Er hätt ja eigetlich chönne frage, ob er ihm öppis Dokterschzüüg söll bringe, vilicht löst's ihm nid rächt uf der Bruscht. Richtig, er het scho meh weder einisch gseh, dass es verhet u gnue schnupet, wen es chly öppis Rüüchersch söll hälfe mache. Es wird ihm doch de nid öppe no z'grächtem chrank wärde! Tani het's süscht öppe nid ubertribe mit Studiere u Nachedänke; aber itz isch es uber ihn cho, er het sälber nid gwüsst wie. Eis vo de Purschte ischt a re Wiehnecht agstange; warum isch ihm ächt denn nid z'Sinn cho, e Läbchueche z'chraamme! Es hätt si besser gmacht weder itze, wo me grau isch näb de Ohre yche u eigetlech kes Fürwort het zu settigem. Tani isch dä Wäg, wo-n-er itze geit, scho mängs dotzemal ggange gsy. Er het si nöie nie hert g'achtet uf die Stüdeli u Grotzli am Grabeport. Es isch ja dem Nachber sys Land u geit ne nüt a. Aber itz düecht ne, er gsej das alls zsäme z'erschtmal. Sy de süscht o settig Yschzäpfe uber ds Flüehbang ab ghanget, wo uf der änere Syte ds Grebli yzuunet? Das wäri de no die brevere u die usgfygüürtere, weder dass der Beck i sym Lädeli inne het. Ungereinisch muess er blybe stah – lueg itz da, die Grotzli, uber un uber voll Biecht! E späte Sunnestrahl trifft se. Es chunnt Tanin vor, es syg e glitzerige Finger, wo dergäge zeig, dass me nid angersch cha weder luege. Was isch das für ne unerhörti Hoffert! Es mahnet ne fascht a Meielis Göllerhäft, wo-n-es am Hochzyt het anne gha. Denn het o d'Sunne druuf gschinne. E nei, was chunnt itz ihm für kurlige Züüg i Sinn? – Aber er chunnt nid los. «Für was» – muess er däiche – «für was ischt settegi Hoffert a settigne armsälige Grotzli? Das treit nüt ab u vergeit, we d'Sunne warmi schynt oder es Rägeli chunnt. Aber das ischt üsem Herrget sy Sach, un er wird wüsse, warum dass er'sch macht. Mi sött ja däich da dranne nid ga paggle mit em Möntscheverstang. Macht er'sch öppe destwäge, wil ihm jedes Kreatürli uf der Wält wärt ischt? U wil er ne d'Liebi uf ene Wäg wott erzeige! Oder sött's am Änd no e Bredig sy für d'Lüt – dass es nid gnue syg, we me z'wärche u z'ässe heig, dass no chly vo däm Glanz derzue ghör, wo itz die Stüdeli u Grotzli zu re wahre Pracht macht! Jä, de ischt er däich de mit Schattsyte-Tanin o nid gäng zfride gsy! Wi ne Chlupf isch das uber ihn cho – un er het doch gmeint, es gäb nid gschwing eine, wo so zur Sach lueg wi är. Hätt er ächt doch Meielin chly Meiezüüg sölle i d'Schattsyte la zügle? Hätt er ächt minger uf der Kaffee, wen er hie und da – abba – er het si vo jung uuf vorgno gha, er wöll de einisch nid als ganz arms Manndli stärbe –. Itz düecht's ne, er syg doch chly ne arme Schlufi – er weiss sälber nid warum.

Wo-n-er dem Hüsli gnaachet het, ischt ihm sy Läbchueche

grad ghörig uchummlige worde. Wi söll er'sch itz de vürnäh? Söll er ne mit dem Salzseckli u der angere Ruschtig uf e Chuchitisch tue u nüt derglyche tue? Es meinti am Änd no, der Wiehnechtsmutti hätt's brunge, das dumme Sunnsyte-Meieli, wo albe de Purschte Lugigschichtli het verzellt, bis er het z'Bode gstellt mit ihm. Es söll doch d'Purscht nid däwäg lehre lüge, es gäb ke Gugger, wo chömm cho Eier lege i ds Huus yche, un es gäb doch kes Wiehnechtschingli u ke Mutti, das syg alls zsäme nume e Gältmacherei. Aber itze, e – es cha eim kurlig gah – itz muess er sälber fasch luege, ob nid öppis so derhär chöm.

Tani isch nid mit em Läbchueche i d'Chuchi yche. Er isch hinger em Hüsli dür u gäg em Gade zue. Er het Sorg gha, dass er nid z'fascht troglet het uber d'Stäge uuf. Dert het er en eewegi Lengi gchniepet, bis er sy Chram i der Ornig het versteckt gha. Ob allem het er müesse däiche: «We itze das d'Schmidi gsäch!»

Oh – d'Frou het ne wohl ghört. Was söll itz ächt das ume für ne neui Mode sy, dass er i ds Gade ueche geit, ob er i d'Stube yche chunnt? Er wird gäng no wunderlige sy, dass er het i ds Dorf müesse. Das wird e churzwylegi Wiehnecht gä, wen er wäge däm itz no wott der Chopf mache. – U sie hätt itz afe es Fläckli blaue Himel gseh gha. E Brief isch cho dä Namittag, nid e länge; aber drinne het es gheisse: «Wir können an Weihnachten heimkommen. Freut es dich, Mutter? Und vielleicht kommt das Christkind ins Schattsytli.» O die guete Purscht! Aber Tani sött o zfride sy! Die Schale, wo re die Jahr düre um ds Härz ume gwachse ischt – ach, die isch nid hert; vo jedem ruuche Wort uberchunnt sie es Tümpfi, wo schmirzt.

Aber itz chunnt Tani u bringt e Jahn früschi, chalti Luft i d'Stube yche. «No bal chalt verusse», seit er, wo-n-er us de Läderschuehnne schlüüft u die warme Finkeholzböde unger em Ofetritt vüre zieht. I syr Stimm ischt e Ton, wo d'Frou macht z'lose u z'luege. Grad wi's ne heimlicherwys tät lächere. Un itz gseht sie, wi nes verdrückts Lache o i syne Mulegge hocket. Mhm, ischt er ächt itz doch einischt ygchehrt im «Bäre» vor? Oder wo ischt ihm ächt sy schlächt Luun abhande cho? Sie gitt ihm der Gaffee vüre, wo se-n-ihm het z'warme gstellt gha, u wo se-n-ihm yschäicht, het sie gwüss der Ate chly kritisch dür d'Nase zoge. Sie hätt nid chönne säge, dass er na öppis Geischtigem schmöck. D'Schmidi laj se grüesse, richtet er ob allem Ässe uus. Scho das het Meielin fasch d'Red verschlage; es ischt si settigs nid gwanet gsy vo Tanin. Un itz fat er no vo de Purschte a – ob die z'grossartegi sygi, für hei z'cho? Es würd ne doch wohl gschribe ha. – Myn Troscht doch o, wen es Glesli Brönnts, oder was er het gha – Tanin wi ne Händsche cha umchehre, wett es de bim Hageli – eh nei, versündige wott es si nid. Aber so wie Tani itz eine ischt, so mahnet er'sch a dä Tani, wo albe i d'Sunnsyte ueche cho ischt un ihm ischt lieb worde, wen er scho im Schattsytli isch deheime gsy u wytersch nie aparti e Hübsche isch gsy. Es Töndli het o i ihm afa singe, wo lang, lang het gschwige gha. Es chönnt ömel itz nid Härdöpfel gschwelle, für zum z'Nacht – aber we's Tanin einischt ume e Blattete Stierenouge miech u Mutschgetnuss tät druber schabe, wi-n-er'sch albe so gärn het gha! Die junge Hüehner hei ja grad so schön afa lege. Aber er balget däich de mit ihm, wen es däwäg vertüendlig umgeit mit de tüüre Eier. Aber gang's itze wohl oder übel!

Nei, Tani het nid balget u nid afa rächne, föifmal zwe-e-dryssg gitt – nei. Ob scho hütt Wiehnecht syg? fragt er. «Aber wosch du nid o, Meieli?» Um ds Gottswille, itz seit dä ihm Meieli! Es möcht si nid bsinne, dass er dä Name einisch bruucht hätt. Es cha kes Wort druuf säge. Es müesst süscht afa briegge. Aber itz chönnt ihm niemmer agä, dass dä nid wär im Wirtshuus gsy u no nüechtere wär. Mi weiss fasch nid, isch es zum Lache oder zum Briegge. Mi weiss fasch nid, ob me Tanin söll bittere Gaffee yschäiche, dass er ume nüechtere wird, oder ob me fasch lieber wett, er tät no blybe, wi-n-er ischt.

Nam z'Nacht isch Tani churzum ume gäg em Gade zue u het en eewegi Lengi öppis gha z'nusche u z'fiegge. Wo-n-er ändtlige chunnt, het er bed Häng hinger em Rügge versteckt u fragt wi ne Schuelbueb: «Weli Hang woscht?» D'Frou weiss eifach gar nid, was sie söll däiche u was sie söll mache, so neu u frönd u ungwanet ischt ihre Tanis Tue. «He, säg's doch!» tuet er nötlig. Sie muess ne gschoue. Da steit er, dä verwärchet Tani, mit de Chrinne näb em Muul ache, mit de graugspräglete Haare, u glychet doch däm Tani vo früecher. Es cha nid angersch, es muess lache, lache, wi 's Tani lang nie meh ghört het. U wo-n-er no einisch fragt, «Weli Hang woscht?» da macht es: «Grad beede, de wirden i's wohl preiche!» Aber itz lat's Tani o no chly zable. Luegt es itz nid grad dry wi denn, wo-n-es gäng nid het gwüsst, ob es ihm Ja oder Nei säge wott? U isch gäng no es Hübsches, gseht er ungereinisch, trotz de graue Häärli näb de Ohre. Es wörgt ne öppis im Hals, er muess paarmal z'läärem schlücke, ob er öppis säge cha. «Sä», macht er, «i hätt dr da chly öppis!» Er luegt Meielin zue, wo-n-es ds Schnüerli löse wott, u wo's ihm nid grad wott grate, nimmt er ds Sachmässer vüre u verhout's, we Meieli scho het abgwehrt.

«Gäll!» ertrünnt's ihm, wo die Pracht vor ne uf em Tisch ligt u Meielin ds Ougewasser uber d'Backe ab chrällelet. Ach, Tani ischt es gstabeligs Wiehnechtschingli, er ischt am Hag anne u weiss süscht nüt z'säge. «Was ischt itz di acho, Tani?» fragt Meieli unger Lache u Plääre. Itz isch Tani doch no ume chly der alt Tani worde. «Es isch mi eifach grad so acho», tuet er grossartig, «das ischt öppe nüt Apartigs, un es isch lang nid für das Sache drann, wo-n-er gchoschtet het. Sie höische wi d'Schelme, die Becke. Aber spar ne de nid öppe, er mach de nächschti Wiehnecht ume anger!»

Es isch Tanin speter no hie und da öppis acho, wo si d'Frou gar nüt druuf het verfasst gmacht gha. Es heig da früecher meh weder einisch vo Meiezüüg gstürmt gha. Ob er ihm öppe itz söll e Stäge mache? So wi d'Schmidi eini heig? U einisch het er der Schumeischter gfragt, ob er öppe bi däm alte Schaft, wo Meieli vo der Sunnsyte ache züglet het u dem Schumeischter gäng chly het i d'Ouge gstoche – eh ja, ob er itz öppe derwyl hätt, für die Blueme ufz'früsche? Aber der Name müess er ihm de no druuftue, mi vergäss ne mangischt schier.

Tani isch ke Ängel worde, bhüetis nid! Aber ds Meieli-Müetti mit sym neu erwachete Sunnsyte-Gmüet gloubt doch, der Heer sälber syg denn Tanin ebcho, wo-n-er isch ga Salz u Hebi reiche, syg ihm mit der Hang uber d'Stirne gfahre u heig ihm mit em chlynne Finger ds Härz agrüehrt. Es gscheh ja hütt no albeneinisch Wunger!

Ds Flöigepapyr
Elisabeth Müller

«Sie chöme! Sie chöme!» – «Wär?» – «He wär ächt? Ds Saali u der Hüdeli-Vigi! Hochzyt ha wei sie ja hütt!» Me poschtiert sech um e Dorfbrunne ume, me bruucht sech nid emal z'verstecke – ganz ungscheniert darf me das Hochzytpäärli gschoue. U sie hei's o nid ungärn, dass me se hütt i der Ornig betrachtet, süsch für was hätte sie sech de so useputzt, we's de nume niemer söll gseh? Vigi het e Pfauefädere uf e Huet gsteckt, wo-ner einisch a mene Schützefescht erbütet het. Sie macht de Edelwyssbüscheli Konkuränz, wo z'ringsetum us em Huetband vüre luege, Trophäe vo Vigis früechere Chlättereie i de Bärge. E wyssi Hemmlisbruscht het zueche müesse. D'Grawatte het ihm gwüss ds Saali vo de farbigschte Sydefätze, wo-n-es i syne gsammlete Hudle gfunde het, zsämeblätzet, es Farbespil, wi's schöner nüt nützti. Im Chnopfloch vo der schwarze, glänzige Chutte, wo-n-er vor vile Jahre vom Dorf-Apoteegger g'erbt het, pranget e roti un e blaui Papyrrose, o nes Produkt vo Saalis gschickte Fingere.

Äs het vo de glyche Rose uf em Hüeti gha. Ach, me isch sech gar nid gwanet gsi, das Saali i mene Huet z'gseh! Äs het süsch sys verwäschene Grindli u sys rötlech-graue, magere Haarschöpfli allne Wättere prys ggä. Aber dass me a mene Hochzyt e Huet ufleit, sövel het ihm der Anstand diktiert. Drum het's i sym Trögli ume gwirtschaftet, bis es das alte Schirbi vo schwarzem Samet het davorne gha. Ach, myn Troscht, es het's einisch la mache, wo's vor vilne, vilne Jahre o gmeint het, es dörf sech für sys Hochzyt rüschte. Du isch's du nüt gsi. – Aber lueget, jetz chunnt's doch no zu Ehre, das Hüeti. Hättet sölle gseh, wi ds Saali ihns usgchlopfet u bürschtet het, wie-n-es d'Chöschte nüt gschoche het, es breits, tönigälbs Sydeband z'choufe, u wi-n-es a mene Abe bis i alli Nacht gschlütterlet het, bis das Band rächt um ds schwarze Sametgüpfli ume glyret isch gsi u die rote u blaue Papyrrose vorne druff pranget hei, dass es e Gattig gmacht het. – Ds Saali het verschämt glächlet, wo-n-es sech i sym Spiegeli betrachtet het. Da wärde gwüss d'Beieli cho u meine, es gäb süesses Hung i dene Rose, wirsch gseh, Vigi! Anstatt Beieli sy du e Schwarm vo Buebe u Metleni um das Hochzytpäärli ume tanzet, u so ne Bürschel het sech sogar getrouet, z'rüefe: «Salü, Saali!» –«*Salome*, heissen i», schnellt ds Saali zrügg. E, e! Me isch ganz erchlüpft. Süsch het ja jedermann zu jeder Zyt «Saali» gseit, un es het nüt gmacht. Aber es het ihns eifach düecht, nei, so am Hochzytstag, we äs da im Höchschte Staat a Vigis Arm em Pfarhuus zue stüüri, dörfti me de scho sy rächt biblisch Name «Salome» awände. «Saali» isch guet gnue, wen äs mit em Husiererchorb dür d'Strasse zieht u vor d'Hüser chunnt. Da ghört's es de nid ungärn, we me rüeft: «Muetter, ds Saali isch da! Was söll me näh?» – «He, nimm öppen es Pfanneribeli, oder – het's ächt no vo däm guete Flöigepapyr? die chätzers Vycher frässe eim aber fascht!» De het de ds Saali gschmunzlet. Äs weiss wohl, niemer, Land uuf, Land ab, het vo däm ganz guete Flöige-papyr. We das e Flöige e Kilometer wyt schmöcki, so syg si scho em Tod verfalle. U de het's sorgfältig es Druckli ufta u so nes Rölleli mit eme chläberige Papyrstreife vür zoge. Als Drüber-y-Gschänk het es de Lüte das Papyr sogar no sälber ufgmacht, öppe a mene Dili-Haagge, oder unde a der Lampe. Vüra het es der Triumph erläbt, dass scho zäche, zwänzg Flöige dranne zablet hei, gäb es nume ds Gäld derfür im Sack gha het.

Aber jetz marsch! Zrügg zur Hochzyt! D'Trouig bim Ziviler hei mer jetz glücklech verpasst! Scho trappet ds Saali em Herr Pfarrer i d'Studierstuben yne u zieht der Vigi hinder sech nache. Äs wott drum e chirchlechi Trouig. Das het's bim Vigi düre gsetzt. Schliesslech, we der Hergott de nid der Säge derzue gäbi, was welle sie de?

Der Herr Pfarrer het sech e chly müesse sammle, wo-n-er das Päärli gseht. Gschickt het er der Naselumpe z'Hülf gno u grüüslech müesse schnüze, bis dass sech der nötig pfarrherrlech Ärnscht wider ygstellt het. Vigi het wichtig der Trouschyn vüre zoge, u der Pfarrer het die beide uf sys Läderruehbettli verstouet. Was söll me? Amtlech trouet sy sie jetz! Aber es cha doch nüt schade, no chly mit ne z'brichte über e Ärnscht vo däm Läbesschritt, wo si jetz ta heige. Ob si de emel o wüssi, dass es de nid geng wärd liecht sy, i däm Alter sech no anenandere az'passe? – O, meint Vigi, är syg e Freine, är tüej keir Flöige nüt z'leid, u mit syr erschte Frou syg's halt nid ggange, wil sie en erschröckleche Zwänggring gsi syg. – «U de sy mer ja gar vil furt», besseret ds Saali nache. «I gah wyters ga husiere, u Vigi het o im Sinn, wyter syne Hudle nache z'loufe. – U de öppe so ds nacht u a mene Sunndig wärd me sech de wohl chönne vertrage.» – «Wi syd dr de eigetlech drübercho, dihr wellet no hürate?» ma sech der Pfarer nid überha z'frage. Sie luege enandere a, die beide. «He ja, wi isch jetz das neue gsi?» probiert sech der Vigi z'bsinne. «Äbe ja, prezys! ds Flöigepapyr!» – Jetz isch ds Saali ygschnappet, u mit sym gsalbetere Muul het es i churzer Zyt em Herr Pfarer die ganzi Gschicht darta.

«Wo-n-i a mene Mändig-Morge mit mym Chorb ds Hudilumpergässli uuf chume, ghören i us Vigis Hüsli gar es mörderlechs Gschrei. I förchte, es setzi da e Moritat ab oder süsch öppis Grüssligs. I luege zum Fänschter y u gseh der Vigi im Nachthemli i der Stube ume tigere. Mit em Pantoffel i der Hand schlat er um sech wi lätz, breich's hi, wo's well! I dopple a ds Fänschter: ‹Was isch, Vigi? Wär tuet dr öppis z'leid?› – ‹He, die chätzers millione Flöige! Sie lö eim ke Rueh, we me öppe no es Nückeli wett näh. Z'Tod schla wott i jetz die Chätzere all sufer, dass ke einzegi meh es Scheichli cha verrüehre.› – ‹Jä, da chasch du lang desume tigere, Vigi, das treit dir häll nüt ab! Lue, di Vycher sy alli zsäme vil gleitiger weder du. Gang i ds Bett, oder leg d'Hosen a – i chume – i ha öppis vil bessers. Da hesch de gly Rueh.›» – «Ja», setzt jetz der Vigi y u fingt, es syg jetz a ihm, der Räschte z'erzelle. – «Ja – i schlüüffe i ds Huli, wil i d'Hose grad niene gfunde ha – ds Saali chunnt, nimmt öppis us em Chorb, steit uf ene Stuehl u hänkt mer da so nes glänzig-chläberigs Flöigepapyr an e Haagge. ‹Lue Vigi, das gluschtet jetz de die Flöige meh weder dy roti Nase›, meint es. U chuum het's das gseit gha, chunnt wääger

scho so nes Biescht, setzt sech häre, zablet u cha nümm dänne! U ds Saali? Das wohl, das cha wider ab em Stuehl, i hätti gar nid ggloubt, dass so nes elters Wybervölchli no so gschickt ab eme Stuehl wider z'Bode chäm. Es ergryt der erscht bescht Lumpe, fahrt über ds Fänschter, nimmt der gröbscht Stoub ab de Möble un ergellsteret sech: ‹O Vigi, Vigi! Chasch de nid albeninisch e chly abstoube? U wi gseht ersch dä Bode uus! Emene Vych täti me putze; aber es Mannevolch lat me däwäg im Dräck z'Grund gah.› – U so het eis Wort ds andere ggä – u du äbe – het ds Saali gmeint, äs well scho zue mer cho – hm – hm!...» – «E aber, Vigi, das hingäge erzellscht jetz lätz: *Du* hesch gmeint, i sötti zu dir cho, *du*...» – «He mynetwäge, syg's jetz du oder i, so wei mer dänk jetz i d'Chilche.»
Ja wääger, – es fat scho afa lüte. Dem Herr Pfarrer isch's nid liecht gsi um ds Härz uf em Wägli zur Chilchi. Me sött allwäg nid – me sötti nid, het ihm ds Gwüsse gseit. Aber wo-n-er einisch zrügg luegt, gseht er der Vigi u ds Saali Hand i Hand wi Chind, die beide Gsichter strahle. Wägen *üs* lüte sy, wägen *üs,* hei sie beidi dänkt, sie, wo gwüss beidizsäme e chly verschüpft dür ds Läbe gwanderet sy, i allne Hüsere wyt u breit bekannt, aber doch eigetlech niene rächt gschetzt. Für seie tuet me jetz lüte – für e Vigi u für ds Saali!
Der Herr Pfarrer het's rächt gmacht. Ds Saali het sogar e chly müesse schnüpfe. U du im Wirtshuus hei sie sech's fei e chly öppis la choschte. Das chöm ihm jetz nid druuf a, het der Vigi gross ta. Emene Ratsher z'Trotz müessen ihm jetz Güggeli zueche. D'Leuewirti het gly gmerkt, dass es hütt gilt, me het ne toll uftreit, Musig gmacht mit em Gramophon, u bi de Vatterlandsliedere het Vigi mitgsunge wie ne alte Veteran. Derfür het de bi de Tänzli ds Saali syner alte Bei nimme chönne still ha u isch zu Vigis Ergötze mit der Chällnere um e Tisch ume gschreeglet. Me isch ganz z'Narre worde!
Aber alls nimmt einisch es Änd. – O die schönschte Tage im Läbe. Es het scho dämmert, wo die beide über die grossi Brügg gäge hei zue zoge sy. Chly stills sy sie du afe worde, bsunders der Vigi. – Was het er ächt? dänkt ds Saali. Isch er am Änd doch du chly erchlüpft über die grossi Rächnig, wo-n-ihm ds Leue-

Liseli i d'Hand drückt het? Het's ne doch jetz vilicht düecht, äs, ds Saali, hätt o öppis dörfe dra gä? Oder isch öppe Vigi eine vo dene, wo still wärde, we se der Wy afat bschware? So sinnet ds Saali hin u här u luegt der Vigi vo der Syte a. Da gseht's e Nasetropf, wo grad im Sinn het, uf d'Hemmlisbruscht abe z'trohle. Es ma si nid überha z'mahne – un es het gmeint, es säg's gwüss fründlech – «Vigi, putz d'Nase!» – «Das lan i mir nid vo dir la säge!» schnouzet er ihns a. «E, e, Vigi, i ha's doch wääger nid bös gmeint!» Aber es isch chuum fertig mit rede, so suecht Vigi i allne Secke na sym Naselumpe, u wo-n-er ne niene fingt, schnouzet er wyter: «Wo hesch mer der Naselumpe? Gib mer jetz afe ändlige my Naselumpe ume!» – «Was? Dy Naselumpe! Dä han i doch nid! Wiso sött ig jetz dy Naselumpe ha!» – «He wohl, bsinnsch di de nümm, wo de i der Chilche hesch afa horne, hesch mer doch gchüschelet: ‹Vigi, gi' mer dy Naselumpe!›» – «He, dä han i dir längschte ume ggä!» – «Was, ume ggä! Nüt um ggä! – alls wott sie mer dänne schrysse, der Naselumpe – d'Föiflybere...» So. Jetz het's bim Saali taget! Es gseht uf ds mal dütlech u scharf vor syne Ouge es Flöigepapyr plampe, u statt so nes arms Tier zablet äs sälber dert dranne u cha nimm furt. «Adie, Viktor!» seit es u stellt sech i d'Positur. Nüt weder die blaue u rote Papyrrose uf em Huet hei i der Erregig e chly zitteret. «I ga myner Wääge, u du dyner!» chehrt si um u lat der Vigi alleini ds Hudlimperwäägli abe waggele. Dä trinkt sech am Abe no ne ghörige Ruusch a mit em Brönnte us sym Gänterli. Wo-n-er am Morge bim heiterhälle Tag erwachet isch, tanzet grad e luschtige Sunnestrahl um ds Flöigepapyr ume. Vigi blinzlet ihm zue u meint: «Am Änd bin i baas mit em Flöigepapyr ohni Saali», chehrt si um u nimmt no nes Nückli.

U das guete Saali? Äs het sys schwarze Hochzytshüeteli wider abzoge, het churz etschlosse scho ds mornderisch dür ne Nachbar sys Gräbeli bim Vigi la reiche u het sech wider i sym Altjumpferestübli ygnischtet. Mit em Aflikat well's de scho ga rede, het es gmeint, äs wüss wie. Won-nes zum erschtemal am früeche Morge mit sym Husiererchorb wider über all Höger zieht, het es die herrlechi, früschi Luft töif yzoge, het es Hagröseli i ds Chnopfloch vo sym Wärchtigjaggli gsteckt, un es het wääger tönt wi Lerchejubel, wo's i die erschti Burechuchi yne rüeft: «Weit dr öppen es Flöigepapyr?»

Wie ds Eveli gmurbet het
Ernst Balzli

«Nei, Hans, jetz wird nimme hindertsi drus gchräbset! Vor acht Tage hesch ja un ame gseit, u jetz wird Wort ghalte, verstande! Das gits eifach nid, dass du n'is im letschte Momänt däwäg im Stich lahsch!»

«Du hesch guet brichte, Kobi! Du hesch kei Frou daheim, wo der all Tag e paar Stund lang uf e Hals chnöület u der d'Schützefestfreud luegt us z'trybe. Ds Eveli ...»

«Äch, ds Eveli! Lah du das nume bouele! I vierzäh Tage fahre mer uf Bellänz, u du chunnsch mit, wie ds versproche hesch. Mir chöü di eifach nid etmangle, u da muess sich ds Evi dri schicke, basta!»

«U wenn es nid wott?»

«Es muess, han i gseit! U schliesslich bisch du doch Mas gnue für ihm z'zeige, wär eigetlig Meister isch im Hus, du oder äs!»

«Das scho – aber ...»

Chräuchi Hans het im Haar gchratzet u dri gluegt wie ne ungfellige Dürbechler, wo ne Chatz uf ene Boum ufe gsprängt het u jetz nimme wyter weiss. Da het Dreier Kobi no einisch en Alouf gno: «U was siegen ächt die andere vo der Gruppe Lorbeer? He? Die wüsste der allwäg öppis! Da hei mer is gfreut, jetz heige mer einisch e gueti, sicheri Gruppe zäme, wos zu öppis chönn bringe. Hesch nid letscht Sunntig no sälber gseit, mir chönni uf eine vo den erste Räng rächne, de bösiste Matchschütze z'trutz? Het nid jede von is a der letschten Übig es glatts Chranzresultat gschosse? U jez gheisch du nis der Büntel vor d'Tür u wosch daheime blybe. Stäcketöri grad no einisch! U das bloss, will d'Frou chli dublet u di nid wott lah gah! Nei, Hans, i cha di nid begryffe!»

Langsam het Chräuchi Hans der Zigarrestumpen us em Mulegge gno u ne zwüsche de Finger verbrösmet. Er isch ihm bös drinne gsi, un er het mit em beste Wille nid gwüsst, wie-n-

er am ringste chönnt us em Lätsch schlüüffe. Seit er zue, so het er bi Eveli e strubi Wuche vorständs, das isch afe sicher. Winkt er ab, de het ers mit der Gruppe Lorbeer verspielt, wahrschynlich für sir Läbtig. U dass men ihm für ne Zytlang der Pantöffeler vür heig – mit däm het er ou müesse rächne. Verdräihti choge Sach! Dreier Kobi het gwahret, wie-n-er z'usserst uf der Gnepfi isch, u du git er ihm ds letscht Müpfli. Die breiti, schwäri Hand streckt er ihm dar:
«Tätsch y u chumm!»
«Lueg, i wett ja gärn, Kobi! Aber ...»
«Chumm!»
Da het Hans der Zigarrestumpen i Schorrgrabe bängglet, beid Händ gägenand abgstäubbet un ytätscht, dass ds Chroni ganz verstuunets zrugg gluegt het, was da hinter sim Rügge gangi. Dreier Kobi het ufgschnuufet u glachet über ds ganz Gsicht:
«So, jetz gfallsch mer! Herrgott, het das mir gwohlet! Es wär doch ärdeschad gsi, we üsi schöni Gruppe wäge dir Frou t'wäge hätt müesse vertromet wärde!»
«Ja, i meintis ou!»
«Gäll? Nu, jetz ischs gwunne! Aber – dass d'mer jetz feste Stand hesch u nid no einisch Spargimänter machsch!»
Hans het ärnsthafte der Chopf gschüttlet:
«Ein Mann ein Wort!»
Das het chreftig tönt u guet gmacht het es si ou – un einewäg ischs em Hans nid ganz chouscher gsi. Ds Eveli halt! We das die Abmachig i d'Nasen überchunnt, das wird no eis böümele! Es ma nun emal nüt vo Schützefeste wüsse, u de vo Bellänz scho gar nid. Ds Tessin sig z'wyt, d'Fahrt chosti e Huuffe Gäld, un im Summer schick es si nid, d'Zyt so dumm z'vertschöüderle! Bhüetis, Hans het dä Thärme scho lang usse chönne!

Nüt dest minder het er mit Dreier Kobi die ganzi Bellänzerfahrt no einisch düre ghächlet. Bis uf ds Tüpfli isch alls abgmacht worde: a welem Tag dass me wöll reisen u mit welem Zug, gob me vo Luzärn bis Flüehle wöll ds Schiff näh oder nid, gob men am Morge früech wöll schiessen oder erst gägen Abe, gob men ächt scho nes Schlückli Nostrano dörf versueche, bevor me der Chranz heig, gob me ds Resultat wöll hei telegraphieren oder gob mes wöll unterwäge lah usw. usw. Das het viel gäh z'brichte. Es isch ömel scho Zyt gsi für Zvieri z'näh, wo Dreier Kobi ändtligen abgschoben isch. Unter der Stallstür het er Hanse no einisch der Finger ufgha:

«Aber dass d'mer de nid umgheisch, wenn im Fall e suure Luft sött gah dinne!»

«Häb nid Chummer!» het der Hans versproche. Aber är sälber het meh oder weniger der Datteri gha. Für ne Momänt het er si ömel no nid grad i d'Stube trouet. Er het es Rüngli im Stall ume gfuustet u Sachen uberort bracht, wo niene-halb so pressiert hei. Erst won er der Stallgang gwüscht u d'Chrüpfe het putzt gha, isch er süüferli der Chuchi zue.

Ds Eveli, si Frou, het grad ds Gaffeewasser abgschüttet, won er über d'Schwelle trappet isch. Es het wyters nüt gseit. Aber won es d'Pfanne wieder uf ds Füürloch setzt u Abwäschwasser über tuet, het Hans der Äcken es Ideeli yzoge. Er het gmerkt, dass Dreier Kobi ds Wätter richtig het taxiert gha, won er nöüis vo me suure Luft prophetet het.

Chli verschmeiten isch er a Tisch ghöcklet u het sich e Chnüre Chäs abgnägget. Wie-n-er ds Räwftli abrapset, chunnt ds Eveli mit der Gaffeechannen u schänkt y.

«Isch er ändtlige gange!» het's mutzes gfragt.

«He ja, scho nes Chehrli!»

«Was het er wieder gha z'stürme? Dänk wäge däm eifältige Schützefest, gäll?»

«He ja, mir hei die Sach jetz z'Bode gredt.»

Eveli het d'Channen abgstellt u d'Schöübe glatt gstriche. Wie nes Gutscherössli hets ds Chöpfli ufgha.

«Z'Bode gredt? – I ha gmeint, du heigsch der die ganz Chlepferei jetz ändtligen us em Sinn gschlage?»

«Verfluecht!» macht Hans u stellt hässig sis Chacheli uf e Tisch. «Jetz ha mer richtig ds Muul verbrönnt!»

Eveli het si vo sim Trom nid lah abbringe:

«Was isch gange? Was heit er wieder zäme brittlet?»

Hans het gmerkt, dass er nimme cha ertrünne. Da het er mit em Handrüggen es Fätzeli Nidlen us em Schnouz gstrichen un isch mit sim Bscheid usegrückt:
«I gangi also de mit der Gruppe Lorbeer uf Bellänz a ds Schützefest!»
Das het ygschlage! E settigi dezidierti Sprach isch si Eveli vo Hans nid gwahnet gsi, u drum hets ihm für nes Rüngli schier der Ahte gstellt. Aber won es wieder Luft überchunnt, hets richtig du lostschäderet:
«Lueg, Hans, i ma nimme lenger stürmen u minetwäge channsch mache wie d'witt. Nume das möcht der gseit ha: so gwüss dass du mir uf das Bellänz abe lammerisch, so gwüss gits hie ne wüesti Usläärete!»
«Wehret den Anfängen!» dänkt Hans, u jetz het er richtig ou keis Blatt meh vor ds Muul gno:
«Mira, so gäbs en Usläärete! Weisch, i förchte mer nid, nid im gringste! U de wei mer de no luege, wär vo üs beidne unter e Schlitte chunnt, du oder ig!»
«Ömel afen ig nid!» het Eveli gwäffelet, u d'Stimm het ihm sie schier uberschlage. Drufaben ischs für nes Augeblickli still worde. Hans het mit der Zunge siner verbrönnte Läfzge gnetzt, u ds Eveli isch mit em Brotmässer z'rings um e Vierpfünder ume gfahre. Beidi hei sie gspürt, dass ds Wätter no lang nid verbi isch, dass im Gägeteil die strübsti Ruflete erst no müess cho. Schliesslich het Hans ganz rüeihige gfragt:
«Jetz säg mer einisch klar u dütlig, warum du mir mit aller Tüfelsgwalt das Freudeli witt vorebha?»
«Warum? Das chan i dir scho säge, Hans. Es isch nid, dass di wett kujonieren oder dass der nüt möcht gönne. Aber i weiss gnau, wie's a dene Schützefest albe geit. Ds Schiessen isch Näbetsach un alls anderen isch wichtig! Jawohle!»
«Was meinsch mit däm andere?»
«Was ächt! Du weisch es wohl!»
«Was d'meinsch, han i gfragt!»
«Nu, so darfsch es wüsse: Der Wy u d'Wyber!»
Wohl, das het gwürkt! Hans isch langsam ufgstanden u het der Stuehl zum Tisch zueche gstellt.

«Evi, da düre han i ganz es sufers Gwüsse. Da lah mer nüt a der Houe chläbe, gar nüd. Das heisst – wägem Wy magsch öppis rächt ha; aber wäg de Wyber bruuchsch mer nüt cho z'schmürzele, potz Liederbuech! Überhoupt – wär het dir die Floh i ds Ohr gsetzt, möcht i wüsse?»

«O niemer, bhüetis! Aber weisch, so dumm bin i nid, dass i nid weiss, was es Champagnerstübli isch!»

Dussen a der Tür hets gchlopfet, lut u dütlig; aber Chräuchis hei sich dessi nüt gachtet.

«Jä – trousch du mir so öppis zue?» chychet Hans. U Evi het ihm pukte Bscheid gäh:

«Das wett i nid gseit ha! Aber was wott me – i settigne Sachen isch ungfähr Hans was Heiri. I chehrti nid d'Hand um!»

Drufaben isch es still worde. Mi het nüt meh ghört als ds Sprätzle vom Füür im Öfeli un Evis schwären Ahte. Hanses Gsicht het si verfärbt; ganz wyssen isch er worde. Da chlopfets dusse zum zwöüte Mal. Wie Hammerschlag hets i die dünstigi Stilli yne tönt.

«Gang lueg!» macht ds Evi u stellt uf em Tisch ds Gschirr zäme. Ds Brieggen isch ihm z'vorderst gsi, un es het si gschämt, dass es sich derewäg het lah ubernäh. Hans isch mit zweine länge Schritte zur Tür u het ufta. Verussen isch der Landjeger Grossebacher gstande, e churze, dicke Ma in eren ängen Uniform, wo in allne Nähte gspannet het. Er het e barschi, strängi Amtsmienen ufgsetzt gha; mit dere het er es schadefreudigs Lache verdeckt.

«n'Abe!» het er gmacht u flüchtig gsalutiert.

Hans isch churz abunde gsi. «Grüess di! – Was gits?» het er wölle wüsse. Der Landjeger het es schlymigs Lächle nimme chönne verdrücke. Us der Täsche het er es grosses gälbs Brieftäschli gchnüblet.

«Nüt Apartigs. Bloss das Liebesbriefli da. Es isch vom Statthalter!»

«Dankheigisch!» macht Hans. «Süsch no öppis?»

«Nit dass i wüsst!»

«Guet! Adie!»

Vor der Tür isch dusse! Der Wachtmeister Grossebacher het läng gluegt. Sövel mutze Bscheid het er sir Läbtig no nie ubercho gha. Ganz stober het er die herthölzigi Tür agstuunet, wo so räss isch vor ihm zuegschlage worde. Aber no grad einisch het er si wieder bchymet. Mit beidne Duumen isch er i Säntürong gfahren u het der Sabel besser uf di linggi Syte dräiht. Dernah het er rächtsumkehrt gmacht un isch die paar Stägetritten ab.

«Grossartigs Bürschteli!» het er ghässelet. «Aber wart dä nume, das vernimmt me hinecht i der Pinte, dass si im Gässlisacher Chritz hei! Da bin ihm guet derfür!»

Dinnen ir Chuchi het Hans der gälb Brief gsudiert. Er het sinen Auge nid wölle troue, won er schwarz uf wyss gläse het:

Vorladung.

Herr Hans Kräuchi, Landwirt in Gässlisacker zu Knorziried, geboren 1901, und seine Ehefrau Eva, geborne Grütter, Jahrgang 1903, werden hiermit vorgeladen, sich am 5. Juli, nachmittags 2½ Uhr, in der Gemeindeschreiberei zu Knorziried einzufinden. Hochachtend zeichnet

Schüpbach,
Regierungsstatthalter u. Gerichtspräsident.

Grad hert isch Hans nid erchlüpft. Langsam het er ds Schrybe wieder i ds Brieftäschli zrügg gschoppet, het sich e Stumpen azündtet u sich es Rüngli bsunne. Schliesslich isch er der Stube zue. Unter der Türen isch ihm ds Evi ebcho; es het mit em Schöübezopfe d'Augen usgwüscht u näben ihm düre gluegt wie wenns ne nid kennti. Da streckt er ihm der Brief häre:

«Das geit di ou a!»

Er het e Blick ubercho – wäger het er nid gwüsst, was er dermit söll afah, sövel unguete isch er gsi. Aber Evi het ihm ömel der Brief abgno – es isch chli hässig gange – u het ne gläse. Drufabe hets du richtig wieder es Schüttelli ghaglet:

«Vom Grichtspresidänt? Was het das z'bedüte?»
«Ja – wenn i das wüsst!»
«E Vorladig! E regelrächti Vorladig! – Säg, was hesch aber bosget?»

187

Hans het sich uf em Absatz halb dräiht un über d'Achsle zrugg gfragt:
«Bosget? Ig? – Nüt dass i wüsst! U du?»
Heiteretöri, isch das Evi zwäggschosse!
«Weisch, es schickt si de gar nüt, jetz uf alls ufe no der Löl z'mache! Du wirsch wohl wüsse, warum du die Vorladig uberchunnsch. Aleh marsch, red! Was isch da gange?»
I Hans inne hets wieder afah mutthuuffne; aber er het sich gmeisteret u rüeihig gseit:
«Bis so guet u lueg no einisch nache! Du bisch vorglade so guet wie-n-i!»
«E Dräck bin i vorglade! Höchstens wirden i müesse cho Züüge rede! Los, Hans, du chunnsch mer nid us der Stuben use, bevor i weiss, was passiert isch!»
«Und i säge der no einisch: Das weisch du allwäg besser als ig! I ha nüt uf em Chärbholz, nid ds Gringste, so wahr i da stah! U wenn ds nid witt gloube, so lahs lah si!»
Wo Hans so glassnen alls abgstritte het, isch Evi doch echli usicher worde.
«Aber was um der tuusig Gottswille het de dä Fötzel da z'bedüte? Für nüt u wieder nüt schickt men eim doch nid e Vorladig i ds Hus!»
«Äch! Es wird öppen uf ene Kujoniererei use cho! I den Amtsstuben ume hei sie ja Zyt, allergattig tüüfelsüchtigi Paragräphli usz'hecke!»
Evi isch uf e Vorstuhl abgsässen u het afah studiere. «Was hei mer ömel ou agstellt?» hets gchöönet. «Öppis Unguets ischs uf all Fäll! ... Hans, chunnt dir gar nüt z'Sinn?»
«Nüt!»
«U de grad vom Statthalter! – Es isch schützlig! ... Säg, hei mer öppe d'Hundstax für e Bäri nid zahlt?»
«Bhüetis wohl! Die isch scho bal ume nache!»
«Oder... oder... oder ischs, will mer d'Hüehner hei lah loufe? Sie si gester i Bärgmes Bohnen äne gsi!»
«Ach! U Bärgmes ihrer i üsem Pflanzblätz!»
«Was isch ömel denn ou? ... Vilicht Stüürsache?»
«Mit Stüürsache het der Grichtpresidänt nüt z'tue!»

«Oder... oder... hesch öppen im Wirtshus ubermarchet? Du bisch am Samstig z'Abe chli spät hei cho!»
«Ne nei! Da düre han i kei Dräck am Stäcke. Punkt halbi zwölfi hei mer Schluss gmacht. I bi no öppis vor Mitternacht hei gsi!»
Evi het d'Händ i d'Schoss gleit u ratlos der Chopf gschüttlet. Es isch ganz brätschets gsi. Ändtlige hets chli schüüch gfragt:
«Mit wäm hesch am Samstig gjasset?»
«Mit Affolter Godi u Bigler Fritz!»
«Heit er öppe ... heit er beethlet?»
Grad jetz isch Heu gnue abe gsi!
«Hesch beethlet? Hesch im Wirtshus übermarchet? Hesch d'Hundstax zahlt? Hesch dieses? Hesch äis? – Los, es tuets jetz! Oder söll ig öppen ou afah frage, was du alls chönntisch gchüngelet ha?»
«I wett nid so brüele!» mahnet ds Evi.
«Wohl, jetz wird brüelet, we alls andere nüt bschiesst! Du hesch jetz lang gnue gfräglet u grauet u a mer ume gmusteret. Aber einisch tuets es, da bin der guet derfür. Meinsch du eigetlig, i laji mi vo dir däwäg ringgle? O nei, Eveli! Da chönntsch di wüest trumpiere!»
Fuchstüüfelswild het Hans d'Vorladig vom Statthalter zäme gwuschet u sen i ds Ofeguggeli hintere bängglet. Er het fei echli gueti Breichi gha! Nachhär het er d'Tür i d'Hand gno u het sich pfäiht. Evi isch uf em Vorstuhl gsässe, het ihm verstöberets nache gluegt u ds Augewasser nimme chönne verha.
«Es het u het kei Gattig!» sürmets hinter ihm dri. «Sider dass er das donnstigs Belländ im Chopf het, isch eifach nimme mit ihm z'gschirre! Das sött jetz düregstieret si um jede Prys! Brüelen u hässele vom Morge bis am Abe ... Aber wart nume, Hansli! So gwüss wie vor em Statthalter uschunnt, dass d'öppis Chrumms agstellt hesch, rede mer de Fraktur zäme! Mir wei nadisch de no luege, wär der herter Chopf het, du oder ig. U Belländ channsch der i ds Chemi schrybe, das isch afe sicher!...»
Es isch am Samstig druf gsi, öppis vor de halbe dreie. I der

Gmeinsschryberei z'Chnorziried si sie am länge Tisch gsässe, schön in ere Reihe, u hei z'füfe höch uf e Statthalter gwartet. Jawohle, z'füfe höch! Chräuchis si nämlich i gueter Gsellschaft gsi. Uf e glyche Termin het der Statthalter no grad der Schuelmeister vo Chnorziried u sie Frou vorglade. Hans u Evi hei nid schlächt gluegt, wo si uber d'Schwelle trappen u Lehrer Rysers scho da ghöcklet si. Evi het mit eme gleitige Blick Hanse gmusteret, gob er all Giletchnöpf zue ta heig un ob er d'Grawatte nid aber tschärbis laji lampe. Aber dä Rung isch a Hanse nüt us z'setze gsi; er het halt gwüsst, dass men em Statthalter chli muess Ehr atue, u drum het er sogar d'Schuehbändel-Lätschen innen abe gschoppet gha.

Der füft, wo uf e Grichtspresidänt gwartet het, isch der Landjeger gsi. Är het vo Amts twäge müesse d'Gminsschryberei goume, dass sie nid öppen ungsinnet furt chöm. Für sich d'Zyt echli z'vertörle, het er uf der untere Tischhälfti der Papierchorb usgläärt gha, u jetz het er i denen alte Kuverts u Schrybereien ume gnuschet, gob er vilicht en alti oder sälteni Briefmargge chönn uftrybe. Allem a het er nid am beste gschäftet; er het ömel e Trümel gmacht u vor sich ane gmuderet. Schliesslich het ne der Schuelmeister i sir gmüetliche Beschäftigung gstört.

«Excusez, Herr Wachtmeister, i hätt neuis wölle gha frage. Ischs erloubt?»

«Jo – warum nid!»

«Schön! – Die Sach da mit der Vorladig drückt mer chli schwär uf e Mage, u mir Frou geits nid besser. Säget, heit dir nen Ahnig, warum men üs da vor e Kadi zitiert het? Im amtliche Schryben isch ou gar e kei Adütig gmacht gsi!»

Der Landjeger het si rund Plouel gschüttlet:

«Weiss nüt! Weiss gar nüt! Aber i wett nid chummere – es wird chuum a ds Töde gah!»

«Scho lieber nid!» het ds Evi dri bängglet. Der Schuelmeister het ds Trom wieder ufgno:

«Das muess ganz e düsteri Gschicht si, wo da im Tue isch. Süsch hätt men eim doch gwüss es Stärbeswörtli gseit!»

«Jä – dir wüsset schliesslich sälber am beste, was der bosget heit!» macht der Landjeger. «Aber wie gseit, es wird chuum heiss yschlah. Meh als öppen acht Tag Wasser u Brot wärdet er nid übercho.»

Rysers u Chräuchis hei es Schütteli glachet, wes ne eigetlich scho nid hert isch drum gsi. Meh oder weniger hets allne dreine dutteret, u bsunders der Lehrersfrou. Je neecher der Zeiger uf halbi drü grütscht isch, dest chreftiger het ihres Härz afah Generalmarsch schlah. Hanse hets no schier am wenigste gmacht; der Landjeger hets ömel düecht, dä blybi am rüeihigste. Beid Duumen i de Gilettäschli, d'Bei chli vo sich gstreckt, het er de Rägetröpf zuegluegt, wo langsam über d'Fänsterschyben abe grünelet si.

Wo me du ändtligen im Gang usse der Schritt vom Statthalter ghört het, isch d'Frou Ryser chrydewyssi worden un Evi isch es chysterigs «Jesses Gott!» ertrunne.

Der Statthalter isch zur Tür ycho. Uf der Schwellen isch er es Augeblickli blybe stah u het die ganzi Versammlig gmusteret. Sie hätte wäger kei Angst bruucht z'ha vor ihm; für a z'luege het er d'Gattig vo me ne freine, gäbige Mänu gmacht. Er ist es grosse, feste Ma gsi mit eme rote Gsicht un yschgraue Haare.

Die Lüt i der Gmeinsschryberei si ufgstanden u hei grüesst, u der Statthalter het ne lut u klar Bscheid gäh. Nachhär het er Huet u Rägemantel abzogen u bir Tür änen an me ne Chleiderhaaggen ufghänkt. Der Landjeger het unterdessi der Tisch abgruumt un i Papierchorb ta, was vo Rächts wäge dri ghört het. Die Vorgladne si chli schüüch wieder abghöcklet u hei nid Mucks gmacht. Schliesslich isch der Statthalter oben am Tisch ou abgsässen u het e dicki Mappe vor sich ane gleit. I Verschleikte het d'Frou Ryser unter em Tisch düre na der Hand vo ihrem Ma gsuecht, für sich e chli dranne z'ha ...

Der Statthalter het mit em Chopf e Düt zum Landjeger übere gmacht:

«Chöüt abträtte!»

«Rächt so!» het Evi zu Hansen übere gchüschelet. Dä het ihm mit em Ellboge hübscheli e Mupf gäh – der Grichtspresidänt het nämlich scho ds Wort ergriffe:

«I ha mi unterwägs chli versuumet un ech derdürwyle no lenger uf d'Folter gspannet als grad unbedingt wär nötig gsi. Derfür will nech jetz verspräche, dass i will uf Rücke ha. Vorallererscht möcht i d'Pärsonalie feststellen u kontrolliere, ob d'Akte keiner Irrtümer und Uslassungen enthalti. I verliese die vorliegende Schriftstück und ersueche, nötigefalls Yspruch z'erhebe.»

D'Akte hei gstimmt: Vor- u Gschlächtsnäme, Jahrgäng, Heimatört ezätera si haargnau usgsetzt gsi. Der Statthalter het die dicke, rote Händ gägenand gribe, chli der Hals usgchratzet u losglah:

«Nach erfolgter Feststellung vo de Pärsonalie chönnti mer derzue übergah, der eigetlich Grund vo der Vorladig z'erlütere. Das isch aber nid guet mügli, ohni dass i zum Vorus es paar ufklärendi Bemerkunge mache. Es wird, nimen ig a, sämtlichen Awäsende bekannt si, dass vor ca. anderthalb Monet, dass heisst am 21. Maie, der Zivilstandsbeamte vo Chnorzried, alt Posthalter Zbinde, gstorben isch. Sis Amt isch vor vierzäh Tage provisorisch a si bishärige Stellverträter, Herr Niklaus Buecher, Versicherigsagänt, übergäh worde. Dä neu Inhaber vo der Beamtung het ds vorhandenen Aktenmaterial gsichtet u g'ordnet, und derby het sich herusgstellt, dass em Herr Zbinde sinerzyt sicher nid beabsichtigti, aber trotzdäm folgeschwäri Unregelmässigkeiten unterloufe si!»

Die vier Zuehörer uf em Armsünderbänkli hei enand längi Blicke gäh, u der Statthalter isch zuegfahre:

«Was für Unregelmässigkeite dass i meine, wird den Anwäsende sofort klar wärde. – Herr Ryser, weles isch ds Datum vo Euer Trauung gsi?»

«Ja – das isch no gar nid so lang, Herr Statthalter, dass mir is hei lah zäme gäh. Am sächste Wymonet isch es dänk es Jahr.»

«Schön! – Und wär het d'Trauig vollzoge?»

«Lueget, Herr Statthalter, die Sach isch eso: Der alt Posthalter Zbinde het dennzemal grad mit Ischias z'tüe gha u het da glouben i z'Rhynfälde nide kuret. Si Suhn, der Christe, het ne verträtte.»

«Warum nid der Herr Buecher?»
«Dä het neuen e Sitzig gha vo de Versicherigsagänte.»
«Der Christian Zbinde wär der jetzig Posthalter und Gmeinrat?»
«Exakt, Herr Statthalter!»
«Schön, mir chöü zum zwöüte Fall übergah. Herr Chräuchi, wenn sit Ihr trauet worde?»
Hans het sich im Vergäss hinter den Ohre gchratzet: «Gnau chan is nimme säge, Herr Statthalter. Im Maien einisch ischs es Jahr gsi.»
«Ja – der vierzächet!» het Evi usghulfe.
«Und wär het in Euem Fall d'Trauung vollzoge?»
Hans het uf de Stockzähne glachet:
«Mir si ou em Stellverträtter, em Christe, i d'Händ grate, Herr Statthalter!»
«Wo isch der Herr Buecher dennzumal gsi?»
«Mit em Männerchor uf em Rigi!»
«So so! Wüsset Ihr, us was für Gründe sich der Herr Zbinde senior het lah verträtte?»
«Jo – soviel i weiss, het denn der Gmeinnützig Verein vom Amt e Bluestfahrt nach Italie gmacht, u der alt Zbinden isch mit. Mir zwöü si sofort nah der Hochzyt uf u nache, Herr Statthalter.»
Der Grichtspresidänt het der Schnouz zwirblet un es Momäntli vor sich ane gstuunet. Nachhär het er ds Garn wieder ufgno:
«Die Uskunft isch befriedigend, u mir chöü i üsne Verhandlungen e Schritt wyters gah. Ihr wärdet dänke, i heig jetz ömel ou Schnäggetänz gmacht. Das isch durchus nid der Fall, im Gägeteil! Mir chöü uf e Chärnpunkt vo der ganze Sach los!»
Der Statthalter het e töüfe Schnuuf lah fahre, u siner Zuehörer si chli besser zwäg grütscht. Evi het d'Füess unter em Tisch schier gar nimme chönne still ha.
«Ja! – I mache hiermit d'Mitteilung, dass die Funktione vom Zivilstandsbeamte Fritz Zbinde, verträtte dür si Suhn Christian Zbinde, anulliert worde si, und zwar anulliert durch üse hohe Regierungsrat!»

Totestill isch es ir Stube worde; mi het am Fänschter voren e Flöüge ganz dütlech ghört sure. Aber untereinisch laht d'Frou Ryser e Göüss lah fahre, dass all Schybe gschirbelet hei. U nachhär isch es losgange! Ihrere vieri mitenand hei afah reden u brichten u fragen u bugeren u chältschen u reklamiere, dass me hätt chönne z'hinterfür wärde.

«Herkulanum, Pompeji u Stabiae!» het der Schuelmeister gfutteret. U Hans het siebemal nach enand gstiglet: «Himelgüegeli! Himelgüegeli grad no einisch!»

Die beide Froue het men überhoupt nid verstande. Der Statthalter het schliesslich mit der Fuust uf e Tisch gchlopfet u si Spruch fertig ufgseit:

«D'Anullierung isch erfolgt, weil die von Christian Zbinde, Suhn, übernommeni Stellverträttung durchus ungesetzlich isch, und somit müesse sämtlichi durch ihn geschlossenen Ehen als ungültig erklärt wärde!»

Heiterefahne, isch jetz i der Gmeinsschryberei innen es Gschärei losgange! Es isch gsi, wie we der Statthalter i ne Wäsplere gstüpft hätt. Der Lehrer het e zündrote Hübel übercho u nach em Zivilgsetzbuech brüelet; Hans het schön abgwächslet mit Lachen u Flueche; d'Frou Ryser het ds Nastuech gsuecht, ds Augewasser abgwüscht u ghornet; Evi wär am liebsten uf e Statthalter los u hätt ihm ds Gsicht verchratzet. Ja, dä guet Ma het sich e schöni Suppen ybrochet! Es isch ömel ou füf Minute lang gange, bis er wieder zum Wort cho isch.

«Absitze!» het er geng u geng wieder befohle. «Absitze! Numen absitzen u rüeihig si! I bi no lang nid fertig. Absitze! Frou Chräuchi, sitzet doch ändtligen ab! Solang d'Ihr da ume suret wie nes sturms Beji, chan i wäger nid rede! – Herr Chräuchi, sit so guet u heit Eui Frou echli! Mi isch ja ds Läbes nimme sicher!»

Wo ändtlige das verzwyfelte Chüppeli wieder ume Tisch ume ghuuret isch, het der Statthalter wyter brichtet:

«I chäm nun zur Mitteilung Nummer zwöü, und die isch entschieden erfreulicher Art. Nämlich: Der hohe Regierungsrat isch der Ansicht, die komplizierti Lag vo dene betroffenen

Ehepaare sig so schnäll als müglich z'erliechtere. Es isch ou würklech scho nen Uswäg gfunde worde, un i bi bevollmächtiget, no hüt die ganzi Angelägeheit z'ordne. Derzue bruuchts nid meh als der guet Willen und Zuestimmung vo allnen a der Affäre Beteiligte!»

Tifig isch der Lehrer ufgschosse:

«Herr Statthalter, i rede sicher im Name vo allnen Anwäsende, wenn i verspriche, dass mit bi der Regelung vo der Angelägeheit keiner Schwierigkeite wärde mache!»

«Freut mi, Herr Ryser! I ha mit Euem guete Wille grächnet. Und jetz will i mit mine Bedingunge nid lenger hinter em Bärg ha. Folgende Vorschlag unterbreitet der hohe Regierungsrat allne Beteiligte: Die anullierten Ehe wärden als gültig und rächtskräftig gschlossen erklärt, sobald sich beide Teile, das heisst Mann und Frou, unterschriftlich als gebunden erkläre. Andernfalls müesst die eheliche Gmeinschaft ufghobe wärde!»

Der Statthalter het sich der bitter Schweiss ab der Stirne gwüscht un isch abgsässe. Da isch d'Lehrersfrou ufgstanden u het mit waggeliger Stimm gfragt: «Und süsch bruuchts nüt?»

«Nüt!»

«Gottlob! – Herr Statthalter, wo isch das Papier? I wott unterschrybe!»

«Pressiert das so schützlig?» lachet der Presidänt. «Nu, mir wei Eue Wunsch so gleitig als müglech erfülle. I gloube, mir maches am beste so: Ds Ehepaar Chräuchi geit es Augeblickli i Gang use gah warte, und sider bringe mir da inne d'Sach i d'Ornig!»

Hans u Evi si abtschöttelet u gäg der Tür zue. Da chehrt sich Evi no einisch um u befiehlt:

«Machet de chli gleitig, sit so guet!»

«Heit nid Chummer!» lachet der Statthalter. Er het en Unterschriftebogen uf e Tisch gleit un e Fädere derzue. «So, da wär alls was nötig isch. Herr Ryser, weit Ihr so guet si?»

«Gärn!» macht der Schuelmeister u sitzt ane. Mit Schwung het er si Name häre gschmissen u zum Schluss no nes grossartigs Kramänzel gmacht. Nachhär het si Frou ihri Unterschrift häre gmale, u die Sach isch im Blei gsi.

«Gseht er, ganz schmärzlos ygränkt!» zigglet der Statthalter. «Jetz heit er ne, Frou Ryser, u zwar für Euer Läbtig!»
Der Schuelmeister het glachet:
«Mir isch es grad, wie we mer ds zwöüt Mal hätte Hochzyt gha!» Hübscheli het er sir Frou der Arm um d'Achsle gleit, u sie het nen ömel nid abgschüsselet. Der Statthalter het Freud gha an ne.
«Machet er ou e zwöüti Hochzytsreis?» het er gfragt. Aber vo däm hei Rysers doch du nüt wölle wüsse. Mi het no nes Rüngli zäme brichtet, u nachhär hei sich d'Lehrerslüt verabschiedet. Der Statthalter isch mit ne bis zur Türe gangen u het dert grad Chräuchis gheissen yne cho. Evi isch natürlich vora gsi.
«U jetz? Weit er enand no, oder sit er enand verleidet?» fuxt der Presidänt.
«I wüsst neue nüt anders!» lachet Evi. «We mer nüt Bessers über e Wäg louft, nimen i dänk Hans no einisch!»
«Schön! Und Ihr, Herr Chräuchi? Wie heit ers?»
«Jo – i will mer die Sach no chli uberlege!» het Hans brummlet un e töüfi Furen uf der Stirne gha. «Das isch vilicht die letschti Glägeheit, won i cha us em Lätsch schlüüfe!»
Evi het der Fäderehalter gno un ihm ne dargstreckt:
«Aleh, mach nid der Ganggel!» hets nen agsuret. Aber Hans het langsam beid Füüst i d'Hoseseck gnuschet u sich zum Statthalter gchehrt:
«Isch e Frag erloubt, Herr Statthalter?»
«Bhüetis ja!»
«Eh ... hm ... ja ... hm ... es isch mer da grad no öppis z'Sinn cho ...»
«Ah bah! Schryb du jetz!» balget ds Evi. Aber Hans het schynts nüt ghört. Gnietig het er vüre gchnorzet:
«Ja – i ha nume wölle frage – cha me gwüssi Bedingunge stelle, bevor me d'Unterschrift git?»
Der Statthalter het d'Augsbraue chli glüpft:
«Unter Umstände – ja!»
«So so! – Schön! – Nu, i hätt so nöüis!»
Heiterefahne, het ds Evi afah rühele:

«Was isch jetz das für nes Gstürm! Nei, Hans, da gits nüt z'märte! Aleh marsch, schryb du lieber!»
«I schrybe nid!»
«Jä – warum nid?» mischlet sich der Statthalter dri. Hans het chli ne gstabeligen Äcke gmacht.
«Lueget, das isch grad eso, Herr Statthalter: Bi üs daheim geits mängisch nid ganz wie-n-es sött. Nach mim Derfürhalte wott mi Evi mängisch chli z'hert unter e Duume näh. Das düecht mi eifach nid rächt. Jetz han i zum Byspiel nach Bellänz wölle gah a ds eidgenössische Schützefest; aber d'Frou wott mers mit aller Tüüfelsgwalt verwehre. I bi no nie a me nen eidgenössische gsi u chumen allwäg nie meh derzue. Was düecht Euch, Herr Statthalter?»
«Ja – so nes Schützefest isch e schöni Sach, wes rächt här u zue geit.»
«Äbe, das meinen ig ou! U drum bharren i druff, dass mi my Frou laht lah gah!»
«Das gits nid!» isch Evi gäih ufbrönnt.
«Säg das nid z'lut!» mahnet Hans. «Lueg, mir wei die Sach jetz rüeihig z'Bode rede!»
«Nüd wird gredt! Du kennsch mi Meinig!» Evi het der Fäderehalter abgleit u ds Grindli ufgha wie ne drüjährige Draguner.
«Jä nu, ganz wie du witt!» macht Hans. «Aber we nid gredt wird, de wird ou nid gschribe!»
«Du bisch e Stürmi!»
«Das wird scho si, we dus seisch!»
«Aleh, schryb! Tue nid dumm, gäll!»
«I schrybe nid!»
«Wohl, du schrybsch! I wotts ha!»
«Guet, i schrybe – wenn d'ja seisch!»
«Los, was meinsch du eigetlich! Du chönnsch mi zwänge?»
«Nei, das meinen i nid. Aber i wott uf Bellänz, u du söllsch mer nüt derwider ha, das meinen i!»
«U das gits nid!»
«So schryben i nid! Weisch, es isch mer nienehalb so hert wägem Schützefest. Aber wunder nimmts mi, gob du eigetlich

nid ou einisch i d'Chnöü müessisch! So isch die Gschicht!»
Evi isch ds Augewasser z'vorderist gsi – nid vor Chummer, bhüetis, aber vor Töübi! Es het sich vor em Statthalter schuderhaft gschämt, dass Hans so bockbeinig ta het. Aber es het ou gmerkt, dass das Mal mit Gwalt nüt isch gsi usz'richte. Du het es halt ds Mänteli chli anders ghänkt u het afah schmeichlen u flattieren u chüderle. Aber es het u het nüt bschosse. Hans isch gstabelig blibe wie ne Bohnestäcke u het keis Gleis ta.
«Seisch ja oder nei?» het er schliesslich mutze gfragt.
«Ig? Nei, Hans! Nei sägen i!»
«Nu, so wei mer der Sach es Änd mache! Es isch schad für Zyt, wo mer da verplämperle. We dir di hert Chopf lieber isch als ig, so säg halt nei. Adie zäme!»
Dermit het Hans na'm Huet greckt un isch der Türe zue. Wohl Mähl, jetz het der Statthalter ygriffe:
«Herr Chräuchi – e Momänt!»
«Ja? Was gits no, Herr Statthalter?»
«Bloss da, Herr Chräuchi: i machen Euch druf ufmerksam, dass d'Verweigerung vo der einten Unterschrift d'Ufhebig vo der eheliche Gmeinschaft zur Folg het. Das heisst mit anderne Worte, dir zwöü dörfet nimme zäme huse!»
Hans het langsam d'Achsle glüpft u d'Tür i d'Hand gno:
«I Gotts Name, Herr Statthalter!» U gangen isch er.
Chäswysses isch Evi uf eme Stuehl ghuuret u het ihm nache gluegt. Um der Gotts Wille! Um... der... Gotts... Wille!... Hans macht ärnst?... geit... geit eifach zur Tür us?... luegt nid emal einisch ume?...
Der Statthalter isch uf ihns z'dorf:
«Jetz isch wyt ume bös, Frou Chräuchi!»
No nes Augeblickli isch Evi uf sim Stuehl gchläbt – nachher isch es ufgschossen u het e Brüel ta:
«Hans!... Hans!...»
Däm isch es chalt über e Rüggen ab glüffe, won er die Stimm ghört het. Eigetlich – die ganz Gschicht isch ihm doch nienehalb so ärnst gsi. Er het bloss wölle luege, gob ds Evi eigetlich gar nie chönn nah gäh. Er het bis zum letschte

Momänt ghoffet, es wärdi teiggs. Aber dass es sich däwäg chönnt ergellstere, hätt er nie gloubt. Tifig isch er d'Stägen uf cho u zur Tür y.
«Hans!»
«Was gits, Evi?»
Er het nid gseh, wies gangen isch – aber untereinisch hanget ihm sis Froueli am Hals, drückt ihm der Chopf a d'Brust, briegget u schlotteret am ganze Lyb:
«Hans ... gäll, das machsch nid? ... Gäll, du lahsch mi nid im Stich?»
Er het Evi über die blonde Chrüüseli gstrichen un öppis wölle säge – aber es het ne nid lah zum Wort cho.
«Minetwäge gang doch uf das Bellänz, Hans! I will der sicher nimme dervor si – aber unterschryb, gäll! Unterschryb!»
Hans het sich müesse zäme näh, dass er nid sälber ganz murbe worden isch, so het ne sis Froueli duuret. Aber er het sich no einisch gstabelige gmacht u sich zum Statthalter dräiht:
«Dir heits ghört, Herr Statthalter, wäge Bellänz. Dir sit Züüge, nid wahr?»
«Bhüetis ja!»
«Schön, de wei mer unterschrybe!»
U Hans het unterschribe, so schön u mit runde, glatte Buechstabe, wie-n-er se numen us sine verwärchete Burefingere het chönne use bringe. Evi isch dernäbe gstanden u het chuum möge gwarte, bis es ihm der Fäderehalter het dörfen abnäh. Sie Unterschrift isch meh gleitig als schön worde.
Hans hets vo der Syte här agluegt. Es isch ihm vorcho – unzämezellt – wie nen umgchehrte Händsche. Sis gäihe, mängisch so rächthaberische Wäsen isch gsi wie abgstreift, un unter der abgsprängte Hültsche vüren isch ganz es neus Froueli cho – eis mit eme liebe, weiche Gsichtli, mit heisse, hungerigen Auge, wo um en es Rästeli Liebi bättlet hei. So hets alben usgseh gha vor zwöüne, dreine Jahre, wo sie no zämethaft gange si... Hans het nid anders chönne – er het das Gsichtli zwüsche beid Händ gno und gseit:
«Lueg, Eveli, es freut mi eländ, dass d'nah gäh hesch. I will

ders dir Läbtig nid vergässe. U dass du uf Bellänz channsch mitcho, das will der versproche ha!»

Am meiste Freud het der Statthalter gha. Sis rote Gsicht het glänzt wie der zuenähmet Moon, u si grau Schnouz isch uf u nieder gange wie ne Husrötelischwanz. U d'Händ gribe het er! Schliesslich het er Hansen eis uf d'Achsle tätscht u gseit: «Ja, ja, Herr Chräuchi – chli liechtsinnig isch es scho gsi, Eues Froueli so z'fecke! U wes jetz sis herte Chöpfli düre gsetzt hätt?»

Hans isch nid erchlüpft. Er het glachet über ds ganze Gsicht, gwüss bis zu den Ohre hintere:

«Jo – lueget, Herr Statthalter, i bi mir Sach doch sicher gsi. Evi hätt eifach gar nid chönne drusstelle. Usgschlosse!»

«Absolut nid?»

«Absolut nid!»

«Aber warum de nid? Es het doch schliesslich ds glych Rächt gha wie Dir?»

Hans isch uf e Statthalter zuedüüsselet u het ihm öppis i ds Ohr gchüschelet. Evi isch bluetzündrot worden u het wöllen abwehre mit Händ u Füesse. Aber alls Sperzen u Battere het nüd bschosse. Hans het sis Chröpfli gläärt, u der Statthalter het hälluf glachet:

«Jä so! – Jä so! – Was Dir nid säget! Nu, jetz begryffen i! Gratuliere vo Härze!»

«Danke, Herr Statthalter!»

«Euch ou, Frou Chräuchi! Hoffetlich ischs e Bueb!»

«O – mir nähmten es Meiteli ou, Herr Statthalter!»

Hans het sis Eveli oben ine gno:

«He ja – es cha de speter es Dotze Buebe goume! Aber jetz wei mer machen u gah. Adie, Herr Statthalter!»

I ds Wältsche

Emil Balmer

«Wo isch eues Martha?» – «Es isch im Wältsche.» – «Was heiter mit em Köbi im Sinn?» – «O, er muess ömel afange es Jahr i ds Wältsche.» – «Wenn wott de ds Lina ds Näje lehre?» – «E, we's us em Wältsche heichunnt!» – So tönt's doch all Tag a dys Ohr, oder isch nid wahr? – I ds Wältsche! I ds Wältsche! – Isch es öppis so schuderhafts Wichtigs, dass men überall dervo ghört? Hanget Heil u Säge vom Möntsch vom «Wältsche» ab? Warum so ne Metti ha mit däm Wort? Wohl, es isch öppis Wichtigs. I ds Wältsche gah ghört bi üs im Bärnerlann zum normale Läbesgang vo mene jede Chinn.

Es isch e grosse Marchstei, wo denn gsetzt wird, we der jung Bursch u ds junge Meitschi vom heitergrüene, bluemige Mätteli vo ihrer Jugendzyt übergah i ds grosse wyte Fäld, wo Läbe heisst – wo d'Sunne druuf abe brönnt u wo die bruune Fure vom früsch z'achergfahrnige Bode sech i d'Wyti zieh, sodass me schier nid bis a ds Änd ma gseh!

«Es Jahr i ds Wältsche», so het's o bi üs deheim öppe tönt, wo-n-i du afe z'Underwysig bi. U wil i ke Vatter meh ha gha, wo für mi het gluegt u gsorget, so het ds Müeti eleini der Plan gmacht für mi. Heisst das, mit der Frou Statthalter het es öppe no drüber gredt, we sie a mene wüeschte Sunntignamittag im Winter zsäme i der warme Stube tampet hei. I ha sälber nid vil derzue gseit u ha bim Fänschter vor öppis gchriblet.

«Du geisch mer afe es Jahr i d'Handelsschuel uf Neueburg», het d'Mueter gseit, «nachär machisch de ds Poschtexame.»

«E ja,» het de d'Frou Statthalter afa hälfe, «das soll guet sy dert, Heres Fritz isch ja o nes Jahr dert gsi u het jetz bigoscht eso ne schöni Stell – oder, wosch öppe lieber e ‹Kinstler› wärde?» lachet sie, «du tuesch ja so gärn zeichne u male!»

Es isch gsi, wie we d'Frou Statthalter i mys Härz ine gseh hätt – i ha se-n aglugt u bi rot worde.

«Nüt nüt da Chunschtmalerigs», het d'Muetter tifig abgwehrt – «säg ihm no so öppis, dass er am Änd no so ne dumme Sinn überchunnt derfür – ne nei, da'sch nüt für üserein. Lueget, wär süsch nid vil Gäld het, dä muess de bi däm Male gly am Hungertuech nage u bringt's nie zu öppis, mi ghörts öppe gnue –»

I ha rüejig wyterzeichnet, oder ömel derglycheta.

«U de bi'r Poscht, wird me de da gly rych?» fragen i so halb im Ärnscht u halb lächerlig.

«E, dert hei si ömel e fixe Poschte u scho grad vo Afang a e chlei Lohn, u de tüe sie ne mit Schyn no gly einisch nache – das isch sicher ds Beschte für di!»

I ha nüt druuf gseit – ha gmerkt, dass es bim Müeti en usgmachti Sach isch, dass i uf d'Poscht söll – u ha mi drygschickt! Es het's ja so guet gmeint, ds Müeti, mit mer! – Un überhoupt, hätt i sälber ds Guraaschi gha, Chunschtmaler z'studiere? Das isch doch de no öppis anders gsi, als nume Hüser u Bärge u Gemschi u Chilche u settigs z'zeichne. Bin i sicher gsi, dass i's zu öppis brächti? Wär es vo der Muetter nid z'vil verlangt gsi, sövel für mi z'wage? – Das alls han i mer stunnelang überleit bim Spaziere im Schlosswald oder am Abe im Stübli obe vor em Yschlafe. U schliesslig han i ygseh, dass ds Müeti rächt het. Aber die Träne, wo i settigne Nächt uf ds Houtechüssi sy brünelet, het ds Müeti nid gseh – es het nüt gmerkt dervo, wie's mi duuret, das schöne hööche Schloss mit de guldige Zinne, wo-n-i syt Jahre im Chopf boue ha u wo mer eso mänge Jugettag verschönt het mit sym troumige Glanz, das gseh zsämez'bräche u z'versinke...

Zu däm töüfere Schmärz, wo-n-i niemerem avertrout ha, u wo-n-i lang i mer inne ha umetreit wie ne verblüeiti Rose, sy du no anderi Sorge cho.

Korios, i der Underschuel han i der Chnopf eso schön ufta – i bi ging eine vo de grössere gsi, un alls het gmeint, i mach's myne zwöüne eltere Gschwüschterte nache – aber undereinisch het's nid meh vüretsi wölle mit mer – alls Zueha vo der Mueter, alls Haberchärnesuppe-Ässe u Lang-Lige u Strecke im Bett het nüt wölle nütze. Dä Stillstann im Wachse het mi schützlig plaget, un i ha bal Angscht gha, i blyb eso chly. Der

Werner u der Fritz uf em glyche Bank, die hei sech afa strecke, mit het se völlig gseh ufschiesse – numen i bi ging glych blibe. – Da han i lang chönne bäumele u mi mässe am Wannschafttööri i der vordere Stube, der Blaustiftstrich isch ging am glychen Ort düre! – Wie mänge Chribel han i äch a däm Tööri gmacht! I ha mi du afange nume meh gmässe, wen i längi Haar ha gha u ha se de äxtra rächt fluger ufgstellt, nume dass me ds Zeiche e chlei wyter obe chönn mache. Aber i ha doch nid rächt Freud gha derby, wil i ha gwüsst, dass es erbschissen isch. – – E Mueter findet ging öppis, für ihres Chinn z'tröschte.

«Das macht nüt, Bueb,» het ds Müeti albe fröhlech glachet, «es bruucht nume weniger Tuech für ne Bchleidig u chunnt eim mängisch komod, we me nid über alls y ma gseh; göb eine gross oder chly syg, isch ja so Näbetsach im Läbe – für ds Glück bisch grosse gnue – stell du di nume süsch brav, un überhoupt, bis doch froh: die chlyne Rössli schyne lang Füli!»

So däwäg het sie albe chüehligi Selbe gstriche uf my seer Blätz.

Aber de han i se doch einisch o ghört, wo sie i der Chuchi bim Abwäsche zum Emmy gseit het, sie gloub jetz de sälber o, i wärdi nit grösser. Es syg früecher einisch i üsere Verwandtschaft eso ne chlynne Stöderi gsi, es chönnti sy, dass i däm Chrigeli nagschlaji – er syg nume drei Chäs hööch worde, aber punkto Muul, da wohl, da heig er de mit allne Grosse möge gsage – un er heig ömel sy Ma gstellt u sech sälber dür ds Läbe bracht. – Dass sie das Mannli zletsch no grüehmt het, isch mer e schwache Troscht gsi – das Nidwachse u Chlyblybe isch mer e Zytlang der gröscht Chummer gsi.

Aber wie ei Freud die anderi ablöst im Läbe, so chunnt o uf eis Leis es früsches u macht ds alte z'vergässe.

Es isch ärschtig gäge Schuelschluss zuegange un i ha mi schuderhaft gfreut uf ds Exame un uf ds letschte Schuelfescht. Mir hei so ne Huufe nätti Meitschi gha i üsem Jahrgang, u drum hei mir Buebe abgmacht, hüür müess de no öppis loufe, u Tanz dörf de kene übersprungene wärde, u ds Ryser Griti söll nume gnue Läbchueche-Härz bache u garniere, es überchömm es jedes vo üsne Meitli wenigschtens zwöü!

Mitts im Fiebere u Schaffe u Freudha uf die Zyt hi, bin i chrank worde. I ha über Nacht ganz e gschwullne, rote Chopf übercho, u der Dokter het gseit, es sygi Gsischtsrose. – E wüeschti, wüeschti Sach het's du gäh. Mit brandschwarzer Selbe hei sie mi agstriche, hööchi Fieber sy cho, un uf em ganze Gsicht han i grossi Blatere übercho mit Giechtwasser drinn. – Es gang uf jede Fall es paar Wuche, het der Dokter im Gängli uss zur Mueter gseit, un es heissi Flyss ha u luege. I ha's ghört dinne im Bett u ha afa plääre. – U de ds Exame! I, wo mi so gfreut ha, hüür myni schöne Zeichnige chönne z'zeige u wo so gspannet ha uf en Examenufsatz – u de ds Schuelfescht un alls, wo drum u dra ghanget isch? I ha mer doch so schön vorgstellt, wen i de mit em Marthi i sym Crème-Rock u mit de länge, offene Haar der erscht Tanz miech u mit em Roseli der letscht – vowäge der letscht Tanz am letschte Schuelfescht, das isch der Schlusston vom Jugetlied! – Herrjeses, u de d'Konfirmation? Was sött i de da mache, wen i da nid chönnt derby sy? U ds Nachmahl a der Oschtere un alls das? – Chöüt der jetz begryfe, dass i da i nes schützligs Eländ ine bi cho u briegget ha wie nes chlys Chinn, wo d'Mueter wider zue mer a ds Bett chunnt. «Pläär nid, Bueb», seit sie buschber u tröchnet mer die Träneseeli uf de Backe, wo i der Selbe un i de Gschwulschte inne nid guet hei chönne abloufe – «pläär mer nid – mir wei lieber bätte, dass di der Liebgott wider gsunn macht – we de scho nid a ds Exame chasch un a ds Fescht, so macht das nüt, du erfahrsch de grad früech gnue, was es heisst, im Läbe uf öppis lehre z'verzichte. Mir wei hoffe, du sygisch de für em Karfrytig wider zwäg u chönnsch de uf e füfzächete Aberelle i ds Wältsche, de wei mer zfride sy, gäll Mundi? Mir wei jetz rächt guet zue der luege!» – Ja, das het es gmacht, ds Müeti, eh herrjeh, e ke Dokter hätt's besser chönne, un i wär ihm no vil, vil Dank schuldig! – Es het's dahibracht, dass d'Fieber no gly abe sy u dass die wüeschti Chrankheit nid no ganz i Chopf ufen isch cho.

Ds Schuelfescht isch cho – e wundervolle Früehligstag! Wo der Feschtzug ds Stettli ab isch cho, wo d'Musig het afa spile bim Linneboum obe, da isch ds Müeti cho z'springe, het mi i ne

warmi Wulldechi ine glyret u mi wäger zum Fänschter vüre treit. Dert han i se gseh verbygah, alli, alli myni Gspane u Fründe u Schuelschätzeli – u die Chränz u Fähne u Blueme hei glänzt u glüüchtet u gwäit u gflatteret – u die Gsichter hei gstrahlet! – I ha nimmeh chönne luege, es het mi übernoh. U weissgott hätt ds Müeti o bal mit mer ghüület, es het's doch o schützlig duuret, dass i nid ha chönne derby sy. – Aber du het es mi wider i ds Bett ta, het d'Zittere vüregnoh u het mer es schöns Lies gsunge. «Gäll, mir wei Gott danke», seit's, wo-n-es se wider ewäggleit – «mir wei Gott danke, dass er's so guet mit der gmeint het u di wider laht gsunn wärde – gäll Bueb, du chlagsch nimmeh, dass de nid a ds Fescht hesch chönne?»
«Nei nei...» stiglen i ganz grüehrt. I hätt ihm gärn es Müntschi gäh zum Zeiche dass i zfride syg; aber i ha nid chönne u nid dörfe mit mym Gsicht. – –

Es het mer du wider besseret, aber es paar Wuche lang ha mi no nid dörfe wäsche, so zart u delikat isch di neui Hut gsi, wo under de Blätze u Fläre u Blatere nachegwachsen isch – A d'Konfirmation han i ömel grad so häbchläb chönne, un uf ds Mal isch der Abe da gsi, wo ds Müeti het gseit: «So, morn ga mer zsäme i ds Wältsche!»

Jetz het's gheisse Abschid näh vo allem vo deheim, vo de Gschwüchterte, vom Tanti, vo Hurnis, vom Garte, vom Wald, vo so mängem Eggeli u Plätzli u Stubeli, wo bis jetz my Wält usgmacht hei!

D'Mueter het scho lang vorhär alls grüschtet gha. – Was sorget doch eso nes Müeti nid alls für sys Chinn! Wie mängs rangschiert es für di, ohni dass de's merksch – wie mängs Löchli macht es zur rächte Zyt ume u sorget dermit vor, dass es nid es grosses Loch gitt, wie mängs Chnöpfli wird agnäit, wie mängs wird umegmacht, was du i der Schwalderigi inne verrisse hesch! – Wie vil meh no muess es Müeti studiere u luege, we eis vo de Chinn i ds Wältsche geit! We ne Suhn oder e Tochter hüratet, so bruucht's vüra e Trossel – we eis i ds Wältsche geit, so wird fasch eso öppis wie ne Grundstei gleit zu däm Trossel – es Trösseli bruucht es, ja wolle! U das git z'dänke! –

Es müesse Bchelidige sy, Hemmli, Strümpf, Schueh u vor allem o Underzüüg. Wär's e chlei cha mache, luegt, dass ds Chinn guet verseh wird mit Underzüüg – u da cha Sämi lang säge, er heig settig Sache gnue für mängs Jahr un er bruuch nid d'Hälfti dervo, es treit nüt ab, wen er i ds Wältsche geit, so muess neus Underzüüg zuche. Ussevür bruucht es Chinn nid äxtra z'glänze, aber innevür, da söll es zu allne Zyte sufer derhärcho – de blybt es o sufer u gsunn a Lyb u Seel – so säge sech d'Eltere. – Stück für Stück, schön sufer u früsch glettet, het mys Müeti i ds Trögli tischet. – Richtig, das Trögli! – I gseh's doch no ganz guet vor mer, das heiterblaue tannige Chrutzli, wie's mit mer i ds Wältsche isch cho! – Meischtes schlafe die Trögli i mene Egge vom Schterig oder i nere Chammere vom Huus. Aber im Hustage – hesch di no nie g'achtet, wie sie sech da vürelah, hie u dert uftouche, bruun u blau u grau agstriche, es tolls Seile drum bunne, en Adrässcharte drann oder mit Sigellack eini agchleibbet? – Überall gseht me se zu där Zyt im Lann ume, uf Charli, Bärnerwägeli oder hinder uf Leiterwäge – so fahre sie a nere Nahnstation zue.

U was isch nid alls drinne, i däm eifache Trögli! Wie vil Liebi u Güeti u Chummer u Angscht luegt da zwüsche däne Ablegige un Bygene vo Strümpf u Naselümpe use! A was het ds Müeti alls dänkt, wo's das Züüg für ds Chinn grüschtet het? Was für Wünsch u Gedanke hein ihm ds Gmüet ufgwüehlt u ds Härz gmacht z'chlopfe derby? – We's ihm nume o gfallt im Wältsche – wen er's nume guet preicht u zu rächte Lüte chunnt – wen er nume brav blybt un i nid muess Verdruss ha wägen ihm – u bi däm Machesinne het ds Weh, dass es ds Chinn muess em Läbe überlah, ds Müeti übernoh. Es drückz sys Gsicht, wo d'Jahr u der Chummer ihri Zeiche druffe gschribe hei, i die schöni früschi Wösch vom Chinn u brigget u brigget, gar schützlig...

Ds Chinn gseht das nid. Es gspürt ds Heiweh no nid zgrächtem u weiss no nid, was es alls verlüürt mit em Furtgah vo deheim. Es het der Chopf voll Sache, freut si uf ds neue Läbe u gseht die ganzi Wält i mene gildige Liecht. – – Ds Müeti aber het ds Härz voll u brigget... U die Träne, wo uf die suber Wösch vom Chinn tropfe, sie gange mit em Trögli furt, i d'Frömdi. D'Wält achtet si so a mene Trögli nid; aber ds Müeti, der Vatter, sie wüsse, was alls furt geit us em Huus, we ds Trögli d'Stägen ab treit wird. Sie eleini wüsse's so rächt, was alls ybschlosse u zsämegleit isch drinne. Also mys Trögli isch fertig packt gsi. Wo me's am Abe vorhär voll u schwär het uf Bahn ta, da isch o mys Härz u Gmüet bschwaaret gsi wie mit grosse Surchabissteine – e schützligi Schwäri u Ängi het mi fasch z'Bode drückt. Jetz han i gmerkt, dass es filt. – O, wenn i nume no ne Tag länger chönnt blybe, oder e Wuche, dass i no es paarmal chönnt deheime schlafe – no einisch i Wald ufe möcht i, no einisch uf d'Schlossterasse ga überluege, no es Mal i Salis hindere zu myne Beeriplätzli! – – – Ds letschte Znacht het nid meh rächt wölle aberütsche. I ha keni Channebire g'ässe gha, aber grad exakt eso het's mi gwörgget – u no zmonderisch, won-i mit der Mueter uf d'Station bi u bi Käthi-Hanses Huus no einisch ha umegluegt gäge üsem Hüsli, no denn het's mer so weh ta im Hals, dass i fasch nid ha chönne schlücke... My Gsichtsrose usch zsäges gheilet gsi; aber d'Mueter het doch Angschtgha, i chönnt my erchelte u het mer no e tolle Lumpe umbunne. J ha's ungärn la gscheh u ha mi gschiniert vor de Lüt; aber ds Müeti het's nid anders ta. «Ömel bis uf Neueburg ine muesch ne annebhalte – i der Bahn zieht's doch ging!» – –

Vo de Fänschter u vo de Pflanzblätzen ewägg hei sie-n-is no zuegwunke; aber es wär mer lieber gsi, es hätt is niemer gseh.

Im Neueburger-Zug isch e Dicki, schwäri Frou näben is ghocket – e tolli Müesle mit läbhafte Ouge u brichtigem Wäse. «Oh, mon Dieu, was fählt däm Buebli?» fragt sie, chuum hei mer is gsädlet gha.

Han i rächt ghört? Buebli het sie gseit? – J, wo füfzächni u zwe Monet bi gsi, us der Schuel, konfirmiert! U de seit men eim no Buebli? Das cha eim doch toub mache u beelände, oder? – Aber äbe, da hei mer's: My Chlyni isch halt d'schuld gsi – u de han i allwäg no schuderhaft jung gschine – vo Fluum under der Nase oder Bartasatz isch no ke Spur gsi; weniger als bi der schwarze Bränte vis-à-vis vo üs, die het de scho fei e chlei es Schnäuzli gha! U wen i de z'Neueburg o der Chlynscht bi vo de

Klass? E früsche Stei isch no zu den andere trolet u het mer no schwärer gmacht. –

D'Mueter het du der Frou erklärt, warum i der Chopf verbunne heig, u sie het mi schützlig beduuret. Sie het gredt wie nes Buech u ds Müeti über alls usgfragt.

«Eh bien, i gang o uf Neueburg – my Suhn isch dert Contremaître – vous savez bien ce que c'est – jetz ihm isch d'Frou gstorbe, un i gange, für ihm der Ménage z'mache.»

«So, so,» seit d'Mueter – «u wie heisset dir de, we me darf frage?» Ds Müeti wird dänkt ha, es heig jetz o ds Rächt, öppis z'wüsse. Es het gmerkt, dass d'Frou lieber wältsch redti, sie het scho vo Afang a ging eso gmischmaschet.

«Je m'appelle Madame Le Derman», seit sie u waggelet vürnähm mit em grosse Chopf, sodass die länge schwarze Ohrebhänk luschtig hei afa walpele. Du het sie no chlei plagiert, wie's ihre Suhn schön heig u wie sie sech freui, wider e chlei i d'Stadt z'chönne. «Wie heit-er scho gseit vori, dass der Name syg, Läderma?» fragt ds Müeti.

Potz Blitz, wie isch die schwarzi Müesle da Zwäggschosse, das Mal hei d'Ohrebhänk der Rieseschwung gmacht. –

«Je vous prie, Madame, je m'appelle Le Derman, il y a une différence!»

Üses Müeti isch nid erchlüpft. Das het es nie möge lyde u nid chönne verstah, dass me si sym eigete Name verschämt u ne de so dumm geit ga verdräie.

«O, i cha o no chlei wältsch,» seit es rüejig, «weder das bin i de sicher, dass dir früecher es Mal Läderma gheisse heit. Eui Lüt hei eifach der Name verwältscht – weder da'isch ja Heiri was Hans, göb Läderma oder Le Derman – uf wältsch seit me gloub: C'est bonne blanc, blanc bonnet!»

I ha bal Angscht gha, die zwo Froue chömme ni zgrächtem hinderenand. Aber sie hei sech doch wider besänftiget u hei nächär no vil früntliger zsäme brichtet. D'Madame Le Derman het gmerkt, dass üses Müeti d'Sprach o glehrt het. Ömel d'Verb het es allwäg de so guet chönne wie disi u hätt de nie gseit: «Je suis été», so wie die schwarzi Bränte es paarmal.

Mir hei jetz der See gseh, u eins zwei sy mer i däm Neueburg äne gsi – für mi nume vil z'früech. Göb mer sy usgstige, han i gschwinn my Lumpe abgnoh u ne i Sack gfungget. D'Lädermanni isch no mit is cho bis zum Schuelhuus. «Voyez Madame,» seit sie, «da ine müesst-er de mit euem Buebli!» Jetz no einisch Buebli! I ha nere e furibunn toube Blick gäh; aber sie het ne nid ufgfasset, er het nid dür e dicke, mit schwarze Puggle gspickte Schleier möge. – Mir sy no vil z'früech gsi für ine, u d'Mueter het d'Madame Le Derman gefragt, göb sie o chömm cho nes Chacheli Gaffee ha, sie ladt se-n-y. D'Ohrebhänk hei afa Walzer tanze, so schön u töüf het sie gnickt u Freud gha! – Sie wüss es gäbigs Eggeli, seit sie u het d'Füehrere gmacht dür d'Stadt düre. U dert i der alte Stadt inne, im Café de la Tempérance, sy mer gly druuf alli drü hinder grosse, grosse Chacheli u früschi Weggli ghocket. D'Lädermanni het schützlig wohl gläbt a däm Zmorge, d'Mueter het gfunne, es syg schlächte Schiggeree-Gaffee – i sälber weiss nüt meh – ganz gedankelos han i die Sach abegläärt un inegstosse.

D'Mueter un i sy wider zum Schuelhuus zrugg. Es het scho fei zuuget gäg däm grosse gälbe Huus am See. – Welem von is het's äch meh dutteret, wo mer i däm grosse, vürnähme u verplättlete Vestibül umgestange sy? Es het jetz i de Gäng es schuderhafts Gstürm gäh – nid nume uf Wältsch, i allne Sprache isch parliert worde. Da inne blyben i sicher nid lang, han i dänkt u wär am liebschte uuf u dervo – i ha drum mit Schrecke gseh, dass alli andere Bursche grösser sy weder i u vürnähmer derhärchöme. Un us däm han i dividiert, es wärdi wohl alli o vil gschyder sy! – D'Mueter hingäge het der Chopf nid verlore. Sie het na'm Herr Diräkter gfragt, u ne Heer het is gseit, mir sölli nume i ds Wartzimmer. Dert inne isch scho alls gstacket voll Lüt gsi; aber hie u da isch d'Tür zum Näbezimmer ufgange, u ne alte, ehrwürdige Heer mit emene graue Bart u nere guldige Brülle het rüejig gfragt, wär dra chömm. Un äntlige, äntlige sy mir o dranne gsi. – D'Mueter het ihm brichtet, was sie mit mer im Sinn heig. – I bi daghocket u ha a d'Wänn ufe gluegt. Undereinisch het my Buuch afa rumple – i ha d'Hänn druuf drückt u bi ganz rot worde – d'Mueter het mer e stränge Blick gäh. Aber i ha doch nüt derfür chönne, u dä dumm Buuch het ging no erger afa grampoole. Es isch gwüss nume dä schlüderig Schiggere-Gaffee gsi, wo so drinn umegluntschlet isch!

Es het der Herr Diräkter allwäg gfreut, dass eso nes eifachs Müeti vom Land d'Sprach eso guet cha – er het ere ömel früntlig Uskunft gäh un isch sälber mit is e länge Gang hindere cho u het is i d'Turnhalle gfüehrt. Da wärdi jetz alli Schüeler yteilt, het er erklärt. Mir sölli nume lose, was usgrüeft wärdi, u we de das chömm, wo für üs passi, söll i de d'Hann ufha. –

Bhüetis gäbis, wie isch das e Judeschuel gsi i däm grosse, grosse Saal inne! U dürenandgramselet het's grad wie uf eme Chlammerehuufe! – Es par nobli Fitzere hei absolut zvordersch vüre wölle u hein is usanft u uverschant ewäggmüpft.

«He, he da!» reklamiert me näben is zuche, «mir sy de nadisch o öpper!»

I luegen ume u gseh e grosse dicke Ma u näben ihm e Bueb, öppe i der glyche Währig wie-n-i. Es muess em Müeti o ha wohl ta, i däm schützlige Chuderwältsch inne es guet bärndütsches Wort z'ghöre – sie het si ömel o gäg em dicke Maa zuegchehrt.

«Mi wird ja ganz sturm, i weiss ömel nid, was da soll gah!» seit d'Mueter. U du het eis Wort ds andere gäh. Der Bueb un i hei enand no chlei betrachtet. Wele von is ds erscht Wort gseit het, weiss i nimmemeh, item, mir hei ömel afa brichte zsäme. Es het der Mueter u mir schützlig wohl ta, i däm frömde Möntschehuufe inne öpper z'finne, wo me merkt, es sy üsergattig Lüt, un i gloube, der Ma u der Bueb heig o ds Glyche dänkt.

Äntlig het's e chlei Rueh gäh i däm Chäs inne. E dicke Heer mit eme grosse wysse Schnouz u länge strube Ougsbraue het dür d'Masse düredrückt un isch uf eme Pult, a der änere Syte vo der Wann, gländtet. – «Silence! silence!» het er es paarmal brüelet u mit eme Stäcke uf ds Pult gschlage, u na mene Chehrli het's doch eso gstillet, dass er het chönne rede.

«Diejenigen, die noch nie Französisch gehabt haben und die Französisch nehmen wollen, in die rechte Seite, bitte!» Mit ere hööche, reine Meitschistimm het er's über e Schwarm y trumpeetet. Jetz het's wider es Gräbel u nes Hin u Här gäh! Gwüss git's a mene Schafscheid z'Riffematt nid ds erger Wäse u der grösser Lärme, we sie d'Schaf vo zwöüezwänzg Alpe tüe erläse. U was de dert no gäbig isch, es jedes Schaf het es Brittli mit em Name; so nes settigs Täfeli hätti mir o gmanglet z'ha z'Neueburg im Turnsaal!

«Diejenigen, die heute neu eintreten und die Französisch und Italienisch und Buchhaltung nehmen wollen – in die linke Seite, bitte!»

Wider es schuderhafts Chrousimousi! Der Ma u der Bueb sy undereinisch verschwunde gsi. – So isch das no en Ewigkeit gange. D'Mueter un i sy fasch verzablet u hei gmeint, sie wöll nüt von is; aber d'Poschtabteilig isch halt zletscht dra cho, u dä mit der reine hööche Stimm het's doch derzuebracht, die föüfsächshundert Bursch z'sibe un yz'teile. – Mi het üsi Klass i nes apartigs Zimmer gmuschteret, u dert hei mer müesse es französisches Dictée mache. – Ds Müeti het syder dusse gwartet.

«Wie isch es gange, wie mänge Fähler hesch gmacht?» gwunderet's, wo-n-i na nere Halbstunn bi usecho.

«E nume drei», sägen i zfride – «i bi ömel no eine vo de bessere – u hüt heig mer no ke Schuel, hei sie gseit!»

Wo mer es Täller Suppe hei g'gässe gha, sy mer der Choschtort ga aluege.

«E wyte Schuelwäg hesch de de richtig», jammeret ds Müeti, wo mer halb am Chaumont obe ds Husnummero hei gfunne – «eh du myn, wie wird das a nes Schuehmetzge gah, so spitz wie das Juragrien isch!»

D'Madame isch is dür e Garte cho eggägez'springe u het d'Mueter rächts u linggs ermüntschelet. Sie het grad gfragt, warum dass mer nid am Morge cho syg, sie heig is erwartet gha. – Ung'gässe gang sie halt nid gärn zu frömde Lüt, seit d'Mueter, u mir hei grad ersch no Suppe gha u begähr ömel nüt – un i ha re müesse gälle. Mir hei natürlig glych müesse zuchesitze, u d'Mueter het doch no öppis möge uf die wässerigi Fleischsuppen abe.

«Wohl, i gloube, du heigisch es guet preicht», seit sie speter

zue mer, wo mer elini i mym Zimmer sy gsi. «Was i gmerkt ha, chochet sie mit guetem Schmutz, u das isch e Houptsach!»
Du geit sie em Bett zue, zieht ds Tapis e chlei zrugg u drückt uf d'Obermatratze.
«Es isch de richtig nume Lische», seit sie – «ja lue, jetz hesch halt nimmeh dys guete linne Haarbett.»
Scho früech het d'Mueter gchummeret u gseit, sie müess de öppe uf e Bahnhof – es syg drum gar schützlig wyt. Aber vorhär het sie mer no e Zytlang zuegsproche.
Was rächti u ehrbari Eltere sy, löü ihres Chinn nid i d'Frömdi gah ohni guetgmeinti un ärnschti Zuesprüch. Das isch äbeso wichtig wie ds Sorge für rächti Chleider u gnue Underzüüg. U nid vergäbe waggelet ds Chüni vo so mängem Müeti, we's mit sym Bueb oder sym Meitschi i d'Frömdi geit – es weiss wohl, dass es sech jetz etscheidet, wie ds Chinn söll usfalle – gob's en ärnschte, guete Möntsch us ihm gitt, oder nume e liechte, ytle u lüftige Tropf. Nid gnue cha's ihm no zuespräche, we sie vonenand gah – u was es liebs Chinn isch, däm geit ine, was d'Mueter ihm no mitgitt us ihrem innerschte Härz für e wyte Wäg i ds Läbe. –
So het's o mys Müeti gha. Es isch fasch nid fertig worde – ging isch ihm no wider öppis z'Sinn cho: «U gäll, häb mer Ornig mit der Sach un i de Chleider – wächsle all Wuche ds Hemmli, ds Chrägli zwöümal – bruuch die wysse Naselümpe für i d'Schuel u die farbige für deheim – – putz d'Schueh sälber, lue, d'Madame het süsch vil z'tüe – – nimm nid z'uverschant vil use, we di öppis guet dunkt – säg's der Madame, we de söttisch chalt ha im Winter oder we der öppis fählt – tue niemerem widermuule, la lieber Unrächt über di ergah, gang mer nid z'vil mit jedem, wo schön cha rede u syn cha tue u leich mer nid z'vil mit de Dütsche, lue, du bisch da für wältsch z'lehre, vergiss das nid – – u lehr mer brav u bis huslig – dänk dra, dass üse Vatter das Gäld alls mit Schaffe het müesse verdiene – fahr nid öppe de Wirtschafte nah, blyb brav – es ma cho, was will, dänk ging bi allem i gseij's – – dänk a myner alte Tage u mach, dass i o no cha Freud ha a der – u gäll, versprich mer, vergiss ds Bätte nid – u gang o öppe z'Predig, gäll – –»

Es hätt sicher no meh gwüsst, ds Müeti, da het d'Madame gchlopfet u gseit, mit sölli cho Tee näh. – – –
Am Abe am Bahnhof isch's mer wider schützlig schwär worde. I ha bis jetz gar nie so rächt gmerkt, wie-n-i am Müeti hange u was i an ihm ha – jetz uf einisch isch es über mi cho, i weiss nid wie. I ha i eim ine müesse läär schlücke. – Da steit uf ds Mal uf em Perron, vor is zuche, der dick Ma mit sym Bueb. Mir hei enand grüesst als alti Bekannti. I ha Gott danket, dass mer is wider gfunne hei. Mir sy nid i die glychi Klass cho – aber der Walter un i sy doch Fründe worde. Mir hei beid gwüsst, warum men is het i ds Wältsche ta u hei enand nid überlüffe – aber, we mer is gseh hei, so het's is allimal gfreut. Mir hei enand alls gseit, was is drückt het, chlyni u grossi Sorge u hei enand so mängs ghulfe abnäh u trage. Wie vil Sackgäld der ander het übercho vo deheim, hei mer natürlig o gwüsst, u Buech gfüehrt het e jede von is ganz exakt. Grad ersch eis Mal no han i my alt treu Neueburger-Fründ, wo-n-i so pär Zuefall gfunne ha, wider gseh, u da het er mer brichtet, wie-n-er albe d'Usgabe ufgschribe heig. Er isch e brave un ehrleche Bursch gsi u het em Vatter ömel o müesse versprächä, nie uf e See ga Schiffli z'fahre. U du isch er halt glych zwöü-drümal gange. I sym Milchbüechli het er derfür ufgschribe: Für Hefte = 50 Centimes – u het er im Herbscht einisch oder anderisch Gluscht gha na schöne Trübel, so het er halt gchouft u wider gnotiert: Für Hefte = 1 Franken! – «Du hesch neue vil Heft bruucht i däm Neueburg inne», heig ihm der Vatter speter gseit, wo-n-er die Rächnig nachegluegt het! – –
I ha's mym Fründ u sym Vatter z'verdanke, dass mer zsälbisch der Abschid vo der Mueter liechter worden isch. Es het mi ja schützlig packt; aber i ha mi doch zsämegnoh u ha mi nid derfür gha, z'plääre vor den andere. I verspare's de uf hinecht im Bett, han i dänkt u ha mi tapfer ghalte, wo mer ds Müeti no zruggwunke het.
«Er isch wohl raane, eue Jüngling», het der dick Ma zum Müeti gseit im Heifahre.
«Ja, i weiss es scho, aber er isch ömel süsch ging zwäg gsi u d'Luftveränderig tuet ihm de sicher guet». Aber es isch

doch für d'Mueter wider e Chummer meh gsi, dass ere-n-öpper gseit het, i syg no wohl bring. Das arm Müeti! Es het o schwär heitreit. Zu allem het es du im Zug no vo öpperem vernoh, d'Madame syg de chlei e bösi un e strängi – das het's du o no so duuret. – Wär denn am Abe meh naselümpe gnetzt het, ds Müeti oder i, weiss i nid. – – Bevor i i ds Bett bi, han i no abegluegt uf d'Stadt un uf e See, wo sech so schön usgspreitet het i der Töüfi. Hinder em Schloss isch er ganz fyschter gsi, u wyssi Schuumwälleli, wo grad hei usgseh wie Schäfli, sy uf em Wasser derhär cho z'tanze. – Du han i übere gluegt i andere Egge, gäg em Mischtelacherhubel zue. Dert yne isch es no schön heiter gsi – öppis wie Sunneglanz isch uf em wyte halbverschwummnige Land gläge. – Dert hinder em Mischtelacherhubel isch ds Seeland gsi, das han i gwüsst – u no chlei wyter zrugg ds Stettli – u üses Hüsli – was macht äch jetz ds Müeti? U die andere? – So han i gsinnet, u du isch es cho z'loufe, ungheisse – mi hätt fasch chönne Züberli understelle...

I ha mi syder mängisch gfragt, gäb i eigetlig nid e schuderhafte Müetihöck u Ghüderi u Pipääpeli syg gsi dennzumal, dass i so schröckelig ha Längizyt gha na deheim – aber i schäme mi di längersi weniger destwäge. Na Huus u Hei u syne Lüt darf me plange, we me furt isch i der Frömdi, u mi soll sogar müesse hüüle i den erschte Nächt im Wältsche – gloubet nume, es isch nid ds schlächtischt Zeiche!

Aber vergäbe hei mer is de glych Chummer gmacht, ds Müeti un i. Vowäge es isch mer ja du so guet gange. I der Schuel han i guet möge gfahre, u ne grosse Troscht für mi isch gsi – es het no e Chlynere gha weder i, i der Klass! Zopfi het er gheisse un isch vom Glarnerland cho. «Ds Schabzigerstöckli» hei mer ihm nume gseit! Aber es flinggs Pürschteli isch es gsi, potz Tusigemänt! Mir hei zsäme der glych Schuelwäg gha u hei o i der Schuelstube der glych Wäg ygschlage – mir hei glehrt u glehrt u gsträbt u gwettyferet u sy o gärn zur bessere Hälfti zellt worde. We albe eine von is gseit het, er heig de nüt glehrt un er chönn nüt, der het der ander scho gwüsst, dass grad ds Gägeteil wahr isch. Am Choschtort bin i grad wie deheime gsi. D'Frou isch nüt weniger bös gsi – sie isch mer zur zwöute

Mueter worde. Fasch all Sunntig bin i mit der Familie ga spaziere u han i es ungrads Mal öppis mit em Walter oder mit em «Schabzigerstöckli» abgmacht, so het mer d'Madame nume gseit bim Furtgah: «Emil, tu ne feras pas de bétises!» – Un i gloub, sie heig chönne rüejig sy, i bi über kes Pörtli uus trappet! – No jetz, na zwänzg Jahr, schryben i däne Lüt, wo-n-i by ne im Wältsche bi gsi, u mir hei allimal Freud, we mer is widergseh. U dass es nume es Lischebett isch gsi, het mi nid plaget u mer nüt gschadt – i ha ging guet gschlafe drinn!

Wie gseit, es sy jetz grad zwänzg Jahr syder, es het vil gäh i där Zyt – aber der Tag, wo-n-i mit der Mueter i ds Wältsche bi, steit ging no vor mer, wie nes dütligs grosses Bild. Nume dass i's jetz vilicht e chlei dür die heitereri Brülle gschoue als dennzumal...

Aber wen i jetz im Früehlig öppe so ne Mueter oder e Vatter gseh mit emene Chinn am Bahnhof warte u näbezuche es Trögli oder e Gofere steit, wen i der Frou i ds begchümmeret Gsicht luege, da chrampfet mer si ds Härz zsäme – i cha nid anders, als Ougeblickli blybe stah, un i weiss nid warum – gäll, lach mi nid uus – aber i chönnt albe grad grediusebrüele! Un i gseh vor mir im Trögli, uf der subere früsche Wösch, d'Träne vom Müeti...

U doch söll es Chinn zfride sy, we's no e Vatter oder e Mueter het, wo mit ihm cha i ds Wältsche gah, wo für ihns luegt u sorget – wo für ihns angschtet u plääret z'Nacht deheim! Wie mänge junge Möntsch het niemer meh, wo sech um ihn begchümmeret. Wie mängs Chinn cha nimmeh heischrybe vom Wältsche uus, überchunnt e kes Päckli mit Bire vom Garte deheim oder mit Züpfe, wo d'Mueter bache het. Es het e kener Wurzle meh, das Chinn, wo's d'Chraft härnimmt – muess vo Afang a en eigete Bode sueche, u we's kene findt, so laht es si i Gottsname trybe vo de Wälle, schwümmt mit em Strom u weiss nid, a welem Ort 's es zucheschwemmt u göb's überhoupt no einisch zgrächtem cha länd te. Eso nes Chinn plääret gwöhnlig nid, we's furt chunnt – für was sött es o truurig sy? Es isch ja überall deheim u doch niene. – U drum sägen i no einisch: Glücklig das Chinn, wo no cha briegge im

Schmärz um ds Hei, wo's drus use muess – glücklig die Eltere, wo Langizyti chöü ha, na'm Meitschi oder plange na'm Bueb – es isch es guets Zeiche! U die heisse Träne, wo bedsytig aberünele bim Abschid, sie loufe nid vergäbe – sie falle uf guete Bode, u druus errünnt e schöni Blueme – e Blueme, wo cha blüeie u früsch blybe, lang, lang, we me zue re Sorg het. – D'Liebi zum Chinn, d'Liebi zu den Eltere, sie cha wachse u blüeie u niemeh vergah, bis zum Stärbe. U nid emal denn verdoret sie – im Gägeteil, sie wird no töüfer u feschter, überchunnt no der schöner Glanz u erheiteret un erliechteret däm, wo zruggblybt, mängi schwäri Stunn u mänge trüebe Tag i sym Läbe!

Öppis us myr Jugedzyt

Wilhelm König (Dr. Bäri)

Wo-n-ig sygi uf d'Welt cho, so hei si mir's emel nache mängist brichtet, heige si daheime grüslig Freud g'ha. D'Mamma mag pärse froh gsi sy, wo-n-i endlich aglanget bi u der Papa heig si nid wenig gmeint, dass d's erst Chind e Bueb gsi sygi. Er heig du i syr Freud der Hebamme, es ist d'Jumpfer Studer gsi, a der Chesslergass hinde, es mag sich gwüss no mängs älters Mueterli a di Jumpfere bsinne, hundert Franke gä, will Alles so guet gange ist. Der Grosspapa u d'Grossmamma heige zwar gfunde, das syg de e chly wohl viel. Item, d'Jumpfer Studer muess zfriede gsi sy, si ist emel nach no mängisch cho, wahrschynlich, um dem Storch d's Nästli z'mache, denn allimal, wenn si het müesse cho, heb' der Storch gly druf es Brüederli oder es Schwösterli bracht. Das sy di erste hundert Fränkli, notabene alti Franke gsi, wo-n-ig kostet ha. Si hei mer sider scho mängisch gfehlt.

* * *

D'r Grosspapa ist Verwalter gsi im Burgerspittel, di ganz alte Lütli dusse rüehme-n-e hüt no u hei recht, denn das ist e grade Ma gsi dür all Wäg düre. D'Grossmamma ist, i bi villicht erst zweüjährig gsi, gstorbe. Das ist e liebi, gueti Frou gsi. I gseh se jitz no im Eggstübeli gege Wyttebach use am Fenster sitze, wo si gern glismet het. I ha de uf es Schämeli näbe se dörfe ga höckele. Si het mi de allerlei Liedli glehrt, emel o mys erste Neujahrsvärsli. Herrje, was het das für ne Freud gä, wo-n-i bi zum Papa i d'Stube cho. D'Mamma het mer es subers Freesli agleit gha u d'Lisette e grosse Meye i d'Hand gä, u-n-i bi der Papa am Neujahrmorge scho früeh vor's Bett ga chutzele u wo-n-er ufglueget het, ha-n-i mys Värsli ufgseit:

      I bi-n-e chlyni Muus,
      Mys Liedli ist gar gly uus,

I wünsche-n-Ech alles Glück,
Das Gott vom Himmel schick'.

Das ist wahrschynlich d's gfreutist Neujahr gsi, wo-n-ig verläbt ha, wenn-ig's d'sälbisch scho nit so rächts verstande ha, so bi-n-i doch glücklich gsi, will mi no Alles het gärn gha. Später hei si no mängist zellt, als ganz chlyne Bueb syg i so ne Liebe gsi, si werde mer halt Alles tha ha, was i ha welle, u du später, wo di Brüederli u Schwösterli alli nache cho sy, u-n-ig du nümme alles Rächt ha gha, het's du gheisse, i syg e Zwänggrind, e Säubueb, u das hei si mer so mängisch gseit, bis i's sälber glaubt u derna tha ha.

*   *   *

I bi erst drü-jährig gsi, so hei si mi, will i ne vil z'läbig gsi bi, i d'Gaumschuel g'schickt. Di lieb Grossmamma Chüng ist halt gstorbe gsi, d'Mamma het dem Grosspapa im Spittelwäse müesse hälfe u da bi-n-i de wahrschynlich geng im Wäg gsi. So hei si mi ab der Huube gha u-n-i bi neue no gärn gange.

A-me-ne Sunntig het der Schryner, my Hoofschryner, der Frey a der Schaupletzgass, ist d'sälbisch no nit emal i d'Lehr gange, es düners es nätts, chlys, hölzigs Chindefotöli bracht. Myner Chind hei's itz no, will's my Schwager, der Schuelmeister, halt vergässe hett, sust hät er's o gno. Das ha-n-i am 16. Horner zu mym Geburtstag übercho, e Tafele u-n-es A-B-C-Büechli, mit-e-me Güggel vor drinne. Potz tuusig wie ha-n-i mi gmeint. Am andere Morge ist d's Lisette mit mer zur Jumpfer Berger übere, die het im Huus vom Beck Weimüller gwohnt, wo jitze der Metzger Affolter ist. Dert sy mer drei stockfyschteri Stäge-n-ufe, dür-ne äbe so fyschtere länge Gang, i-ne drü Fänster breiti, grossi Allmendstube-n-yne cho.

D'Jumpfer Berger ist is fründlich etgäge cho u fragt d's Lisette: so, so, ist das jitze der Willi Chüng? – Ja, seit d's Lisette u zieht underem Fürtech, was meinet Ihr was füre? Es Nachthäfi! u seit der Jumpfer Berger, lueget, da heit D'r sy's Häfeli, u da ha-n-i sy's Stüehli. D'Tafele u d's A-B-C-Büechli treit er sälber. – Da druuf het du d'Jumpfer Berger a d'Handhebi vo däm Häfi es Nummero bunde, d's Nummero zwölfi, het mi bir Hand gno u gseit, chum lueg Willi; geit mit mir hinder-ne spannischi Wand, die unde-n-i der Stube ufgstellt ist gsi, stellt d's Häfi dert ab u seit, lue Buebli, das ist de dy's Plätzli, wenn de öppis muest ga mache. – D's Lisette het aber gschwind gseit, i chönni d'Hösli no nit sälber ufthue, aber d'Jumpfer Berger het se tröstet, für was äs de meini, dass si Lehrgotte sygi, das b'sorg si ja scho.

So bin-i du i d'Schuel gange u wenn mer de am Zwölfi wieder hei sy, so ha-n-i geng pressirt, will mer d'Mamma het gseit, exakt am Zwölfi wärfi der Christoffel de Buebe Weggli abe. I ha chönne pressire, wie-n-i ha welle, mir het er nie eis abegworfe, so dass i dä Christoffel nach u nach rächt uf e Strich ha übercho. Villicht ist das o der Grund gsi, warum i speter derfür gstimmt ha, dä unnütz fuul Kerli dänne z'gheie.

No mänge eltere Herr wo früecher derfür gweiblet het, dä alt Thurm la z'stah, würd wahrschynlich es verflüemerts längs Gsicht mache, wenn hüt der Herr Grossrath Bächtold der Antrag würd stelle, der Christoffel neu ufz'baue, es sygi doch Schad, so alt Thürm dänne tha z'ha, u-n-jitz wo d'Landesbefestigung u neui Schanze wieder uf's Tapet müesse, sött me doch vor Allem us d'Stadt befestige u se wieder mit Thürme verseh. Me sött das scho nume beschliesse, um de Arbeitslose Verdienst z'gä, d'Gmeind vermög's ja jize, wo si d'Burgergüter überchömi.

* * *

I bi no ganz e chlyne Bueb gsi, wo me mir einisch het gseit, dass d'Müsli grüslig gschydi Thierli syge. Me het mi o brichtet, dass me d'Müüs mit Späck thüi fah, u da ha-n-i by mer sälber dänkt, der Späck müess verwändt guet sy, wenn di gschyde Müüsli sich mit leue erwütsche.

Zum z'Mittag hei mer zu de gäle Rüebli, daheime wie ander Lüt, o Späck gha, aber d'Mamma het jedes Mal zum Papa gseit: «Papali, gieb de Buebe Rindfleisch, der Späck macht ne Bybeli.» Das het mi gworget, denn i hätt mir us de Bybeli nüt

219

gmacht. Einisch, i bsinne mi no, wi wenn's hüt wär gsi, hei mer dür Channebire-Schnitz gha u richtig Späck derzue. Das het mi grüslig gfreut, vo wäge, mir Buebe hei du Späck übercho, aber der Noldi, wo näbe mer gsässe ist, het mer der halb Bitz ab em Täller gstibiytzt u wo-n-i ha afa hüüle, ha-n-i no-n-e Trääf übercho, i syg e Chääri.

Derwyl, dass i du im Ofenegge dublet ha, het der Papa zur Mamma gseit: «Cecile, i ha hinecht e Muus ghört i mym Gabinet, säg em Züseli, es söll d'Falle richte, es cha vo däm überblib'ne Späck chly dry thue.» – «So!» ha-n-i dänkt, «d'Müüs chönne Späck frässe, aber i söll de keine ha.» Ihr wärdet bigryffe, dass i e grässliche Glust ha übercho. Wo du d's Züseli d'Falle het grichtet, u se-n-is Gabinet het treit, ha-n-i düsselet u-n-ufpasst, wo-n-es se-n-ächt beizt heigi. Chuum ist der Papa i d's Büreau abe, u d'Mamma i d'Kuchi use-n-öppis ga pofle, su bi-n-i hü dü i d's Gabinet yne, bi under d's Papa's Bett gschloffe u ha mit myne chlyne Fingerli na dem Späck g'reckt. Aber o wetsch! wie-n-i dä Späck wott use chnüble, so schwipp, schnappt die tüners Falle zue, u het mit mys chly Fingerli yklemmt, dass i Zedder u Mordio brüelet ha! Pärse ist du d'Mamma u d's Züseli cho z'laufe für cho z'luege, was der Säubueb wieder heigi. I ha brüelet u geusset: «Es het mi, es het mi!» wie wenn es zum Töde gange wär, bis me mi bimene Beinli packt u füre zoge het. D'r ganz Willi ist du nache cho u z'hindersthinde am Fingerli die verflüemerti Müüsefalle.

«Aber um Gotteswille, was ist jez das wieder!» het d'Mamma ufbigährt, u wo-n-i reumüethig zellt ha, wie-n-i no gärn e chly Späck hät gha, hett si afa schmäle, i syg geng der glych, bi'm Tisch äss i nüt, u nache gang i ga schnause, u richtig ha-n-i du no d'Ruethe übercho, u dem Noldi, wo mer my Späck gfrässe het, het niemer nüt gseit. So ist es mer nache no mängisch gange.

* * *

Mir hei du nam Tod vo d'r liebe Grossmamma Chüng no-n-es Paar Jahr im Burgerspittel bi'm Grosspapa gwohnt. D'r

Papa het üs im Hof, vor em Verwalterplätzli im Gras inne, la-n-e höchi Papagestange mache, die het me de chönne umelege für ne druuf z'thue. Da hei mer du mängisch na dem blächige Vogel gschosse. Wenn eine het e Fäcke abegschosse, het er e Chrüzer, für e Stiel e Halbbatze, für e Chopf drei Chrüzer u für e Lyb e ganze Batze übercho. Es ist d'r Papa aber nie gar thüür cho, will d'Stange ordelig höch u mir chlyni Gröggle keini guete Schütze sy gsi.

Einist ist d'r Herr Oberst Sinner am-e Sunntig zue-n-is cho ässe. Es het geng gheisse, mer erbe de später no öppis vom Vetter Gäuggel, aber es hei du neue rychi Lüt a d'r Junkeregass, die n-ihm lang nit so nach wie mir sy verwandt gsy, das Züügli übercho. Ja, dänket, me het d'm Vetter, d'm Herr Oberist, nume d'r Gäuggel gseit. Er ist Pulververwalter gsi u het i d'r Salpeterhütte usse gwohnt, da wo jitze d'r Bahningenieur Mäder ist. Das ist d'sälbisch es grundfüechts Logis gsi, desswäge het d'r Vetter Gäuggel o geng so Durst gha.

D'r Herr Oberist – i d'r Stadt inne het ihm Alles nume d'r «Kanonehans» gseit – ist Mitglied vo d'r Bogeschützegsellschaft gsi, u het grossi Stück da druffe gha. Er ist glaub o einisch Papagechünig gsi. D'r Papa het du a däm Sunntig mit d'm Vetter, d'm Herr Oberist, na'm Ässe d'r schwarz Gaffee im Hoof usse gno. D'sälbisch het d'r Spittelhof no en anderi Gattig gmacht als hüt, er ist mit Blueme garniert gsi, u d'r Verwalter, my Grosspapa, het a de Blueme Freud gha. Es het ne drum nid Alles g'reut, u-n-er het nid bloss Bluemchöli u Röselichöli im Garte möge lyde.

Derwyl, dass si der Gaffee gno hei, hei mir Buebe afa nam Papage schiesse u d'r Vetter Gäuggel seit du, lueget Buebe, so müesset Ihr's mache. Wo-n-er ufgstande ist, het er z'erst müesse d'Hose ychnöpfe, sövel het er gässe gha. Er het du my Pfyleboge gno, het zilet u zilet u z'letscht d'r Pfyl über's Dach i hindere Hof gäge d'Spinnstube gschosse. «So chönnt i's o!» ha-n-i dänkt, aber vor Respäkt ha-n-i nüt dörfe säge, i bi halt gar e Schüüche gsi. Me het ihm, wo-n-er wieder abgsässe ist, du no es Glesli Aragg ygschenkt, woruf er aber gly ygschlafe u erst zum z'Abetrinke wieder erwachet ist.

221

Will mer jiz grad a d'm Vetter Gäuggel sy, so muess Ech no es paar Stückli vo-n-ihm verzelle.

Mit d'm Papa het er zur sälbe Zyt viel z'verchehre gha, d'r Vetter Kanonehans ist d'rum Artillerieoberist u d'r Papa Artilleriemajot gsi. Sihei de mängisch am Sunntig i di alti Gavallery-Gasärne müesse ga Inspäktion mache. De het d'Mamma d'm Papa d's Ossegoll*) u d'Escharpe müesse alege, u ihm d'r Dreiegg bürste u d'Epolette ythue. De ist de, so na de Zächne d'rVetter Gäuggel cho. Er het e chly e grosse Buuch gha, geng z'kurzi Hose treit, gross Sporre, aber keini Supie**) a de Hose. Er het e styfe grosse Dreiegg uffe g'ha, no nid so e neumodische wie d'r Papa. Obe i Dreiegg het er de si gfarbet Naselumpe i Gupf drückt, dä het de mängisch füre gluegt, aber das het ihn nüt scheniert. Wenn si de sy in Uniform gsi, so hei si enandere nie Herr Vetter, Herr Dokter oder Herr Fürspräch gseit, da hei si enandere nume Herr Oberist u Herr Major tituliert u de mängisch salutiert derzue.

D'r Papa het gross Stück uf im gha u het ne de gärn nache zum Ässe bracht. De hei si de Beid vo Militärsache gredt u da sy mer ömel no es paar Stückli vo d'm guete Vetter blibe.

Einisch het er erzellt, heig me-n-ihm uf der Allmänt z'Thun neui Granate bracht. Er heigi sich das neu Stück la äxpliziere u nache gseit, das syg dumms Züg. Dä Füürwerker, d'r se gmacht het gha, syg fei e chly bös worde. D'r Vetter aber syg syr Sach gwüss gsi er heig dene Offiziere, wo um ihn ume gstande syge, gseit: «Ganget mer e chly us Wäg, heit dänne, machet Platz! So! Recket mer e brönnigi Lunte.» Wo-n-er se gha heigi, so heig er gseit: «Jiz lueget, was das für Mist ist, der Schutz geit hinde use! die thut Niemerem weh.» Dermit syg er über die Granate grittet, heig se zwüsche syne Beine azüntet u es heig bim Tüner Niemerem nüt tha.

Die Kanonier, wo das gseh hei, heige e mörderische Respäkt vor ihm übercho, u er het mängisch grüehmt, mit syne Kanoniere wett er d'r böst Find dem Gugger zuejage, denn so

---
*) Hausse col
**) Sous-pied

lang er by ne sygi, lauf ihm Keine furt, u dass i nid dänne gieng, das wüsset Ihr, Herr Major!

Wenn er de das gseit het, so het er d'r Chopf probirt us d'r grosse sydige schwarze Gravatte use z'strecke, u de sy-n-ihm d'Borste vo sym Schnauz use gstande, grad e so wie öppe e fermi Pallisade vor-n-ere Batterie.

E grundbravi, ehrlichi Hut, e unerschrockene Haudäge ist er gsi, u e Offizier, dä bi alle syne Eigeheite synes Glyche gsuecht het.

Er ist aber o e brave Patriot u guete Schwyzer, vor Allem us aber dür u dür e Bärner gsi, e so vom alte Schrot u Chorn, wie si zwar längste us der Mode cho sy, dem Vaterland aber geng no guet astande.

Sy Ruef als Ballistiker ist o wyt über d'Schwyzergränze us gange, denn im Usland het me mit d'm grösste Respäkt vo d'm Herr Oberst Sinner gredt.

Dem «von» het er neue nüt nagfragt u het's, so viel i weiss, o nie bruucht. So het er mer einisch gseit: «Willi, weisst du, warum dy Mamma e Hand im Wappe het gha?»

I ha-n-ihm gseit: «Will di Sinner chlyni Händ u bös Müüler hei!» aber er het mer gseit: «Lappi, nei, will di Sinner zur Zyt Gärber u Häntschemacher sy gsi, hei si e Häntsche im Wappe gha. Später het me du unde am Häntsche der Chnopf wäg gla, u no später, wo du die Scharnachthal, Bubeberg u Müntzer dänne gstorbe sy, u me neu's Schultheseholz bruucht het, u d'r erst Sinner 1696 ist Schulthess worde, het er du d'r Schlitz o no dänne gla, u vo dert a het me b'hauptet, mir Sinner heige e Ritterhand im Waape, aber du musst das nid glaube. Die Sinner si Gärber u Häntschemacher gsi u hei vor alte Zytte e läderige Häntsche um Wappe gha. Es ist gar e kei Schand, vo-m-ene brave Bürger abz'stamme u öppis worde z'sy. Es ist mehr Ehr d'rby, als Ritter u Edellüt im Stammbaum z'trage u sälber nüt glehrt z'ha.

So het dä Herr Oberist Sinner g'redt. D'rfür hei ne die Märchliger u Landshueter nume über-e Rügge abe agluegt, was ihm aber kei Buchweh gmacht het.

Es anders lustigs Stückli het er mir es paar Mal erzellt. Er sygi d'selbmal no junge Artilleriehauptme und z'Thun im Dienst gsi u heig sys Quartier i d'r alte Gasärne gha. Da syg du emel o einisch amene Samstig z'Abe e grosse Offiziersball im Freiehof gsi u er heig natürlich o müesse ga. Wo's bald syg nache gsi, heig er syni wysse Hose agleit d'r Uniformfrack u d'r gross Schaggo (Tzakko) ufgsetzt, wo-n-es Kommisbrödli dinne hätt Platz gha. Er heig dene schöne Fraue z'lieb die neue Epolette u d's neu Ossegoll agleit u syg gäge Freiehoof abe. E Jumpfere heig er keini möge führe, will er nie gärn tanzet heigi, u si neue geng d'sGlyche schwätze.

Wo-n-er du sygi vor e Freiehof cho, so syg e grossi Glungge vor d'r Huusthüüre, u nit e Mal e Lade drüber gleit gsi. Will er syner schön putzte Schuh nit gärn verdräcket heigi, so heig er dänkt, ach was, du gumpist drüber. Er heig e chlyne Alauf gno, u, gumpi, pumps, zmitz i di Glungge yne. Pärse syg er ganz versprützt gsi u däwäg heig er du natürlich nid i Tanzsaal yne dörffe. Das heig ne nadisch e chly g'ärgeret, aber was mache? Er syg du hei i d'Gasärne, um sich anders azlege. Er wott du pressire u verrysst mit de Sporre, die andere subere wysse Hose, u muess du bongré, mal gré, di blaue alege. Wo-n-er wieder zwäg wär gsi, ist er wieder dem Freiehof zue. Die Glungge ist aber sider nid ustrochnet gsi, weder er heig dänkt, wäge myne, all' Mal wird es nid so ga, springt muthig wieder d'rüber – nei uha wieder z'mitz yne u heig du nid übel afa flueche, wie ne Rossknächt. Dermit syg er aber glych versprützt gsi, weder er heig sich tröstet, das mach jitz dä Rung nüt, me gsäch's nid a de blaue Hose. So syg er ufe u heig dene Herre Oberste u dem Prinz Napoleon sy Ufwartig gmacht. Nach u nach syg es wärmer worde u er syg e chly im Saal ume spazirt. Er heig scho lang gmerkt, dass ne alles e so styf aluegi, aber er heig nid gwüsst warum, bis es Jümpferli, das er heig umene Cotillon gfragt, g'antwortet heigi: Gärn, Herr Hauptme, aber dir sötet zerst e chly Euer Hose la bürste. Er heig du vorabe gluegt u gseh, dass syner Glunggiflücke sider uf de blaue Tuchhose trochnet u er über u über versprützt gsi sygi, so dass er sälber heig' müesse Äxgüse mache. Er syg du i ds'hinder

Zimmerli mit es paar alte Gritteni ga n'es Bostöngeli mache u heig du müesse zwo Fläsche Schämpis wixe.

* * *

Das heit Dir gwüss scho gmerkt, dass dä guet Herr Oberist nit viel uf d'Ettigette (d'Ettiquette) gä het. Er ist grad use gsi, het tha, was er für rächt erfunde het, u dernäbe füfi la grad sy.

Nüt ist ihm so zwider gsi als es gschläckets gschniegglets Wäse. Das het er ömel o einisch z'Basel unde zeigt, wo-n-er als eidgenössische Oberist im Militärdienst gsi ist. Eine vo syne Adjutante e so es Fitzerherri vo Basel, e Marian oder Ehinger, dä het dem Herr Oberist, dä's de, wie gseit, mit d'r Ettigette u d'r Tualette (Toilette) nit gar sträng gno het, welle imponiere. Dä ist geng cho wie us eme Truckli.

Ame Sunntig hei si du Inspäkzion gha. Die Adjütante sy d'r Herr Oberist, dä bi de drei Chünige loschiert isch ga reiche. Dass viel Lüt sy ume gstande cha me sich dänke, vo wäge d'r Herr Oberist het uf em Ross obe gar e possierliche Gattig gmacht. Syner Hose a dene er keini Supie*) treit het, die sy-n-ihm fast bis zu de Chneue ufegrütscht. Stygbügel het er ganz churzi gha, u ist uf em Ross obe gsässe, grad e so wi my Brueder, der Noldi, ufem Gygampfi. Derzue het ne de no sy gross Buuch scheniert. Am lustigste het es d'Lüt dunkt wenn er het müesse schnütze. De het ermit d'r Hand uf e Dreiegg ufe greckt, het usem Gupf sy Naselumpe gno, u ne nache wieder dert obe yne gschoppet, ohni d'r Hut abem Chopf z'lüpfe. Er het o geng es Fäldfläschli treit, i dem het er e guete Cognac gha u hets jedes Mal lär heibracht.

Die Herre sy vor de drei Chünige abgstiege, hei ihm d'Ufwartig gmacht, u wo-n-er ufgstiege ist, so sy si o uf ihri Rössli woltischiert. Aber o wetsch, wie dä schön Baslerheer so rächt elegant uf sy Guul sitze will, so krach, verrysse-n-ihm syni Hoose, so dass es under dene schöne Fäcklene, wie si d'Artillerie d'sälbmal no treit hei, e mörderlich grosse Schranz het gä, u me d'm guete Herr d's Hemmli het gseh. Er het aber

---

*) Sous-pied

nüt d'rglyche tha, wenn scho all Lüt lutuf hei glachet. Dä arm Adjütant ist uf sym Ross obe wie uf füürige Chole gsässe, nimmt sich es Härz, ryttet näbe Herr Oberist und seit ihm: «Verzieh'n Si, Herr Oberst, es ist mir es Ungligg passirt. Bim Uufsitze sind m'r myni Hoose versprunge. I kann nid begryfe, wie m'r so en Ungligg hat kenne passiere, denn i lass' mir myner Hoose immer nam allerneiste Schnitt anmesse.»

D'r Herr Oberst het das aber wenig grüehrt, denn er het ihm da druuf gseit, das chunnt dervo, we me se nam neuste Schnitt laat mache. Machet's es anders Mal wie-n-i, u leut se nam F... mache, de het's es. Ihr Herre vorwärts!

So het wohl oder übel d'r Herr Adjütant, das Fitzerherri, mit sym offene Schade müsse mitrytte, u wird gwüss by sich sälber dänkt ha: Näi so eppis kann wahrhaftig nur e so en ungleckete Bärner!»

* * *

Einisch, mir si geng no im Spittel gsi, hei mir Visite gha, die alti, liebi Tante Chüpfer us em Tannli, wo über e Winter a d'r Brunngass unde bim Vetter Gäuggel gwohnt het. D'r Papa Wenger, me het ihm o Vetter gseit, ist vo d'r Hebler-Syte här mit de Chüpferlüt neume öppis verwandt gsi, die si mit viel ander Lütte zu-n-is abe cho.

Es het sich drum ghandlet, mi vo d'r Jumpfer Berger us d'r Gaumschuel z'näh u d'm Papa Wenger i d'Schuel z'gä. Mir hätt es bi d'r Jumpfer Berger no lang gfalle, aber will si mer versproche hei, i überchöm de Hose, wenn ig i di rächti Schuel gangi, ha-n-ig's fast nid chönne erwarte.

D'Mamma het all Händ voll z'thüe gha u gseht plötzlich, es ist scho bald füfi gsi, dass d's Lisette no keini Weggli het greicht gha. «Willi, wotsch du ga Weggli reiche zum Beck Weimüller a d'Spittelgass? du bist de e liebe.» Pärse bi-n-i gange, für es guets Wort wär i dür d's Füür düre, wenn's nid brönnt hät.

D'Frau Weimüller, si ist so ne dicki Frau gsi, fast wie d'Frau Stucki i d'r Bäseschüür usse, het mer die Weggli schön i

d's Chörbeli ypackt, git mer eis für mi u seit: «So gang jitz schön, i leu d'Mamma grüesse, es anders Mal söll side e Nydelring b'stelle.»
 I bi hei träppelet, u wo-n-i a d'r Spittelchilche düre bi, u mys Weggli agluegt ha, wo mer d'Frau Weimüller verehrt het, chunnt d'r gross Hund vom Herr Oberist, wo im Summerleist gwohnt het, u schnappt mer's us em Händli. Das het mi duuret, aber d'r Medor ist mit furt. I hätt du o gärn es Weggli gha, was ha-n-i d'rfür chönne, dass mir dä wüest Medor mys abgschnappt het gha. I bi du uf d'r Chilestäge abgsässe u ha d's Chörbli uftha. Will i aber ha gwüsst, dass me nüt näh darf, ha-n-i mi gförchtet, es Weggli z'ässe. Aber die Weggli si so schön gsi, dass i eis na-m-andere geng füre gno u agluegt ha. Du gsehn-i, dass si alli Spitzli hei u das het mi nid schön dunkt, das het e so-n-e Gattig gmacht, als wenn die Weggli alli zäme Bybeli hätte. I ha du di Spitzli suber abknüblet, u wenn o nid viel ist dranne z'ässe gsi, so bi-n-i doch seelevergnügt hei, mi het's dunkt, mir heigi no nie so schöni glatti Weggli gha. Wo-n-i bi heicho, ist d'Mamma uf alle Dörne gsi; «wo bist jitz so la g blybe stecke?» Si nimmt d'Weggli, thuet se gschwind i d's Brodchörbeli u seit d'm Lisette: «Jitz traget se uf e Tisch!» u ist du die Vysite ga ylade zueche z'sitze.
 D'Mamma het d'r Thee ygschenkt, het d'Weggli u d'r Anke u d'Gonfitüre serviert u cha endlige o zueche sitze. Du gseht si, wie geng Alli enandere mit de Ellboge müpfe, u sich d'Weggli zeige. D'Mamma luegt u fragt: «Nei, säget, was heit Ihr?» – «Kurios Müüs, Gusine!» seit d'r Herr Wenger druuf, «lueget, alli Spitzli si abgfrässe.» – «Herrje, was ist jitz das? I ha se doch erst d'r Augeblick la reiche u mer hei die längst Zyt kei Muus me gspürt.»
 D'm Papa ist das e chly kurios vorcho, u fragt du: «Wer het se greicht.» – «I, Papa, i!» ha-n-i ganz fröhlich grüeft, «wenn i die Weggli nid alli so abknüblet hätt, so hätti si jitz no Bybeli.»
 Me het du neue nid viel gseit, aber vor dene Auge, wo mer dä Papa Wenger gmacht het, ha-n-i mi fei gförchtet. D's Lisette het du anderi Weggli müesse ga reiche. Vo dene agfrässne het du d'Mamma am nächste Sunntig, wo d'r Herr Dokter Flügel

227

mit üs ist cho ässe, es Wegglibudäng gmacht, aber me het mer verbotte, de nüt vo der dumme Gschicht z'erzelle.
D'r Herr Wenger, «Papa Wangschee» hei mer ihm i d'r Schuel gseit, dä het mer die Spitzlete später no mängisch fürgha. Er hätt das chönne la blybe, will d'Mamma doch anderi het la reiche.
Vo d'r Wengerschuel ha-n-i de no viel z'brichte, a die bsinne-n-ig mid nid einzig.

* * *

Im Afang, wo mer a d'r Postgass gwohnt hei, ist de d'r Grosspapa by-n-is im erste Stock gsi u het o by-n-is gässe. Einisch bim Mittagässe seit er zur Mamma: «Fraueli, Ihr heit Ratte im Chäller, uf myr Öpfelhurd het's agfrässni u mängisch schleipfe si no Öpfel a Bode use. I bi d'r ganz Morge ume gloffe, bi zum Apotegger gange, ha welle Rattegift reiche, ha du z'erst zum Regierungsstatthalter müesse ga-n-es Zügniss heusche, dass me mer dörf Rattegift gä. I ha-n-es Gläuf u es Gjag gha, dass i ganz müed worde bi.»
Wo-n-i das ghört ha, het's mi fast glächeret, aber wo d'r Grosspapa e so gjammeret het u gseit het, er thüji das Gift doch nit gärn streue; wenn de sy Broccard so-n-e vergifteti Ratt erwütschti u sälber z'Grund gieng, so würd er sich graduse es Gwüsse mache, so het mi du d'r Grosspapa afa duure u-n-i säge-n-ihm du: «Liebe Grosspapa, häb nid Angst, es het keiner Ratte.» – «Ja, was wettsch du doch wüsse, i gäb gärn öppis, wenn's nid wahr wär.» – «Grosspapa, was gist, wenn's nid wahr ist, cha-n-i am Sunntig mit Dir i d's Schwellemätteli ga Fröschebei ässe?»
«Alli chönnte mit cho, i wett d'r Papa u d'Mamma u Euch Buebe alli ylade, aber i Gottes Name 's hett Ratte im Chäller.»
«Nei Grosspapa, 's hett keiner Ratte, wenn mir allme, d'r Noldi u i, hei müesse d'Lisette i Chäller begleite, dass es nit geng chönn Wy näh, sy mer de gschwind uf d'Öpfelhurd ufe u hei es paar gässe u de wenn sie-n-is nit guet dunkt hei, so hei mer de öppe hie u da e-n-Abbissne dänne gschmisse, u dass

d'Mamma 's nit e so merki, dür d's Scheieligitter uf Eui Hurd i Eue Chäller übere.»

«Aber, aber das sy mer Gschichte, das hättet dir Säubuebe nit solle mache, i ha e grässlichi Angst usgstande, es ist guet, ist d'r Papa no nit da, süst hättet d'r jitze Pumpis übercho u eigetlich verdient hättet dir's. Will de's aber freiwillig bekennt hest, um mer us d'r Angst z'hälfe, su will ig's jitz dem Papa nit säge, aber dir müesst mer verspräche, 's nümme z'thue u geng schön, e so wie hüt, d'Wahrheit z'säge.

«U loset Fraueli», het er du zur Mamma gseit, «es blybt de derby i lade-n-ech alli zäme y zu me ne Fischli u anere schöne Blatte Fröschebei, bache u a d'r Saasse*) zum Chüpfer id's Schwellimätteli abe.»

«Ja gället, das ist e guete Grosspapa gsi!»

* * *

Ends de dryssiger Jahre het d'r Papa a d'r Postgass unde es Huus kauft. Es het amene Notar ghört gha. Dert ha-n-i du mi Jugedzytt zum grösste Theil verläbt u a das Huus verchnüpft sich für mi gar viel Freud u Leid. Jitze no cha-n-i nie dranne verby, ohni dass mir bald die, bald en anderi Gschicht i Sinn chunnt.

I bi d'selb Mal i d'Elemantarschul gange, zum Herr Ramsler, dem i no uf e hüttige Tag es dankbars Adänke bewahrt ha. Einisch wo-n-i bi d'r Staatskanzlei verby gsi bi, wo my chlyne Fründ d'r Ernst Hünerwadel gwohnt het, dä geng d'r Erst ist gsi, u dä geng allne Buebe zum Exämpel ist gä worde, sy ömel o zwe gross Postgassbuebe uf mi chlyne Grööggel z'Dorf u hei mi vor d'r obrigkeitliche Druckerei vom Herr Dr. Haller gar gottsjämmerlich dryschaagget. I ha ne nüt gmacht g'ha. Beid sy uf mi z'Dorf. Z'erst ha-n-i brüelet, aber es het mer neue niemer welle hälfe, das het mi du taub g'macht u i ha mi du afa wehre. I ha ne z'erst mit dem Fäderrohr welle gä, aber da ist mer du ei Bitz abgfahre, du ha-n-i my Schiefertafele i beid Händ gno u ha ne so uf u um d'Chöpf ume gschlage, dass es e Freud ist gsi.

---
*) Sauce

Plötzlich ist du d'Tafele verheit u d'r Chopf vo mym Find ist du im Rahme inne gsteckt. Dä ha-n-i du ghudlet u gschüttlet, bis er gnueg gha het. Wo du d'r ander wieder uf mi z'Dorf het welle, chunnt d'r Herr Moschard u het ne furt gjagt, das syg nüt zwee Gross uf ei Chlyne. Das ist mer wohl cho, süsch hätt i halt wieder erwütscht. Aber o je, my Tafele. Das ist mer du chly uheimelig gsi, aber d'r Herr Moschard, er het d'selbisch z'Bern studirt u ist bim Papa uf em Büreau gsi, dä hett mi du hei begleitet, het dem Papa erzellt wie-n-i mi tapfer gwehrt heigi u i ha's du ihm z'verdanke gha, dass me mi wäge der Tafele nit g'schmält het.

Das bsinne-n-i mi no, dass mir d'selbmal z'Mittag g'schlampete Lattlech u Blattering u Härdöpfelbitzli gha hei u das i du recht brav ypackt ha. Sider ha-n-i allimal wenn i gschlampete Lattlech ha übercho a dä Chrieg u a Herr Moschard dänkt.

* * *

My Unggle ist z'Stettle uss Pfarrer gsi. Wägem Chanzelrock hei mer ihm nume d'r Unggle Chemifäger gseit. Er ist e liebe, e chly e kuriose, aber e härzguete Ma gsi.

My Brueder, d'r Gusti, d'r Unggle wär sy Götti gsy, het albe ga Stettle id's Urleb chönne. D'r Unggle het e Suhn gha, dä hätt neue no zur Zytt Guu*) gha für Mechaniker z'wärde. Dä Adolf het geng öppis gäggelet u gmacht, hie u da öppis gschyds, aber de mängisch o öppis dumms.

So ist er einisch a-m-e Frytig i d'Chilche, für ga d'Orgele z'putze. Er het se ganz usenandere gno, i glaube gar, er heig no d'Blasbälg mit heissem Wasser gwäsche, u het se du am Samstig wieder styff zäme gsetzt. Daheim im Pfarrhus het kei Möntsch e Ahnig dervo gha, was dä gmacht het. Me ist du am Sunntig z'Predig. D'r Unggle het syne Bure e rächt e schöni beizt gha u git ne d's Lied a, wo si hei sölle singe. D'r Schuelmeister wott's intoniere, aber o wetsch, die Orgele laat nume es paar verflüemeret Geuss us, u es Paar Gyre, dass Alles enandere aglueget u d'Chöpf gschüttlet het. Da druuf het du

---

*) Goût

frylich dem Unggle die Predig o nümme rächt welle rütsche, aber es ist geng no e wackeri Predig gsi, i dere viel vom Himmel, vo d'r Höll u vom sälig werde ist vorcho. Na d'r Predig ist du Chilcherath gsi. Dä het du am Mändig la d'r Klaviermacher Sutter cho u dä het's du gly usebracht. D'r Adolf het du müesse bekenne u het's o gseit, aber das het ihm d'Tante nie welle glaube, dass i nid d'rby gsi sygi u vo d'r Orgelputzete nüt gwüsst heigi. Mi hei si nache niemeh ga Stettle yglade, was mer übrigens nit viel gmacht het. Der Unggle ha-n-i zwar geng gärn gha, aber die dicki, frommi Tante, wo jedes Chirsi im Summer, u jedes Pflüümli, u jede Öpfel, sogar jedi Channebirre im Herbst greut het, die het mer's nie rächt chönne.

* * *

Früecher, wo no nid i jedem Egge e Gartewirtschaft, nid i jedem Gässli e Leist gsi ist, u me vo all dene Vereine no wenig oder nüt gwüsst het, da ist d's Familieläbe z'Bärn viel gmüethlicher gsi. D'r Vater ist na'm z'Abe bi de Chindere blibe. Wenn me de z'Abe trunke u d's Gschirr use gruumt gha het, so hei d'Chinder d'Ufgabe gmacht. D'r Vater het se de nagluegt u de nache hei d'Meitli e Lismete oder e Hägglete gno u d'Buebe hei öppis zeichnet. De het d'Mamma d'm Papa e Pfyffe gstopft, het d'Brodierete füre gno, für d'm Unggle uf em Hubel usse es schöns Chüssi oder Tappy zum Neujahr z'brodiere u de het d'r Papa öppis vom Horn, nid vom Wirth z'Inderlache obe, vom Horn wo d'Spinnstube gschribe het, oder öppis us tused u einer Nacht, oder de gar öppis us de Mährli vom Hauff vorgläse. D's Schönste aber, was er üüs je vorgläse het, was üüs Buebe am meiste gfalle het, das si dem Musäus syner Mährli gsi. Wenn es de uf halbi Nüni grückt ist, so het er, u wenn es grad am schönste Ort wär gsi, d's Buech zue gmacht, u het üs Chind i d's Bett gschickt. Morn fahr me de wyter. De het er de aber, sit dem er einisch het gmerkt gha, dass i für mi i d'r Nacht ha vorus gläse, d's Buech ybschlosse u mir hei de «guet Nacht» gseit, hei es Müntschi gä u si i d's Bett gschloffe.

Derwil mir de die agfangni Gschicht wytter traumt hei, ist de d'r Papa, dä doch o sy Erholung het müesse ha, wenn er d'r ganz Tag Akte studirt het, vor Friedesrichter, Amtsgricht oder uf em Rathhuus vor Obergricht ist gsi, i d's Frangseebad abe, oder i d's Museum, uf Wäbere oder i d's Gaffé Rullie*) im Theater, mängisch o i Chräyebüehlleist use, da wo jitz d's Bierhübeli ist.

Ach was hei d'Eltere früecher, we si scho meh garbeitet hei, doch viel me Zytt gfunde als hüt sich mit Frau u Chinder abzgäh u mit ne öppe hi z'ga.

Wie prächtig ist das gsi, we me i d's Frangsee-Baad**) a d'Matte abe ist ga bade. Zur sälbe Zyt ist no keis Sträässli a d'r Matte unde düre gange u d'Aare ist fast bis zu de Baadchämmerli zueche cho. Me het de nache uf d'r Laube obe es Fischli übercho. D'r alt Feller ist berühmt gsi für ne gar e fürnähmi Chuchi z'führe, u sy Sohn dä het später o no viel druffe gha das Renomee z'bhalte.

Mängisch ist me de id's Schwellimätteli übere, zum Schwellimeister Chüpfer. My Grosspapa ist viel dert unde im Egge vo d'r Laube vor em alte Huus gsässe, mit sym liebe Fründ dem Herr Hauptme Dütsch oder dene beide Herre Steiger, oder dem alte Herr Bourgeois, wo einisch e Hund us d'r Aare gfischet het, oder dem Buchdrucker Rätzer, wo sy Druckerei het a d'r Judegass gha u gern es Portziönli zue sich zwängt het.

Si hei de es paar Dotze Chräbse, oder es paar Förndli kalatzt u e Butälle vom bessere zäme trunke. All Abe hei si zäme zangget, warum dass jitz der Ander zahlt heigi, sy all Abe i d'r Täubi uss en andere, u mängisch ist eine über ds'Fahr u d'r Ander het d'r Umwäg über d'Nydeggbrügg i d'Stadt yne gmacht. Am Morge, wenn si de chuum descheniert hei gha, ist eine dem andere ga chlopfe u het de vor d'r Thüre gfragt, bisch no taube du donners Esel? Und de het d'r ander sälber Thür uftha, ihm fründlich d'Hand gä u gseit: Ach warum nit gar, mir hei halt e chly starke Wy trunke. Wo geisch hinecht hi? De sy si Beid wieder zfriede u vergnüegt gsi, bis si am Abe hei zäme

---
*) Rouillier
**) Francey

hei welle, wo si de wieder mit enandere hei afa chäre, aber doch nie öb d'Gottelette oder d'r Hasebrate, d'r Fisch, d'Ente oder d'Gans ist ufgässe gsi. Erst nache het de albe d'r Disputaz wieder agfange. D'sälb Mal het es aber o no ander Ort gha. – Im ussere Baad het's d'sälbisch neue gar nüt e so chrausimausi gha. Da sy im Summer Chinderfete gsi u wie schöni! – I das üsser Baad sy gwüss die fürnähmste Fraue ga bade. Si hei de nache hinderem Huus es Gaffe u Strübli, Öpfelchüechli oder Münzechüechli gno u sich derby la wohl sy.

I d'r Laube überhinde hei die Herre Pistoleschiessete gha u für d'Chinder ist hinderem Huus einisch sogar es Rösslispiel gsi. Ach da ist es no e Freud gsi Chind z'sy.

Jitze würd e Mamma schön lose, wenn d'r Papa z'Mittag zum Mammali würd säge: «Du, Elise, mach Di zwäg, mir wei mit de Chinde dä Namittag i d's üsser Baad use.» – Die guet Mamma würd hüt e so ne Papa aluege, öb er öppe dä Morge syg im Chornhuuschäller gsi u öb er öppe e Fläsche übere Durst gno heigi.

Ach u de d'Scholiette*), das Viererhüsi hinderem Roosegarte! Wie wohl ist me dert gsi, u im Gaffé Dümong**) uf em Alteberg obe, u im Klaretsack i d'r Schönegg usse. Da hei mir Buebe Gaffe u Chüechli übercho, d'r Papa het e Fläsche Bier oder es Schöppli gno u e chly Hamme oder es Bitzli Chäs derzue.

Am schönste ist es aber geng i d'r Engi bim Gander usse gsi, was hei mir allme gloset, wenn er d'm Papa öppis us Russland oder us Spanie vorgloge het. D'r Papa het geng zur Mamma gseit: «Er lügt, dass d'Schwarte chrache, aber er erzellt lustig.»

Nid minder schön ist es de im Zähetermätteli unde gsi.

Ga Rychebach sy mer als Buebe no nid cho, vo wäge da het Eine wäger z'mindist müesse füfzächni sy, öb er hätt dörffe ohni Eltere i d's Bierhuus ga u d'Papane sy denn no einzig gange u hei d'Buebe daheime gla. Wie hei mer albez im Zähetermätteli-Wald Hüttli bauet u Räuberlis gmacht.

*) Joliette
** Du Mont

D'Schuele sy zur sälbe Zyt o no viel i d'Tiefenau abe, wo viel Platz ist gsi, aber im Zähetermätteli het's üüs halt doch geng besser gfalle.

Uf d'r grosse Schanz obe ist es paar Jahr i d'r Alpenegg es guets Summerwirtshuus gsi, wo so die vornähme Burgerlüt sy zäme cho.

Aber das Alles het geng e Alass bruucht, so mir nüt, dir nüt ist me nid e Mal ame Sunntig ykehrt.

Ame Sunntig het d'r Papa gärn am halbi Eis gässe, er ist de vorhär no i d's Gaffé Rullie*) gange, oder zur Frau Thalmann, das ist gar e ordligi Frau gsi. Wenn er de ist heicho, so het scho eine vo üüs Buebe passet u het de vor der Ässtube usse zum Tisch glüttet, was für üüs Chind eigetlich nid nöthig gsi wär. Zum Tisch sy mer neue no Alli geng pünktlich cho, ussert am Tag vo d'r Zügnissustheilig. Da bi-n-i mi de öppe ame-n-e Ort, gwöhnlich uf's Hüsli, ga verstecke. Wenn me ist zueche g'sässe, so het's Mareili de d'Fleischsuppe oder im Winter d's Ärbsmuess yne bracht, mir Buebe hei d'Ässmäntel umbunde u de het geng eine müesse bätte.

Nache het's im Summer Spinet u Rindfleisch, oder Bluemchöli gä, oder im Herbst Bohne u Späck u Rindfleisch, im Winter natürlich Suurchabis. D'r Papa het de öppe es Cornichon oder e chly Meerrättech oder roth Rättech gha. De Chinde syg das ungsund, het's gheisse, u mir hei's glaubt u hei nid chääret, süst hätte mir wäger grad d'Ruethe übercho. Nache het's de öppe Bratis, oder Gottelette, oder Chalbervögel u chly Salat gä, u wenn e Namestag oder süst öppe e Alass gsi ist, e Glychschwärchueche. Juhe! das ist de e Freud gsi.

Wenn d'r Papa sy Särviette zäme gleit het, so hei mer de gwüsst, dass es jitz nüt me git. Er het de no e schwarze Gaffe übercho, e so i chlyni Chinesetassli u het de es Chirsiwässerli oder es Aragg derzue gno.

Sider hei mir is müesse zwäg mache. De het d's Chindemeitli müesse d's Jüngste im Wägeli vora führe, u bi üüs ist neue geng öppis im Wägeli gsi. Hinderem Wägeli sy mir andere

---

*) Rouillier

Chind, alli uf eir Reihe, wie ne Orgelpfyffe, marschirt u hinder üüs ist de d'r Papa u d'Mamma cho. De wenn me nid öppe zum Unggle uf e Hubel use ist, so het me d'r Philosophewäg-, der Stadtbach-, oder der gross Bremgartechehr zur Karlsruh use gmacht u ist de gäge de Füfe hei cho, für am halbi Sächsi z'Abe z'trinke, u het gwüss viel Freud gha. Derzue ist es d'r Papa billiger cho, als me jitze afange gwohnt ist, wo me bim tusig meint, mi chönn' nie uusga, ohni yz'kehre. So het me früecher bistimmt nid weniger Freud gha als jitze, im Gägetheil. D's Familieläbe ist viel schöner gsi, d'Eltere hei sich meh mit de Chindere abgäh, u dä wo gseit het, dass üse Kanton no a d'r Vereins- u a d'r Festsucht z'Grund gangi, dä het d'Lüt besser kennt, als die wo-n-ihm so über's Muul gfahre sy. Dermit ist nid gseit, dass me keis Fest dörf mitmache, oder dass me müess e Tuggmüüser werde, aber z'viel ist bi Allem ungsund.

D'Lüt wird es zwar kurios dunke, dass grad i das säge, es ist mir aber Ernst, Ihr dörffet mer's glaube.

Nüt ist mer als chlyne Bueb so zwider gsi, wie i d'Chilche z'müesse, bsunderbar im Winter, aber d'Mamma het viel uf Religion gha u d'r Papa ist froh gsi, wenn es im Huus am Sunntig am Morge gstillet het. So het me-n-is scho am Morge früech suberi Hemmli agleit mit mörderlich grosse Chräge, neui schwarzi Hose u blaui Jaggli.

Wenn mer de bim Descheniere e chly Gonfytüre verzatteret hei, so het das es grüsligs Gschmäl abgsetzt vo wäge de Fläcke, u de het d's Vreneli – d's Lisette u d's Züseli sy längste furt gsi, vo wäge, es ist nie eis lang blibe; d'Mamma het gseit, will mer so Säubuebe syge, aber i ha my Sach dänkt – d's Vreneli het de mit ere nasse Särwiette dä Gonfitürefläcke müesse us de Hose oder us d'r Hemmlibrust wäsche.

De het me natürlich scho lang wor d'r Predig mit is chäret. – Dass es ömel i d'r Chilche nüt chrumms gäbi, het me-n-is vorhär no zweu Mal uf d's Hüüsli gschickt, wenn mer lang gseit hei, mir heige's nid nöthig.

Im Winter ha-n-i de d'r Mamma müesse d'r Schlupf, d'r Fuesssack, wo über e Summer bim Herr Neukomm ist ufbewahrt worde, oder gar d's «Schoffepieh» i d'Chilche trage. D's «Schoffepieh» het d'r Noldi nie gärn gno, will es so ne churzi Handhebi het gha, a dere me sich wäge d'r Glueth fast d'Finger verbrönnt het.

Einisch het er ömel o scho d'r Fuesssack gha u-n-i ha das tüners Schoffepieh müesse näh, aber du ha-n-i dänkt, nei, das Mal verbrönnst du dir dyni Talpe nid. Aber was mache? Derwyl i drüber nache dänke, so mauet d'Chatz hinderem Ofe u du ha-n-i gwüsst was. I ha das yseblächig Druckli us em Schoffepieh*) gno, ha d'Gluet i Ofe gheit, d'Chatz gfange u ha die i d's Schoffepieh ypackt. Richtig ha-n-i mit de Chole myni wysse Strümpf verbrämt u das het du scho wieder Schmäälis abgsetzt. Derwyl mer d's Vreneli d'Strümpf putzt het, het d's Chatzli jämmerlich afa maue, u d'Mamma gseht du, dass si no kei Milch underem Ofe gno het. Pärse heisst es, d'r Willi het se plaget, «Chum, Büüsseli, chum, chum, Büüsseli, Büüsseli, Büüss, Büüss, Büüss, Büüss, chum.» Aber die ist halt nid cho u i ha nüt gseit. I aller Täubi ist me du z'Predig.

Wo-n-i d's Schoffepieh ha treit, ha-n-is geng e chly gschüttlet u grüttlet u das ist guet gsi, vo wäge d'Chatz het si du still gha.

I d'r Predig ist z'erst Alles guet gange, aber chuum het d'r Pfarrer Bay sy Tägst verläse (neue öppis vo-m-e Buur, wo ist ga säie u das Züüg so dumm agstellt het, dass er d's Halbe i d'Dorne u d'Steine gheit heigi), so het di wüest Chatz agfange maue, dass es nümme schön gsi ist. Alles het geng gluegt, wohär es chömi, u d'Mamma ist furibund worde u het mir eis Mal über d's andere geng chüschelet: «Jitz häb di still, wotsch di still ha, du Säubueb.» Si het gmeint, i maui, aber z'letscht het si's du gmerkt.

Was du daheime gange ist, chönnet Ihr Ech dänke! I ha mi ömel no lang dra bsunne u ha nie me e Chatz i d'Chilche treit, aber doch später einisch e Maudi i Grossrathssaal abe, wo d'r Herr Folletête bim halbrunde Tisch, bim Staatsschryber vorne, het e grossi Reed gredt. Wo-n-er am beste dranne gsi ist,

---
*) Chauffe-pied

springt du dä Maudi ufe Tisch ufe, macht e rächte Chatzebuggel, streckt d'r Stil i d'Höhe u het mit d'm Herr Folletête um d'Wett ghornet, dass Alles het müesse lache. D'r Standesweibel Rychener het se du müesse usetrage.

D'm Herr Folletête het's aber weniger gmacht als d'sälbisch d'r Mamma; er het mir nume e wüethige Blick a mys Plätzli hindere gworfe u het furtgredt, als öb gar e kei Maudi wär da gsi.

* * *

Wär bsinnt sich z'Bärn vo de ältere Lüt nid a Papa Flügel, dä fründlich gross Ma, wo geng schön gscheitleti, längi Haar, e chestenebrune Rock u e höche Zilinder treit het u däm d's ganz Jahr d's sydig Fular*) hinde zum Rockfätze usegluegt het.
I gar mänger Familie ist er Huusarzt u nid bloss als Dokter de Lüte lieb gsi. Me het ne i mänger Familie no lieber gha als d'r Unggle, u zu d'm Huusfründ rächt Sorg treit.
Mir Buebe hei ne de bsunderbar guet möge. Im Früehlig u im Herbst sy mer ihm aber geng e chly us Wäg, vo wäge da het er üüs de regelmässig, heig üüs öppis gfählt oder nid, Opiate verschriebe u Haberchernebrüje. Me het de für die Operation drei Tag Urleb gha u so gruusam ist er nie gsi, dass sich di Laxierete hätt müesse uf e Samstig u Sunntig richte. Er het derzue am liebste der Mändig, Zystig u Mittwuche gno, will me de am Zystig uf em Märit het chönne ga Öpfel chauffe, wenn me keini me het im Chäller gha. D'r erst' Tag het me müesse d'Opiate schlücke, es chlys Häfeli voll us der Studer-Apoteegg. Jede Apoteegger het uf die Zytt geng es paar Dotze so Häfeli grüstet gha. D'r zweut Tag het me müesse Gersteschlym oder Haberchärnebrüje nacheschwänke u am dritte Tag, juhe! da het me de halb Öpfel mit Rosynli u Zimmet übercho.
Ach, dä guet Herr Dokter! Am Sylvester ist er jedes Jahr cho luege, wie's gangi, u d'Mamma het de, derwyl er ist by-n-is gsi, gschwind d's Vreneli, d's Züseli, d's Mareili, oder wie de das neu Meitli wieder het möge heisse, zu d's Herr Dokters

---
*) Foulard

gschickt, um ne es schöns Neujahr z'bringe. Es brodierts Chüssi, es Plian oder gar es Tappy u natürlich e schöni Gans oder e bravi Ente derzue.

Sider het de d'r Herr Dokter gseit: «Fraueli, gäbet de Buebe de nid z'viel Güezi.» D'Mamma het pärse gseit «Nei», aber d'r Herr Dokter het sie u üüs kennt u het de gseit: «Loset, für all Fäll will Ech öppis verschrybe. Willi, gang trag's grad i d'Apoteegg.» Drum hei mir de am Bärzelistag gwöhnlich so ne Purgaz müesse schlücke, es ist d'sälb Mal äbe so Mode gsi.

Dä guet Herr Dokter het d's ganz Jahr der glych chestenebrun Rock annegha mit länge, länge Fäcke. I dene het er de im hindere Sack geng es Pagetli Täfeli treit. Dervo het er de Chinder ustheilt. Wenn er zu üs a d'Postgass abe cho ist, so ist d'Mamma uf em Ruebettli gsässe, das wo jitz my Brueder, der Herr Pfarrer, het. D'r Herr Dokter ist de uf e Fotöl abgsässe, wo näbem Tischli gstande ist. Er het de die Fäcke vo sym Rock von-enandere tha, het ghüestltet, d'r Mamma d'r Puls griffe, sie het ihm d'Zunge usegstreckt, mir hei de mängisch o müesse, u de het er öppis verschribe, oder o nid, aber d'sälbi Zyt het's nid so viel gmacht. Es het no weniger Apotegger gha u derfür sy si o billiger gsi u d'Dökter hei neue meist so Huusmitteli agwändet, wes de nid viel gnützt het, so het's o nid viel gschadt, u het aber o nid so viel kostet. Es ist äbe no am Änd vo de guete alte Zyte gsi.

Wenn d'r Papa Flügel, es het ihm Alles i d'r Stadt so gseit, mit d'm Rezäpt ist fertig gsi, so het er de d'r Gustav agluegt u gseit: «Ja, ja, dä Bueb macht Ech Freud, dä ist geng flyssig. Chumm, wotsch es Täfeli?» Derwyl het er de i Sack greckt u het ihm eis gä. D'r Noldi, wenn er scho geng erzfuul ist gsi, het o eis übercho, aber i sälte. D'Mamma het geng öppis z'chlage gha. I syg e Säubueb, heig es uverschants Muul, oder i heig scho wieder Arrest gha. Da het d'r Papa Flügel es schiefs Muul zoge u gseit: «So, so, es ist mer leid, Willi, i cha dir wieder keis Täfeli gä.»

Einisch, es ist über's Urleb gsi, so chunnt er o. I bsinne mi nümme rächt, was ig i d's Mamma's Stube ha z'thüe gha. I glaube, i heig sölle es Gellertlied usse lehre u das het mer ume tüner nid i Düssel welle. I bi du hinderem Bettumhang bim Nachttischli hinde ygschlafe. Plötzlich erwache-n-i u ghöre d'r Herr Dokter. D'r Noldi ist just zur Stube us u het ame-ne länge Bitz Gärstezucker gsugget, wo-n-ihm d'r Herr Dokter het gä gha. Das het mi du doch schalus gmacht, denn Gärstezucker ha-n-i für mys Läbe gärn gha. Aber wie übercho? Will i d'rsälb Morge, wo-n-i ufgstande bi gsi, mys Gaffetassli verheit ha, ha-n-i wohl gwüsst, dass d'Mamma wieder öppis z'schmääle het u es de kei Gärstezucker git. I gseh du uf em Nachttischli d'Nagelschäri, nime se u schlüüfe hübscheli underem Bett düre u bi undere Fauteuil gschnaagget, wo d'r Herr Dokter druf gsässe ist. Will d'r Rockfätze under d'r Armlähne düre ghanget ist, ha-n-ig ihm nid guet chönne i Sack recke, für ihm e so ne schöne Stängel Gärstezucker z'stybitze.

I bi du hübscheli zueche düüsselet, ha d'r Rocksack erwütscht, wo-n-er d'Täfeli geng dinne gha het, u haue-ne ab. I ha scho wieder zum Ofe hindere welle, aber dä guet Herr Dokter muss du grüslig erniesse. Er reckt druuf i Rock hindere, u wott sys Fular füre nä. Aber wie läng het dä gluegt, u d'Mamma erst, wo sie gseht, was er da füre zieht. Wo-n-er no einisch erniesse muess, fragt sie ne: « Nei, säget, was heit Ihr da für nes Dintelümpli?» Er gryfft du wieder i Sack abe, fahrt mit d'r Hand i d'Luft use. Er steit du uf u seit: «So öppis ist mer myr Läbtig no nie passiert!» u d'Mamma muess lache u fragt ne, was er für Faxe machi. Was ist es du gsi? I ha d'r lätz Sack erwütscht, dä mit sym sydige Naselumpe u ha dä abghaue gha, so dass nume no das Zipfeli ist hange blibe, wo-n-ihm geng ist uuse ghanget.

Gärstezucker ha-n-i keine übercho, aber e chly Haselstängeli. Am Neujahr, wo-n-ig ihm du es schöns neus Fular ha bracht, het er mer's zwar verzoge, aber i die nächsti Purgaz, wo-n-er mer verschribe het, het er mer doch chly meh la dry thue, als grad nöthig gsi wär.

Hudle ta, isch ganz langsam uber d'Leiteren uf, dass es ömel keine ahehudli, het se grüüsli süüferli abgchlemmt u sen i Sack ta, ischt allpot ga lääre, dass nid z'vil im Sack inne uf enangere trücke u het d'Chörb halb gfüllt mit Strou, dass sie ömel rächt ling bettet sige.

Am angere Morgen isch er scho am Zwöi mit em Charli abzottlet. Är het zwe Chörb druffe gha, e grosse für uf e Märit u ne chlyne, wo-n-er de Bethlis Schweschter, wo i der Chramgass isch ghürate gsy, het wölle chrame. Die Lüt würde de luege, wenn är mit sine Bärnerrosech ufrücki. Er het fasch nid möge gwarte, bis er mit sir Ladig ischt i der Stadt inne gsy. Die Stütz het er all unglöiet gnoh u het zogen a sim Charli wie nes jungs Wägelirössli. Nume bim Worbstalde het er einisch müesse stillha, für der Schweiss, wo vo sim bugglete Hübu dür alli Fuhren ahegrünelet isch, e chli abz'butze.

Ändtligen isch er i der Stadt ygfahre, mit ihm aber o hundert angeri. Von allne Site si sie jez agrückt, die Märitlüt vom Land: Wohlg'ässni Metzger mit ihrne bladne Fleischwäge; besseri Pure mit boghälsige Dragunerrossen u schöne Brügiwägeli voll Chörb; schitteri Grämplermanndleni mit zwöispenige Hundsfuehrwärche un Eierchischten u Tubechrätze druffe; chräschlegi Gürbetalere mit ganze Fuedere Turnechabis; pfosliochtegi Seebutzefroue mit ihrne farbige Chopftücheren u grosse Chörbe voll Louch u Zibele u derige Züüg; verschnapseti Bäsemanndleni mit Chareti Bäserysbäse; Rächemacher u Chorber mit Fuedere Chörbe, Räche un angerer Holzruschtig; Händler mit ganze Bänni voll brüelige Züüg; item, das het zuuget u gjagt u gschnuppet u ghaschtet, alles gäge Bärn, gäge Bärn, ga verchoufen u verhütze.

«Gaht nume», het Res für ihn sälber täicht, «settigi War, wie-n-ig ha, het doch niemer.»

Zerscht isch er i d'Chramgass gfahre, für si Chram abz'gäh. Wo-n-er öppen es halbtotze stotzegi, abglüffeni Sandsteistägen ischt uehegropplet gsy mit sim Chörbli, isch er äntlige vor der Tür vo der beträffende Familie Wyss gläntet. Er het öppe viermal müesse lüte, bis äntlige so nes Haghuuri vo me Meitli isch cho ufmache. Es het nid gwüsst, wott es ihm danke oder tüner nid i Düssel welle. I bi du hinderem Bettumhang bim Nachttischli hinde ygschlafe. Plötzlich erwache-n-i u ghöre d'r Herr Dokter. D'r Noldi ist just zur Stube us u het ame-ne länge Bitz Gärstezucker gsugget, wo-n-ihm d'r Herr Dokter het gä gha. Das het mi du doch schalus gmacht, denn Gärstezucker ha-n-i für mys Läbe gärn gha. Aber wie übercho? Will i d'rsälb Morge, wo-n-i ufgstande bi gsi, mys Gaffetassli verheit ha, ha-n-i wohl gwüsst, dass d'Mamma wieder öppis z'schmääle het u es de kei Gärstezucker git. I gseh du uf em Nachttischli d'Nagelschäri, nime se u schlüüfe hübscheli underem Bett düre u bi undere Fauteuil gschnaagget, wo d'r Herr Dokter druf gsässe ist. Will d'r Rockfätze under d'r Armlähne düre ghanget ist, ha-n-ig ihm nid guet chönne i Sack recke, für ihm e so ne schöne Stängel Gärstezucker z'stybitze.

I bi du hübscheli zueche düüsselet, ha d'r Rocksack erwütscht, wo-n-er d'Täfeli geng dinne gha het, u haue-ne ab. I ha scho wieder zum Ofe hindere welle, aber dä guet Herr Dokter muss du grüslig erniesse. Er reckt druuf i Rock hindere, u wott sys Fular füre nä. Aber wie läng het dä gluegt, u d'Mamma erst, wo sie gseht, was er da füre zieht. Wo-n-er no einisch erniesse muess, fragt sie ne: «Nei, säget, was heit Ihr da für nes Dintelümpli?» Er gryfft du wieder i Sack abe, fahrt mit d'r Hand i d'Luft use. Er steit du uf u seit: «So öppis ist mer myr Läbtig no nie passiert!» u d'Mamma muess lache u fragt ne, was er für Faxe machi. Was ist es du gsi? I ha d'r lätz Sack erwütscht, dä mit sym sydige Naselumpe u ha dä abghaue gha, so dass nume no das Zipfeli ist hange blibe, wo-n-ihm geng ist uuse ghanget.

Gärstezucker ha-n-i keine übercho, aber e chly Haselstängeli. Am Neujahr, wo-n-ig ihm du es schöns neus Fular ha bracht, het er mer's zwar verzoge, aber i die nächsti Purgaz, wo-n-er mer verschribe het, het er mer doch chly meh la dry thue, als grad nöthig gsi wär.

Chnuppe-Res u sis Böümli

Karl Grunder

Wenn ig öppen es ungradsmal z'Bärn uber e Märit loufe u de die Märitfrouen u Grämplerwybleni u Manndleni mit ere Armsündermyne gseh hinger ihrne Chörbe mit Gmües un Obscht stah, wenn i de öppe grad so nes gäxnasigs Stadtdämeli gringschetzig die Ruschtig gseh erfingerle un usfüehre, de chunnt mer allimal die Gschicht vo Chnuppe-Rese u sim Öpfuböümli i Sinn.

Me het däm Manndli Chnuppe-Res gseit wäge sine Pugglen uf em Plouwu obe. En angere hät se-n-allwäg la abgnägge bi me Dokter, aber är het das nid wölle. Weh tüeie sie-n-ihm nüt, trage möge er sche gäng no sauft u hürate tüei er so wie so nümme, het er albe gseit.

Er ischt uf em Chratzmen obe im en alte Tääschihüttli inne gwohnt, u me het bheetet, er heig mit sim ganze Gsicht numen eis Ghout. D'Hüehner gange unger em Pfäischterstuehl z'Sädu, d'Chüngle moffle unger em Ofen unger an ihrne Rüebli u d'Chatze schnure druff obe. Uenn er de tischinier, so sig dä ganz Gsündu by-n-ihm, un alls nähm us der glyche Blatte.

Näbe sim Hüsli isch es Öpfuböümli gstange, wo-n-er mit bsungerbar grosser Liebi pflegt het. Das sig sis Läbe, si Schatz... Me het gwüsst worum: Er heig einischt es Meitschi gha, wo-n-er mit em sig versproche gsy, un är heig's so gärn gha, dass er gmeint heig, es gäb uf der Wält oben allwäg ke zwöite so liebe Chäfer, wie sis Bethli.

Einischt am ene Sunndig sige sie z'säme zu re Base von ihm z'Wisite, u die heig ne du Chüechli gmacht, gar hewisch gueti Öpfuchüechli. Vo Rosenöpfu heig sie se gmacht gha. No am Heigah heig Res gäng no ds Mul gschläcket u die Chüechli nid gnue chönnen errüehmen u gseit, we nume bi ihm o derig Öpfu täte wachse.

Bethli heig witersch nid vil derzue gseit; aber wo-n-es ds nechschtmal zue-n-ihm cho sig, heig es es chlys Böümli uf der

Achsle treit. Es heig ihm es Rosechböümli gchramet u gseit, er söll das jeze bi sim Hüsli setze, gäng guet zue-n-ihm luege, u wenn es de einischt es par Öpfu tragi, so wöll es ihm de o so gueti Chüechli dervo mache. Wenn es de no grösser sig u vil trag, so wöll es de mit parne Chörbe voll ga Bärn z'Märit; da lös es de nes styfs Schübeli Gält drus. Ja, es heig scho ganz ufglüüchtet, wo-n-es so dervo gredt heig.

Er heig das Böümli gsetzt; aber chuum sig es z'grächtem agwachse gsy, sig Bethli gstorbe, u Res heig halt aleini dür ds Läbe müesse... Ds Böümli isch gross worden un är alt.

Wyt u breit ischt aber bekannt gsy, wie Chnuppe-Res es Wäse mit sim Öpfuböümli het, wie-n-er'sch all Hustage schnydet u putzt, wie-n-er im Summer mit ere grosse Bränte Wasser zuehetreit, wenn es öppen es par Tag e chli trochen wird, wie-n-er ihm im Winter der Lyb ybingt mit Seck u Hudle un ihm d'Füess deckt mit warmem Mischt, dass es ömel nid frier. Wo einischt im Summer es Haguwätter cho isch, da isch er unger em Böümli gchnöilet u het zum Hergott bättet, er söll ihm doch das nid verderbe, u wo nachhär die par Öpfeli u ds meischt Loub ischt aheprätschet gsy, da het er prieggt, wie nes chlys Ching.

Was für ne Fröüd het er erläbt, wo-n-es die erschte Früchtli trage het! All Tag isch er ga güggele, ob sie wachse u wie's ne gang, u wo-n-es guet ischt usecho mit ne un er im Herbscht es par schöni rotbacketi Öpfle het chönnen abläse, da isch si schönsch Tag da gsy. Er het richtig gchüechlet dermit, u das ischt es Fescht gsy für ihn.

So isch du us däm Böümli e junge Boum worde, un im ene guete Obschtjahr ischt o är uber un uber bhäichte gsy. Mängisch, we Res drunger zuehe gstangen ischt un i dä Sägen uehe gluegt het, het er de gseit: «So, Bethli, hür cha dr allwäg de folge; im Herbscht fahren i de mit dine Öpfle ga Bärn uf e Märit, wenn es ömel nüt angersch git.»

U der Herbscht isch i ds Land zogen u het dene Rosech schön roti Backe gmacht. Am ene schöne Namittag het er schen-abgläse. Er het nid gnue chönne Sorg ha us Angscht, er chönnt öppen eim e Mose mache. I Läsisack ihe het er no

Hudle ta, isch ganz langsam uber d'Leiteren uf, dass es ömel keine ahehudli, het se grüüsli süüferli abgchlemmt u sen i Sack ta, ischt allpot ga lääre, dass nid z'vil im Sack inne uf enangere trücke u het d'Chörb halb gfüllt mit Strou, dass sie ömel rächt ling bettet sige.

Am angere Morgen isch er scho am Zwöi mit em Charli abzottlet. Är het zwe Chörb druffe gha, e grosse für uf e Märit u ne chlyne, wo-n-er de Bethlis Schweschter, wo i der Chramgass isch ghürate gsy, het wölle chrame. Die Lüt würde de luege, wenn är mit sine Bärnerrosech ufrücki. Er het fasch nid möge gwarte, bis er mit sir Ladig ischt i der Stadt inne gsy. Die Stütz het er all unglöiet gnoh u het zogen a sim Charli wie nes jungs Wägelirössli. Nume bim Worbstalde het er einisch müesse stillha, für der Schweiss, wo vo sim bugglete Hübu dür alli Fuhren ahegrünelet isch, e chli abz'butze.

Ändtligen isch er i der Stadt ygfahre, mit ihm aber o hundert angeri. Von allne Site si sie jez agrückt, die Märitlüt vom Land: Wohlg'ässni Metzger mit ihrne bladne Fleischwäge; besseri Pure mit boghälsige Dragunerrossen u schöne Brügiwägeli voll Chörb; schitteri Grämplermanndleni mit zwöispenige Hundsfuehrwärche un Eierchischten u Tubechrätze druffe; chräschlegi Gürbetalere mit ganze Fuedere Turnechabis; pfosliochtegi Seebutzefroue mit ihrne farbige Chopftücheren u grosse Chörbe voll Louch u Zibele u derige Züüg; verschnapseti Bäsemanndleni mit Chareti Bäserysbäse; Rächemacher u Chorber mit Fuedere Chörbe, Räche un angerer Holzruschtig; Händler mit ganze Bänni voll brüelige Züüg; item, das het zuuget u gjagt u gschnuppet u ghaschtet, alles gäge Bärn, gäge Bärn, ga verchoufen u verhütze.

«Gaht nume», het Res für ihn sälber täicht, «settigi War, wie-n-ig ha, het doch niemer.»

Zerscht isch er i d'Chramgass gfahre, für si Chram abz'gäh. Wo-n-er öppen es halbtotze stotzegi, abglüffeni Sandsteistägen ischt uehegropplet gsy mit sim Chörbli, isch er äntlige vor der Tür vo der beträffende Familie Wyss glänet. Er het öppe viermal müesse lüte, bis äntlige so nes Haghuuri vo me Meitli isch cho ufmache. Es het nid gwüsst, wott es ihm danke oder nid, wo-n-er ihm so fründlig guete Tag gwünscht het. Wo-n-er ihm vorbringt, er hätti da nes par Öpfu für d'Familie Wyss, mürmt es e so toubs vüre, es chönn's ja der Frou ga säge, aber es gloub nid, dass sie nähm. Nachhär schlat's ihm d'Tür vor der Nase zue u lat ihn dusse stah. Nach eme Rung chunnt's ume mit em Pricht, d'Frou begähr keni Öpfle meh, sie heigere scho gnue.

«Ja, i wott ja nüt derfür», seit Res, «D'Frou söll nume cho, sie chennt mi de scho.»

«Si ischt äbe no im Bett, u sie het's nid gärn, we me se am Morge so chunnt cho störe.»

«Los, gang säge re nume, Chratzme-Res sig da u heig ere nes Chörbli voll Bärnerrosech, vo de beschten Öpfle wo-n-es gäb.»

Ds Meitli geit, chunnt gly druf umen u seit, so söll er sche gäh. Wo-n-er ihm will hälfen ihetrage, wehrt's ihm ab u seit, es heig äbe grad der Gang u d'Chuchi gfägt, un är heig doch dräckegi Schueh. Es mög se scho aleini.

Gly druf ghört er, wie dä Strupf die schöne Öpfel, wo-n-er so Sorg het gha derzue, i ne Holzchischten ihe läärt, dass es dür ds ganz Huus uf grumplet u polet het. Ihm het's fasch ds Ougewasser vüretribe, so hei ne die Öpfu tuuret. Ds Meitli bringt ihm der läär Chorb ume, seit derzue, d'Frou Wyss lai ihm la danke, u da sig no öppis Tragerlohn für ihn. Es wott ihm es Halbfränkli ufzwänge.

«Ne nei», seit er, «bhaltet das nume für öuch. So vornähm Lüt chöi das scho bruuche. I lai die Frou Wyss la grüesse u re no tuusihundertmal la danke, dass sie mer die Öpfu abgnoh heig. Adie!»

Er schuehnet ume d'Stägen ab. «Z'Donner», seit er, wo-n-er ume bi sim Charli nide gsi isch, «hei bal nid gwüsst, ob sie se wei, die Hagle. Hätt ne no fasch sölle der Gottswillen aha. Henu, die Herelüt hei mi allwäg ds letschtmal vor ihrer Tür gseh... Abah, me sött si eigetlich nit ergere, ab settigne Lüte.»

Er geit umen i d'Stange u schrittet mit sim Charli d'Chramgass uf. U zweinen Orte het er wöllen abstelle, aber beidimal het me ne furtgjagt. Sie chöme scho zähe Jahr da uf e Märit u laie da niemer la zuehetrücke, hei zwöi so waueliwachsegi Chiflifroueli mit uberstellte Schnellzähne giftelet. Res het nüt druf gseit un ischt eifach witer, bis er e Platz funge het, wo unger u obe niemer gsy isch. Da het er schi poschtiert, der Chorb schön zwäg gstellt, die rote Backe vo dene Rosenöpfu uehegchehrt, dass es eim tüecht het, es lachen eim e Huufe früschi Meitschichöpfli a, het o ds Imi parat gmacht u täicht, jez chönnt die Gschicht losgah.

Jez chunnt afe so ne pfuusiochtegi Pensionschöchi cho zuehez'platzge.

«Schöni Bärnerrosech», rüeft Res us, «sälber zoge, sälber abgläse! E gueten Öpfu!»

«Si sie ryf?» fragt sie, nimmt der schönscht in ihri gloubfläckete Späckfinger u trückt ne z'ringetum, dass nume no ei Mosen isch dranne gsy. Druf gheit sie ne umen i Chorb, nimmt e zweite un e dritte u macht's glych.

«He, vermüschtet mer de nid allz'säme; es isch schad derfür», macht Res, wo-n-er schi afe nümme het mögen uberha.

«Me wird se dänk wohl öppe dörfen aluege, sie wärde chuum verheje. Übrigens gfalle sie mer nüt; sie si mer eifach no z'hert», chirchlet sie u pfoslet witer.

«Ömel du wärisch teig gnue, du tonnersch Hutte!» brummlet Res nahe. Er lat e Pärsch us, wil er vorhi ganz het müessen yzieh, wo-n-er da het müesse zueluege.

Zwo Herefroue ränggele vorby, allema vo de obere Zähetuusig. Res poschtiert si umen u rüeft: «Schöni Bärnerrosech! Sälber zoge, sälber abgläse! Vo de alleribeschten Öpfle!»

«Lueg ou da, Klara», seit eini zu der angere, «das wäre no charmanti Öpfel!»

«Sie wäre nid so übel», git die anger zrugg, «aber gschou doch ou der Ma! Disi abscheuliche Uswüchs uf sim Tête! Nei nei, da chönnt i sicher nix choufe, es würd mir gruuse. Wie absurd so öppis!» Sie höpperle z'säme witer.

«We dihr nume ab angere Sache o so ne Gruuse hättet, dihr cheibe Gäxnasi dihr.» Res isch rote worde, bis zu de Pugglen uehe. Nei, so öppis het er doch jez no nie müesse ghöre, un jez grad hüt, wo-n-er hinger sinen Öpfu steit u gmeint het, wie die Stadtfroue e Fröüd wärde ha dranne un ihn wärde rüehme. Es tät se gruuse, hei sie gseit? Herrgottsackermänt, was si das für gerggelegi, uflätegi Lüt!» Er het nit gwüsst, wott er dene Zwone nahespringe u ne no so rächt gottsträflig wüesch säge. Da steit aber scho öpper anger vor ihm.

«Wie si da die Öpfel?» fragt es jungs, brüetigs Froueli im ene schöne Sametchleid u mit eme schön bluemete Chörbli am Arm.

«Sächzg Santine ds Imi», git Res zur Antwort. «Bärnerrosech, vo de vürnähmschten Öpfle; ömel für ds Chüechle git's keni besseri.»

«Ach chömet mer nid mit Chüechle! Mi Ma ma se nid, d'Schwigermama o nid un ig o nid. Das isch guet für uf ds Land. So ne zarte Öpfelchueche ischt öppis Herrlichs; aber da chunnt es äbe sehr druf ab, dass me die richtige Öpfel het derzue.»

«Ja, das chönnt i jeze gwüss nid säge, ob die da guet si derzue. I möcht ech nid öppen alüge.»

«I muess das halt ganz bestimmt wüsse, süsch chouf i lieber keini. Also, nüt für unguet!» un ou die ischt ab.

Es rückt scho gäge Mittag, u Res het sini Bärnerrosech gäng no nid verchouft. E Zitlang het er no sis Gsatz usgrüeft; aber wo das nüt gnützt het, het er gschwigen u si dri ergäh.

Er het der Chopf la hange un isch gschlagne dagstange. Wie-n-er aber däm Züüg so nahetäicht, gseht er ganz öppis Spuckigs vo me Wybervolch dür d'Gass uf cho: E längi Zügstange mit altmödische Schlampichleidere, mit giechtige Hüehnervogelöüglene im ene länge, usdorete Geissegsicht u drunger zuehen es Näsi, wie me's mit eme Zügmässer grad früsch gspitzt hätt un es Lätschmul mit Hangiegge, grad wie der abnähmend Mon im Stierewädu. Ds Modu vo re richtige Altjumpfere. In eir Hang het sie en abgschossne Sunneparisol gha un a der angere a me sidige Bändel es chlys Motschihündeli gfüehrt, wo mit sine wässerige, verflirzete Chrottenougen u mit sir gspaltne, ufgstellte Tätschschnöre eim so blöd agluegt het.

«Eh du Herjeses», täicht Res für ihn sälber, «we das

Bürnegschüüch o nume grad vorbi geit!» Aber wie-n-er näbenume luegt, steit sie scho bi sim Chorb.
«Was sind das für Öpfeli?» fragt sie mit ere läderige Räägistimm.
«Kener Öpfeli, schöni Bärnerrosech, we dihrsch wüsse weit!» schnaulet Res puckte näbenume.
«Was Bärnerrosenöpfel? Settigne Gränggeline säget ihr so?» u sie nimmt einen um der anger vo dene schönen Öpfel in ihri Spinnelefinger, träit ne nes parmal z'ringetum, trückt e Mose dri u lat nen ume la i Chorb gheje.
«Was höischet ihr derfür?»
«O gar nüt. Settigne nätte Lüte giben i no derzue use. Zudäm tät's es öppe de gly mit däm Chafle. Bruuchet mer de mini Öpfu nid all z'verplitzge!»
«Ho ho, me wird dänk wohl öppe no dörfe luege! Sit ihr ech froh, dass dihr mit öüer Sach dörfet i d'Stadt cho u dass sen überhoupt no öpper aluegt, dihr Grobian, was dihr sit!» Sie luegt nen a, es tüecht eim, si spöi feieso Füür.

«U mir isch es uberhoupt z'dumm, mit derige Geissegnagi z'stürme», macht Res e chli giechtige, spöit derzue e Boden u wott der Chorb ufnäh u furt. I däm Momänt gseht er, wie das Souhüngli am Chorb anne steit, es hingersch Scheichli ufhet u ganz gmüetlech sini Öpfu bschüttet. Jez isch richtig Höü gnue ahe.

«Eh du verfluechts cheibe Fagantetierli!» brüelet er u git ihm e Stupf e ds Hingere, dass es wit dänne flügt u derzue nes Ghüül u Gweiju astellt, wie me's am ene Mässer hätt.

Die Jumpfere lat e Göiss us, dass's eim ganz chalt dür Marg u Bei us fahrt u springt zu däm Tierli ubere, wo mit yzogenem Schwänzli ganz zwöifachs unger em Charli unger gschlodelet het.

«O du arms, arms Bobeli! O mis liebe, härzige Bobeli! Was het me dir nid anegmacht!» Sie strychlet ne u tätschlet ne u müntschlet ne derzue. Druf schnellt sie uf wie ne toubi Giftschlange, steit ganz nach vor Rese zuehen u räägget nen a:

«E Tierquäler sit ihr, e niderträchtige Möntsch, en Uflat sit ihr! I machen en Azeig, i gah uf d'Polizei!»

«Schwiget», brüelet Res fuchstüüfelswild, «süscht uberchömet ihr o grad! Verdienet hättet ihrsch!» Er zieht ere mit em lääre Chörbli uf.

«Was, dihr mi schlah?!... Pestie!... Mörder!... Tüüfel, was dihr sit!» Derzue hout sie mit em Parisöli uf ihn los, was sie ma. Da ma si Res nümmen uberha. Er schlat ere ds Chörbeli uber e Kibitz ahe, dass ihres Tschirbihüetli mit de Rose druffe drigseh het, wie ne z'sämetschaupleten Eiertätsch. Aber da fat sie afa brüele, dass's eim tüecht het, me sött sen uf em Gurten obe ghöre: «Z'Hülf! Z'Hülf! Polizei! Polizei!»

Natürlich si im Schwick e Huufe Lüt drum ume, wo ihres Gaudium drüber hei, u nid lang, si o zwe Polizischte da.

«Was isch da los?» fragt eine barsch.

«Er het mi gschlage, er het mi misshandlet», achet sie u tuet derglyche, wie's ere wet gschmuecht wärde.

«Sie het agfange, un überhoupt isch das Souhüngli da dschuld», seit Res gäng no uwirsche.

«Wie heisset ihr?»

«Fraget afe zersch die da um ihre Name; es nähm mi o wunger, wie die heisst.»

«Weit ihr öue Namen agäh, oder wie heit ihr'sch?» brüelet der Grüen.

«Sobal ne das Rääf da gseit het. Das wirden i wohl z'rächt ha z'verlange.

«Nu, mir stürme da nid lang. Chömet ihr mit is uf d'Houptwach! Allemarsch, vorwärts!»

«Mi abfüehre?! Oho, da chöit grad no druf warte, dihr donnersch Esle, was dihr sit!»

Jez ischt aber Murten uber. Sie packe ne bi den Armen u schryssen an ihm. Res wehrt si, verstellt u het hingere, was er ma, steit derbi i si Chorb ihe, dass dä umgnepft u d'Öpfu dür d'Gass ustrohle. D'Stadtgiele hei scho lang uf das gwartet gha. Meh weder zwänzg springe zuehe, phärde die Öpfu u techle dermit dervo.

Derwile wird Res wie ne Verbracher uf d'Houptwach gfüehrt. Dert het ne der Chef nid gnue chönnen aschnouzen un abrüele, wie-n-er der ergscht Fötzu vor ihm hätt. Meh weder e

247

Stung lang het er ne im Verhör gha. Wäge öffentlichem Ärgernis, Skandal u Misshandlung wärd är zu re ghörige Buess verurteilt wärde u de wärd er wohl o no en Entschädigung a die misshandleti Dame z'zale ha. Mit däm Troscht het me nen äntligen etla.

Es isch bal gägen Abe gsy, wo Res mit sim Charli nidergschlagnen u ganz verhürscheten ume gäge heizue gnepft. Won-er d'Stadt so wit het im Rügge gha, dass er nüt meh het chönne vo re gseh, het er still, isch a ds Strassepörtli ghocket u het der Chopf i beid Häng gnoh.

«So so, isch das jez ds Änd vo däm schöne Lied!... Jahrelang das Böümli pflegt, 's ghüetet wie mis eigete Ching, n-ihm alls ta, was i chönne ha u mi uf dä Tag gfröüt, wo-n-i de mit de Frücht dervo ga Bärn ihe cha... Jez geit's mer so. Nei, das het doch ke Gattig meh uf däwäg!»... Da fat's ihm afa ds Chini hudle, u gly druf fat's a rünele vo den Ougen ahe dür d'Chrinne vo de Backe, fascht erger, weder am Morge vom Schweiss. So isch er lang da ghocket, bis ihm e chalte Luftstoss der Huet vom Chopf wäit. Da het er uf u geit langsam witer.

I de Tannstüller obe het es gchuttet u gixet u glepft, un i der Luft si grossi Fäcke desumetanzet. Bal het es z'grächtem afa schneie, wenn es scho erscht mitti Wymonet isch gsy u d'Böüm no alls Loub gha hei. Wo-n-er isch heicho, isch scho feiechli ne Säpperlig Schnee gsy. Si Roschboum het truurig der Chopf gheltet u sini schwär bladnen Escht gäg ihm zue gstreckt, wien-er ihm wett aha: «Chumm mer z'Hülf, Res, süsch verschrysst's mi!»

Er isch verby, ohni e Hang az'rüehre, ischt i d'Stuben ihe ga uf en Ofe hocke u het i ds glych Loch ihe gstuunet. Wenn er scho gseh het, wie i de Hoschteti vo de Nachpuren alls, was Häng u Füess gha het, mit Stangen u Häägge dene Böüme z'Hülf g'gangen isch, wenn er scho ghört het, wie dusse a sim Boum Ascht für Ascht abchlepft, er het ke Walch dergäge ta. Am Morge het's ne frili fasch gar hingertsi uberschlage, wo-n-er d'Hustüren ufta un ihn meh nes Gripp weder e Boum so gruusig agrinst het. Er het nid g'jammeret u nid gchlagt. Still het er no ds Nötigschte bsorget, het aber allimal müessen

248

uberbysse, wenn er näb em Boum düren isch. Gly druf het er sis Hüsli verchouft un isch furt. Me het prichtet, er sig i Jura hingere an es Ort, wo-n-es keni Obschtböüm gäb. Chnuppe-Reses Boum steit aber gäng no da als elände Chrüppu. Frili si ume nööi Schützlige gwachsen u pfyft umen albeneinischt es Finkli es Liedli drinobe. Es isch doch nüt meh mit ihm, u we de näher zue-n-ihm geisch, so tuet er dir i ds Ohr chüschele: «Bou nid z'grossi Hoffnigen uf i dim Läbe. Es chunnt so gärn en uzitige, ruuche Sturm u vernichtet se, u we de zweni Chraft hesch, für dis Unglück z'ertrage, so git's en arme Chrüppu us dr. Lue mi a: Da hescht es Byspil!»

Ds Käthi

Hermann Hutmacher

Büehl-Chrigel ischt bi Nydleboden-Üelke Chnächt gsi. Grad ds Pulver het er nid erfunge gha; aber dernäben ischt er e wärchige Bürschtel gsi, wo men i alli Spil yche het chönne bruuche, u guetmüetig bis i ds usser Ähri use, we me ne het i Rueh gla. Aber äbe, mi het ne nid sölle helke, süschtert isch es de nümme chouscher gsi um ihn ume. Da het er chönne fuchstüüfelswild wärde, un es ischt ihm nüt drufabcho, alls z'chlyne Bitze z'verschla, wo-n-ihm i d'twäri cho ischt. Das het albe numen e churze Momänt gwährt, we der Jääs ischt in ihn cho. Nachhär ischt er si de alben ume reuig gsi, u mi hätt ne uf ene settigen Aschutz hi chönnen um e Finger ume lyre.

Ds Käthi, d'Jumpferen im Nydlebode, es lüftigs u gräschligs Meitschi, hätt die gröschti Luscht gha, Chrigele so rächt i d'Gungsle z'bringe. Aber es ischt merkwürdig gsi: Vo ihm het er alls mögen agnäh. Wen es albe guslet gnueg gha het, dass es Chrischten scho a der obere Dili obe het gseh ushanswurschte, het dä nume spöttisch glächlet u troche gfragt: «Ja, isch das dir alls ärscht? Oder hesch de-n-öppe gmeint, du chönnischt mi i Bahren ueche spränge? Da bisch de wüescht uf em Holzwäg! Da müesse de scho anger Lüt cho, we sie mi wei uf e Huet näh. Du bischt mer dertdüre no zweni gwaglet!»

Ja, ds Käthi ischt äben es gmögeligs chätzigs Chrottli gsi. Wen es albe syner blonde Chruseli hingere gschlage het u Chrigele mit de grauen Äugli aglächlet, de ischt es däm ganz warm worden um ds Härzgrüebli ume. Un äbe das vermöikte, spitzbüebische Lächle het ds Käthi nid chönne verstecke, o wen es gmeint het, jetze müess Chrischten einischt so rächt fuchsige gmacht wärde. Aber was wett o dervor sy? Wen einen afen eso i ds Alter chunnt, wo-n-es der Uberstehlegi naachet, u notti geng nid d'Hoffnig ufgä het, es sött ihm no möge glänge, si mit eire z'verbundhääggle, de nähm er so nes Meitschi, wo si synere achtet, lieber an es Ärfeli, als dass er o ds rüüchschte

Wort für bari Münz tät uslege. Er sinnet, d'Liebi müess zangget ha, u Fride z'mache syg de nume descht schöner. Wen es ne albe so tribuliert het, hätt er das Meitschi am liebschten an es Ärfeli gno u gseit: «Es isch dr doch nid eso um ds Härz, wi-n-es zum Muul use chunnt! Lue, so cha me di am beschte gschweigge!» Dummerwys ischt ihm dä Tschudel nie so nach zueche cho, dass er het chönne handgryfflig wärden u säge, wi-n-es ihm z'Muet syg. Es ischt Chrigele gfloh, wen er chly z'fascht i d'Nechtsemi cho ischt.

He nu, Chrischte het si das nid z'fascht z'Härze gno. Er het erachtet, d'Meitschi heige's alli glych, heiter schüüch u feischter zahm. Derby syg es o besser, es spring eini nid grad z'äbene Füesse dry. Mi müess o chönne warte, we me jung Tube wöll. – Das ischt e Rung eso ghötterlet. Chrigel het geng gsperberet wi ne Häftlimacher, ob öppe das tuusigs Meitschi am Änd en angere am Bängel heig. Das hingäge hätt er de nid mögen erlyde, u da wär allwäg de bi ihm ds Füür i ds Dach, so bhäng dass er dertdüren e chly Feten ubercho hätt. Aber er het nie chönne merke, dass si ds Käthi mit emenen angere so aliess, wi mit ihm. Wen ihm öppen e junge Bursch het wölle der Hof mache, de ischt es puckts gsi u het däm no grad einisch zeigt, dass äs nid eis vo dene syg, wo ne n-jedere an ihm chönn cho schmöcke.

Ja ja, dä guetmüetig Tscholi! Er het äben o no nid gwüsst gha, wi mängs Hingertürli dass so nes ubersüünigs Meitschi het, u der Rank geng fingt, für dä zue-n-ihm z'la, wo-n-es gärn wott, ohni dass es allne muess a d'Nase bunge wärde. Wen er einischt amene Samschtig am Abe wär ga luusse, so hätt er gmerkt, wi-n-es mit der Heiterschüüchi gmeint ischt. We Heiterbode-Hans am Samschtig am Abe, um die Zyt, wo Chrigel scho lang der Bling gno het, numen e chly am Chuchistübli-Pfäischter ischt cho chlöpferle, de ischt sofort ufta worden u Hans dinne verschwunde. Ja, so isch das Käthi eis gsi. Es het numen eim gliebbuusselet, wil es erachtet het, dä nähm's nid für Ärscht, u dernäbe het es e Schatz gha, wo dise nüt dervo het sölle wüsse, wil es ihm doch gsi ischt, er chönnt's de i Ate zieh.

Ei Samschtig am Aben isch doch du Chrigel em Meitschi hinger syner Schliche cho. Uuf em Nydleboden ischt e Chueh usse gsi, z'chalbere. Der Meischter het a d'Gmeinratssitzig müessen u Chrischten befole, er söll de öppen einisch ga nes Oug i Stall wärfe, für z'luege, ob der Blösch no nid afaj trätsche. Es het der Nydlebode-Chnächt scho düecht, wo-n-er d'Gadestägen achen ischt, er gsej i der Hoschtert oben eine hinger emene Boum stah. Er het no nes Wyli gwartet. Der Mond het sys Latärndli nume halb gfüllt gha, u so i der Nacht cha me si ring uberluege. Wo si niemer grüehrt het dert obe, ischt er uber d'Bsetzi hingere gschlarpet u ga i Stall zündte.

Der Blösch het no rüejig gmahle, u d'Bei sy o no zweni danide gsi, dass es so gleitig hätt chönne losgah. So chönn er säuft ume ungere, het si der Chnächt gseit. Der Meischter lueg de sowiso no i Stall, wen er heichöm u wärd ihm de cho hosche, wen es ungerwyle sött en Änderig gä. Er het no d'Streui zwäggmacht un ischt umen use.

I däm Momänt, wo Chrigel zur Stallstüren use chunnt, gseht er, dass im Chuchistübli Liecht brönnt un eine vorzueche steit. Potz Liederbuech, wi ischt jetze der Nydlebode-Chnächt zdürvüre gsächet! Gwüss i de ergschte Wärchene nid eso, u we ds uschafligschte Gwitter döit het, ds chlingeldüre Heu cho z'bschütte. Aber er ischt notti z'spät cho; der anger isch doch no gleitiger gsi als är. Mit eme Satz ischt er zum Pfäischter y, ds Liecht ischt glösche worde, u Chrigel het nume no ghört, wi dinne verrigglet wird. Es Momäntli ischt Chrischte da blybe stah, wi ne Chueh vor emene neue Tennstor, nid zsämezellt. Nachhär het er afa a d'Schybe chnütschen un i eim zue grüeft: «Käthi, Käthiiii!»

Dinnen ischt alls muxstill blibe. Mi hätt chönne meine, es syg uberhoupt niemer da. Ja, wen er nid alls so chöiftig gseh hätt, wi-n-es här u zue ggangen ischt, Chrischte hätt si gseit, er heig si allwäg trumpiert. D'Jumpfere syg eh weder nid no gar nid ungere. Aber o i der Stube vor isch kes Liecht meh gsi. Wo hätt sie de süschtert sölle sy als hie im Chuchistübli? Drum het er vo neuem afa lärmidieren u grad ta, wi ne Chatz amene Hälslig.

Nach emene Wyli isch ds Käthi zur Chuchistüren uus cho, wil es gförchtet het, dä weck ihm süschtert mit sym Grampoole no ds ganze Huus. «Was ischt mit dr?» fragt es ganz mirischtglychlig. «Was hescht eso z'tue, wi we me di amene Mässer hätt? Het es öppis Uguets ggä amenen Ort?»
«Das wirsch du däich scho wüsse, was es Uguets ggä het?» schnellt Chrigel hässig. «Was hesch de für eine by dr inne?»
«Sturm, was de bisch!» lächlet ds Meitschi. «Wär wett ächtert by mer inne sy! Isch dr e Luus uber d'Läbere graagget?»
«Probier nume nid, mi hinger ds Liecht z'füehre!» giftelet är. «Meinisch de-n-öppen i syg e Bling u heig nid gseh, wi eine zum Pfäischter y ischt? We de muescht e Naar ha, so la dr e hölzige mache; aber mi chasch de für das nid bruuche!»
«U wen ig eine by mer hätt, was gieng das di a!» hout äs zrugg. «Das isch däich my Sach, was ig mache, u di bruuchen ig nüt z'frage. Oder hescht de gmeint, i syg bvogtet?»
«So, du faltsches Trüecht, was de bischt!» schnellt jetze Chrigel. «Da tuet men eim vordüre höflen u luegt eim mit verliebten Ougen a, dass me meint, mi syg o öpper, u hingerdüren ischt men e settigi faltschi Drucke! Wart nume! Das hesch de kem Totnen anne gmacht! Du däichsch de no einischt a mi; aber denn isch es de z'spät, da will ig dr guet sy derfür!»
«Eh, du Gali!» lachet ds Käthi. «Hesch du gwüss gmeint, i wett öppis vo dir? E settigen alte Gstabi!»
Potzmäntännelischiess, wi ischt jetze Chrischten ufggumpet! «Was seisch du mir, du schynheilegi Häx, was de bischt! Wart nume, dir will ig jetze grad ds Maji singe!» Dermit het er wöllen uf ds Meitschi losfahre. Aber das isch gschwing i der Chuchi verschloffe, het d'Tür hinger ihm zuegschlagen u bschlosse.

E Rung ischt Chrigel vor em Stüblipfäischter usse gstange. Er het ganz gschnadelet vor Wuet. Für en Aschutz het es ne glöökt, mit bedne Füüschte d'Schyben yche z'schla. Aber no der rächt Momänt het es ihm taget, dass er so der lätz Finger chönnt verbinge. Mängischt hätt er alls nüt gschochen u druuflos brätschet, gang es ga Worb oder i ds Boll. Aber ds Käthi het ihm da e Träf la lige, wo-n-ihm uf zwe Wäg a ds Läbigen ischt. «E settigen alte Gstabi!» Ischt är de scho so alte gsi? Ja, chehre wi ne Junge het er si äbe nümme chönne. U dä dinne? Das muess allem a e junge, gwirbige Bursch gsi sy, süschtert hätt ne ds Meitschi vori nid derewäg tituliert. U wen er de gäge dä hätt müesse der Chürzer zieh? De wär erscht rächt alls verchachlet gsi, un är hätt näb em Erger no der Buggel voll Schleg ubercho. Drum het er der gröscht Erger ache gwörgt un isch toube, wi ne g'ääkte Dürbächler, gäg em Stall hingere gstaabet.

Hinger syne Horntächtere zueche het si der Nydlebode-Chnächt uf ds Stallbänkli la plötschen un afa brattige, was er jetze wöll achehre. «Die tillersch Käthle», het er dert für ihn sälber afa futere. «Dass die so verdräjti syg, erger als e Sack voll Geisshörner, nei, das hätt ig doch de myr Läbtig nie hinger ihre gsuecht. U dä Strupf söll ig jetzen ei u all Tag gseh u mi an ihm ergere! Nei, das gstieng ig nid uus. Lieber gahn ig ga de Ihorne luuse, als das düremache. U de cha sie eim eso aluege, dass me meint, mi syg Hans oben im Dorf. Es settigs nütnutzigs Trüecht! E settig faltschi Gybe, wo eim derewäg cha am Narrebängel ha! Aber umezalt muess es ihre wärde! Ke rüejegi Stung söll die meh ha uf em Nydlebode! Am Änd bin ig lenger da, u das Taascheli ischt erscht vor zweine Jahre häre cho. I machen jetze de ds dryssigschte Jahr, u söll vomene derige junge Tüpfi so la narrebängle! Nei! Dere will ig schon e Suppen ybroche, dass sie dranne cha chüschtige, bis sie gnueg het bis zum Halszäpfli ueche. I syg en alte Gstabi! Das lan ig mer nid la biete vomene brüetige Tropf, wo nid emal rächt trochen ischt hinger den Ohre. I will de dere scho no zeige, dass i Gleich ha, we ren öppis cha annemache!»

Chrigel het si uf em Stallbänkli hinger fei e chly in es Züüg yche gwärchet. Aber nah-di-nah isch doch umen e chly der Verstang Meischter worde, wi jedesmal, we der gröscht Erger versuret gha het. «We d's gnau aluegscht, Chrigel, de machsch de so ne Chalberei!» het er si müesse säge. «Bis jetze hesch du's geng eso guet chönne mit dr Käthlen u re hinger u vor alls däselet. Was wurde die angere vo dir däiche, we ren ungereinisch tätisch ds Bei stelle, wo de numen e chly chönntischt! Alls tät di uszäpflen u hätt ds Goudi wäge dir. Mach das nid! Flieh re, u tue, wi we sie für di Luft wär u du gar nie es Oug uf se gha hättischt! Es weiss ja niemer, was hinecht ggangen ischt als du u sie zwöi. Dä Glünggi, wo by ren innen ischt, kennsch du gar nid, u sie het's o geng Heimlichs gha. We sie dr ume wott cho ungere güggele, so lueg se gar nid a, de meint alls, du wöllischt nüt meh vo ihren u nid sie vo dir!» «Aber i halte's nümmen uus by ren ume. Es stosst mer jedesmal uuf, wen ig se muess aluege!» fat es umen in ihm a worgle. «Es gruuset mi einfacht, wen ig dra däiche, dass i mit ihren am glyche Tisch söll ässe. Us den Ouge, us em Sinn, das isch ds beschte. Sie wird nid flieh, also gahn ig. So. Punktum! No hinecht chünden ig em Meischter, de isch der Chatz ds Burscht uus.»

Chrigel isch geng no uf em Stallbänkli ghocket wi abraatet u het vor ihn annen i Schorrgraben yche gstieret, wo der Meischter heicho ischt un i Stall cho luege, wi-n-es mit em Blösch stang. «Isch es öppe scho nache?» fragt dä. «De muess mi däich gschwing ga angersch alegen u cho hälfe.»

«I sinne, dä chalberet die Nacht no nid», git der Chnächt puckt Bscheid. «Ömel bis jetze het er no kes Gleich ta, u wo-n-i gluegt ha, het er no nid emal Milch gha i de Striche.»

«Warum wachisch de?» wott jetze der Buur wüsse. «I ha dr ja nume gseit, du söllischt öppen einisch ga i Stall zündte! Da hättisch du rüejig umen i ds Huli chönne!»

«I hätt notti nid chönne schlafe. Es ischt äbe für mänger-gattig guet, we me wachet. – I wott furt!»

«Was? Wohi? Ischt öpper ungfelig worde?»

«Ja, drum wott i furt.»

«De wärisch du also am Morge nid da, für z'fuettere? Das hättisch du o nume der Frou chönne sägen u nid äxtra bruuchen uf mi z'warte! Muess me wäge dir ehnder z'Morge choche morn – oder es isch däisch scho hütt?»

«I bruuche nüt meh z'Morgen u chumen o nümme zrugg. I wott für zgrächtem furt!»

«Los jetze bischt e Sturm, dass i grad eso säge!» brönnt der

Meischter uuf. «Was het es ggä? Mit wäm bisch de-n-urichtig worde? Aleh, use mit der Sprach!»
«Mit niemerem.»
«Fählt es dr de im Oberstübli? Lueg, jetze machisch du ds dryssigscht Jahr im Nydlebode, u mynes Wüsses hei mir no nie en Unantwort gha zsäme. Un jetze, ungereinischt, gheisch du mir der Bündtel vor d'Tür. I cha dr nume säge, du wirscht Müej ha, di amenen angeren Ort ume yzläbe, dass de deheime bischt wi hie. Mir hei di doch geng gha, wi we de zur Hushaltig ghörtischt. Gang gschwing an es angersch Ort hi, wo der d'Meischterfrou d'Hemmli wäscht u umegmacht, d'Hose blätzet u d'Strümpf alismet ohni e Santime derfür z'verlange! I wott mi dermit nid vüre tue. Es ghört si, dass me d'Dienschte het wi die eigete Lüt; aber dürhar fingsch es de no nid eso! Du chönntisch es breiche, dass de, anstatt im Winter dörfen uf em Ofe z'hocke, im Stall usse müesstischt muutrumme. Ja, de wurdisch mängischt no wunderliger, als es jetzen afe z'zytewys worde bischt! Mir hei dir ja der Trapp gchennt u mängischt es Oug zuedrückt. A angeren Orte chönnt das vilicht de harze, we de schon es paar Batze meh Lohn ziehscht.»
«Das cha scho sy. I bi ja süschtert wohl gsi da u chlage nüt uber d'Meischterlüt.»
Es Schützli het der Nydlebode-Buur vor ihn anne gstudiert. Er het amene Trom umegfingerlet u's nid rächt chönnen usezieh. Du macht er: «Mir geit eso langsam es Liecht uuf. Du seischt es ja, uber d'Meischterlüt heigisch di nid gha z'erchlage, also muess es öpper angersch sy, wo dir der Verleider macht. Lue, wen eine so der Cholder uberchunnt wi du hinecht, de muess es Wybervolch derhinger stecke. I bi sälber o dschuld, i gibe's zue. I hätt di sölle warne; aber i ha erachtet, du sygischt alten u gschyde gnueg. Du hättisch sälber sölle merke, dass ds Käthi e junge Ganggel ischt u si vomene jede lat der Hof mache, wen es nume chly höselet. Derby ischt es ja scho lang mit Heiterebode-Hanse versproche. Es geit uf ds Neujahr furt, u z'Hustage wei sie hürate. Gäll, es ischt wäge däm?»
«Es cha scho sy», mütteret Chrigel.
Du ischt es umen e Rung still gsi. Der Nydlebode-Buur isch

zum Ägsgüsi de Chüehne ga d'Streui zwägmache, dass er derwyle chly chönn uberlege, wi der Charen am beschten umen i ds rächte Glöis z'bringe syg. Wo-n-er d'Mischtgablen im Egge het versorget gha, hocket er näb e Chnächt uf ds Stallbänkli. «I ha dr jetze gseit, wi-n-es steit mit em Käthi», fat er nach emene Blickli umen a. «Lue, du tätischt mi reue! Du bisch geng i allne Teile zueverlässig u vertrout gsi, es wär mer nid rächt, we du ärscht miechischt mit em Furtgah. I chönnt dr ja chly nache mit em Lohn; aber das tätischt mer nid emal vil schetze, i weiss's. Du bisch ja so ne husligen u woscht nie vorzieh, wi-n-es hütt die junge Bursche zum Bruuch hei. Du hescht geng z'Wort, mir wölle de am Neujahr abrächne, bis denn chönnisch es no mache. Drum machen ig dr en angere Vorschlag: Das Chalb vom Blösch söll dys sy, we du di angersch bsinnscht u wosch blybe. Isch es es Chüehchalb, so chasch es bhalten un abträiche bis es e Chueh ischt. D'Milch u ds Fuetter sölle di nüt choschte. Isch es e Muni, ja du weischt, die alte hei bedi Ohrmargge, de chascht ne ha bis zum nächschte Munimärit, wen er si guet uswachst. Der anger Wäg, du weischt ja sälber, wi lang dass me d'Chalber bhaltet, bis me se-n-em Metzger git. E Muni im Stall z'ha, wo doch nie öppis Rächts us ihm wird, das tät di sälber o nid freue, u du bischt no der erscht, wo albe seit, es syg schad, da no wyter Milch z'gschänge. Jetze schlaf no einisch ghörig druber, un uberleg dr die Sach. I hoffe, bis am Morge sygischt ume vernünftig!»

Chrischte het die Sach uberschlafe, u ds mornderischt am Morgen ischt er vil minger giechtige gsi. Namittag het der Blösch gchalberet un es schön gmodlets Chüehchalb gha. Käthi het's Chrigel touft, un er het gar e schröckelegi Freud gha a däm Tierli. Es ischt ihm di längerschi lieber worde, un erscht, wo ds anger Käthi furt gsi ischt, da het er gar nie meh dra däicht, für druus z'stelle.

Ds Käthi, ja, ds Vierbeinige, ischt hütt no geng uf em Nydlebode. Der Meischter het's Chrischten abgchouft, wo-n-es nachen ischt gsi für z'chalbere. Bsungersch chüderle tuet ihm Christe geng, we d'Zeichnig nachen ischt. Es ischt äben eis, wo geng bi de zächen erschte steit.

Kurzbiographien der Autoren

Balmer Emil 1890–1966
geb. in Laupen
Archivar am Bundesarchiv. Mitbegründer und Aktivmitglied des Berner Heimatschutztheaters. Verfasste Mundarttheaterstücke, Kurzgeschichten und Novellen, fast alle in Berndeutsch.

Balmer Hans Rudolf 20. 12. 1899
geb. in Laupen
War Lehrer an der Oberschule in Aeschi b. Spiez. Wurde vor allem durch seine Mundartspiele und Hörspiele bekannt. Lebt heute in Bern.

Balzli Ernst 1902–1959
geb. in Bolligen
War 24 Jahre Lehrer in Grafenried b. Bern, dann Radiomitarbeiter und Schriftsteller. Bekannt durch seine berndeutschen Erzählungen, Geschichten aus der Schulstube, Hörspiele (Gotthelf-Radiobearbeitungen).

Baumgartner Elisabeth 1889–1957
geb. in Trub
Mutter von sechs Kindern. Vertreterin der Landfrauen im Vorstand des Heimatschutzes. Verfasste berndeutsche Schauspiele, Hörspiele und Erzählungen.

Bula Werner 1892–1962
geb. in Neuenegg BE
Geometer, Vermessungstechniker und Topograph am Institut der Eidg. Landestopographie in Bern. Redaktor der Eidg. Schwingerzeitung. Schrieb Romane, Theaterstücke und Kurzgeschichten, meist in Mundart.

Eggenberg Paul 27. 11. 1918
geb. in Heiligenschwendi
Lehrer und Sprachheillehrer in Bern. Langjähriger Präsident des Bernischen Schriftstellervereins. Direktor der Schilthorn-Bahn Mürren. Lebt heute in Oberhofen am Thunersee. Verfasser zahlreicher Jugendbücher, Erzählungen in Mundart und Hochdeutsch und Essays.

Gfeller Simon 1868–1943
geb. in Trachselwald
Lange Lehrer an der Gesamtschule auf der Egg in Lützelflüh. Einer der bekanntesten Schriftsteller in Emmentaler Mundart. Verfasste Mundart-Erzählungen, den Roman «Heimisbach» und Dramatisches.

von Greyerz Otto 1863–1940
geb. in Bern
Lehrer am Berner Gymnasium, dann einige Jahre Deutsch- und Englischlehrer in Glarisegg. Ab 1916 Professor an der Universität Bern. Herausgeber der bekannten schweizerischen Volksliedersammlung «Im Röseligarte». Gründer des Berner Heimatschutztheaters.

Grunder Karl 1889–1963
geb. auf der Hamegg b. Arni
Lehrer und Schriftsteller. Verfasste zahlreiche Mundartstücke; er wirkte als Pionier der Mundartbühne.

Hutmacher Hermann 1897–1965
geb. in Niederberg
Lehrer und Schriftsteller. Verfasste berndeutsche Erzählungen und Romane, die im Emmental spielen.

König Wilhelm 1834–1891
geb. in Bern
Pseudonym: Dr. Bäri. Journalist und Herausgeber verschiedener selbstverfasster Schriften, u.a. des «Mess- und Märitblattes der Stadt Bern» (1886). Galt als Berner Original.

Loosli Carl Albert 1877–1959
geb. in Schüpfen
Kämpferischer Journalist und freier Schriftsteller, der «Philosoph von Bümpliz». Sein Werk umfasst über 70 Publikationen, auch Mundartgedichte und -Erzählungen.

Morf Walter 1874–1926
geb. in Zürich
Berndeutscher Dialektschriftsteller. Verfasste berndeutsche Gedichte und Erzählungen. Lebte in Bern.

Müller Elisabeth 1885–1977
geb. in Langnau
Lehrerin und Schriftstellerin. Lebte am Thunersee. Bekannt und beliebt vor allem durch ihre Kinder- und Jugendbücher (z.B. «Theresli», «Vreneli», «Die sechs Kummerbuben»).

von Tavel Rudolf 1866–1934
geb. in Bern
Studium in Leipzig und Berlin (Jurisprudenz). Redaktor am «Berner Tagblatt»; einer der bekanntesten Berner Schriftsteller. Verfasste zahlreiche Novellen, Erzählungen, Romane und Dramen in Mundart und Hochdeutsch.

Zulliger Hans 1893–1965
geb. in Ittigen
Bekannter Psychologe und Pädagoge, Erfinder des Z-Tests. Verfasste daneben Erzählungen und Verse in Mundart.

Quellenverzeichnis

Balmer Emil: I ds Wältsche
Aus: Bueberose. Verlag A. Francke AG, Bern 1925
Balmer Emil: Myni erschte Ferie.
Aus: Zytröseli. Gschichtli u Jugeterinnerunge. Verlag A. Francke AG, Bern 1922
Balmer Hans Rudolf: Nume so Chnächt.
Aus: Vom guete Chärne. Bärndütschi Gschichte us üser Zyt. Verlag Friedrich Reinhardt AG, Basel 1950
Balzli Ernst: Wie ds Eveli gmurbet het.
Aus: Burebrot. Es Gschichtebüechli. Verlag H.R. Sauerländer & Co., Aarau und Leipzig 1931
Baumgartner Elisabeth: Der Läbchueche.
Aus: Chnöpf u Blüeschtli. Verlag A. Francke AG, Bern 1948
Bula Werner: Es Zibelemäritgschichtli.
Aus: Der Fürabebitz. Berndeutsche Geschichten von Werner Bula. Verlag der Emmenthaler-Blatt AG, Langnau 1935
Eggenberg Paul: Ds Gruebers Ferie.
Aus: Kurlig Lüt. Gschichtli us em Bärnerland. Verlag Friedrich Reinhardt AG, Basel 1955
Gfeller Simon: Mi erschte Wienachtsbaum.
Aus: Meieschössli. Gschichtli für Jung un Alt. Verlag Friedrich Reinhardt, Basel 1921
Grunder Karl: Chnuppe-Res u sis Böümli.
Köbu u Kobi.
Aus: Tröschterli un angeri Bärndütsch-Gschichte. Verlag Benteli AG, Bern-Bümpliz 1924
Greyerz Otto von: Wie mer albe theäterlet hei als Chinder.
Aus: Heimatglüt usegä vom Georg Küffer z'Bärn im Verlag A. Francke, 1921
Hutmacher Hermann: D'Grabe-Lütli.
Ds Käthi.
Aus: Gitzi-Kobi und andere Erzählungen. Verlag Alfred Scherz, Bern 1955
König Wilhelm (Dr. Bäri): Öppis us myr Jugedzyt.
Aus: Öppis us myr Jugedzyt. Separat-Abdruck aus dem «Berner Stadtblatt». Buchdruckerei R.F. Haller-Goldschach, Bern 1883
König Wilhelm (Dr. Bäri): Jugenderinnerungen eines Stadtberners.
Aus: Dichtungen und Erzählungen in Berner Mundart. Gesammelt von O. Sutermeister. Verlag Orell Füssli & Co., Zürich 1885

Loosli Carl Albert: My Flöri.
Aus: Wi's öppe geit! Verlag R. Suter & Cie, Bern 1921

Morf Walter: Zügle!
Aus: D'Jagd nach em Glück und anderi luschtegi Gschichte. Verlag von Ernst Kuhn, Biel und Bern 1922

Müller Elisabeth: Ds Flöigepapyr.
Aus: Martinssümmerli u anderi Liebesgschichte. Gute Schriften, Bern 1948

Tavel Rudolf von: D'Glogge vo Nüechterswyl.
Aus: D'Glogge vo Nüechterswyl. E Gschicht usem Bärnbiet. Verlag von Rascher & Cie, Zürich 1917

Zulliger Hans: Ds Öpfelbrötli.
Aus: Bi üs deheime! Bärndütschi Gschichtli vom Hans Zulliger. Verlag Friedrich Reinhardt, Basel 1925